EL VENTILADOR

Curso de español de nivel superior

EL VENTILADOR

Curso de español de nivel superior

María Dolores Chamorro Guerrero
Gracia Lozano López
Aurelio Ríos Rojas
Francisco Rosales Varo
José Plácido Ruiz Campillo
Guadalupe Ruiz Fajardo

difusión

Autores: María Dolores Chamorro, Gracia Lozano, Aurelio Ríos, Francisco Rosales, José Plácido Ruiz, Guadalupe Ruiz

Coordinación editorial y redacción: Agustín Garmendia y María Rodríguez
Corrección: Eduard Sancho, Montse Belver
Diseño y maquetación: Jasmina Car
Documentación: Olga Mias

Ilustraciones: © Ángel Viola, David Revilla, Piet Luthi

Fotografías: © Jorge Bazaga **excepto:** © pág. 12 Leonardo Falaschini; pág. 17 Kevin Rohr; pág. 19 Anne Schlegel (a); pág. 22 Chad Littlejohn; pág. 23 Gene Blackwell; pág. 24 Teresa Estrada; pág. 25 Marc Javierre; pág. 26 Frank Kalero; pág. 30 Ayuntamiento de Albuñol; pág. 32 Daniel Calia; pág. 33 Juan Miguel Canterla; pág. 36 Eric Glanville; pág. 37 Klemen Valjavec; pág. 38 Dovile Butvilaite; pág. 39 Hugo H. P. da Silva (marco), Eulàlia Mata (árbol Borja), Jasmina Car (árbol Gonzalo), Davide Guglielmo (bloc notas); pág. 41 Amber Donnerbauer (foca), Virag Vig (cubos); pág. 44 Mark Garbers; pág. 45 Izmit Limon; pág. 47 Javier Ramírez; pág. 50 Valerio Lo Bello; pág. 53 Jyn Meyer; pág. 56 Rodrigo Ortega; pág. 59 Martin Rotovnik; pág. 60 Blake Campbell; pág. 62 Michal Zacharzewski; pág. 64 Katie G.; pág. 65 George Georgiades; pág. 71 Carolin Sixtus; pág. 72 Gokhan Okur; pág. 73 Virag Vig; págs. 76-77 Guadalupe Ruiz; pág. 78 Paola Barone (novios), Allyson Correia (corchos), Eduardo Melo (anillos), Karina Tischlinger (pétalos); pág. 79 Kathy de la Cruz (boda), Radek Bayek (sake), Michael Connors (*sushi*), Esther Groen (flor); pág. 80 Guadalupe Ruiz; pág. 82 Rebecca Rijsdijk; pág. 83 Kristian Car; pág. 84 Ricardo Bonin (escalera), Vinícius Sgarbe (chica); pág. 85 Oronoz/COVER (Juana la Loca), James Leynse/Corbis (L. Esquivel), Roger Viollet/Getty Images (I. Argentina, C. Amaya), Getty Images (Evita, F. Kahlo); pág. 86 Frank Kalero; pág. 88 Turgalicia; pág. 89 Judi Seiber; pág. 90 Clara Lam (estrella), Jeff Prieb (lazos), Wonho Lee (casa coreana), Sam Segar (bailadora india), Tom Jutte (Buda); pág. 91 Jasmina Car (Luciana, Sebastián), Tim Gulick (Alejandro), Tijmen van Dobbenburgh (libro); pág. 92 pipo (mazapán), Daniel West (bol); pág. 96 Alberto Villén (Granada), Simon Cataudo (ventanal judío); pág. 97 Jetmir Decami (Corán), Sergio Padura (arco mozárabe); pág. 100 Adam Kurzok; pág. 101 Philippe Remakers (chico traje), Jasmina Car (Inés), Rick Hawkins (Mercedes); pág. 102 Avital Carmon (1), David Hewitt (2), Tim Gulick (3), Laurent Cottier (4); pág. 103 Stina Bergqvist; pág. 104 Kerem Yucel (ratón), Virag Vig (cubos); pág. 108 Miguel Bracho; pág. 109 Miguel Bracho (J. Cámara), QUEEN International (P. Almodóvar); pág. 110 Kathryn McCallum (ajedrez), Miguel Bracho (Lydia, Marco, Alicia, Benigno); pág. 111 Levi Szekeres; pág. 112 Miguel Bracho (fondo canción), Paola Ardizzoni/Emilio Pereda (P. Almodóvar); pág. 121 José Luis Vega - Arquivo Histórico Provincial de Lugo; pág. 124 Doug Brown (péndulo); pág. 126 John van Aarle; pág. 129 Fundación Federico García Lorca; pág. 130 Art Kris, Larousse (mapa); pág. 132 Danny Megrelishvili; pág. 134 Davide Guglielmo; pág. 135 Matthew Bowden; pág. 137 Alessio Varietti (ojo), Charis Tsevis (chica), Pam Roth - creatingonline.com (bobina), Virag Vig (cubos); pág. 140 Jean Scheijen - vierdrie.nl; pág. 143 Eric Glanville; pág. 144 Bruce Brodie; pág. 146 Cesar/Mars Incorporated; pág. 147 Ludvig Bergander (buceador), p1nkp4nt3r (cabra); pág. 148 Trisha Shears (pájaro), Merlin Marillion (mosca), Stefan König (pez), Eric Feldman (gato), Raoul van der Veen (perro), Ales Cerin (gallo), Arjan Boer (lirón), Griszka Niewiadomski (cerdo), Lars Thalheim (cigüeña); pág. 152 Lauren Lank (pinturas), Levi Szekeres (diccionario); pág. 153 Mario Gonzaga (fruta), Nick Benjaminsz (chico); pág. 154 Grupo Editorial Norma (*Un señor...*), Editorial Losada (*Los pasos perdidos*), Random House Mondadori (*Luvina*); pág. 155 Brenton Nicholls (túnel), Ignacio Leonardi (agricultor), Ivana S. (mar), Alison Wheeler (telaraña), Priit Kallas (desierto), Luciano Tirabassi (chico); pág. 156 Dirk de Kegel (caracola), Levi Szekeres (peluche), Sarah Williams (ositos), Olga Abolinya (peonza), Kristian Birchall (naranja), Bruno Neves (piruleta); pág. 159 Meow Raur; pág. 160 Sergei Krassii; pág. 161 Dave Sackville; pág. 162 Oronoz/COVER; pág. 164 Carl Dwyer; pág. 166 Gopakumar Raveendran (papel), Maria Katrin Jónsdóttir (cárcel); pág. 167 João Estêvão A. de Freitas (huellas digitales), Joana Franca (estatua); pág. 172 Israel Jiménez; pág. 174 Sergei Krassii; pág. 175 Daniel K. Gebhart; pág. 176 John Tenniel, NOTIMEX/AFP (L. Casal); pág. 177 Peter Zelei; pág. 180 Christoph van der Bij; pág. 182 Bianka Marton (mímica), Davide Guglielmo (lupa); pág. 184 wilhei66 (dados), Henry Teeuwen (cronómetro); pág. 188 Diego Ferreyra; pág. 189 agus; pág. 192 Helmut Gevert (pareja), David M. Di Biase (robot); pág. 201 Gokhan Okur; pág. 202 Ivan V.; pág. 204 Eduardo Pedroche/Jordi Sangenís; pág. 206 Ronit Geller (edificio), Vicky S. (molino), Gabriel Fernandes (Arco de triunfo), Vinícius Sgarbe (amigos), agus (chico y chica); pág. 208 Marc Javierre; pág. 210 Erik Dolle (salvavidas grande), J. C. Froidevaux (salvavidas pequeños); pág. 212 Simon Smetryns (susurro), Roman Zelenka (chica), Eric Piefer (escenario), Thiago Martins (alumnos), Santiago Paulos (aula), Bas v. d. Eijkhof (concierto); pág. 213 Davide Guglielmo; pág. 214 Stijn van der Laan; pág. 216 José Luis Vega - Arquivo Histórico Provincial de Lugo; pág. 218 Darwin Calle Carrillo; pág. 219 Marc Garrido (cala), Getty Images (P. Picasso), Alex Redmon (chico); pág. 220 Maria Kaloudi (teatro), Yarik Mission (chica), Jason Stitt (chica llorando)

Contenido DVD: *Hable con ella* © EL DESEO D.A. S.L.U.; *flashback* © ZZJ S.A.; *Granada* © Patronato Provincial de Turismo de Granada/Atico Siete S.A.
Grabación CD: CYO Studios
Voces CD: Jorge Peña, Cristina Carrasco, Manuel Gimeno, Cristina Príncipe

Agradecimientos: Zoë Faivre Werth, Lee Hyun-seok, Aurélie Carré, María Rivas, EL DESEO S.A. (Paz, Lola, Diego, Deborah, Rosa), Pablo Garrido, Dingle (supergato)

ISBN: 978-84-8443-226-5
Depósito Legal: B-32.011-08
Impreso en España por Filabo
Reimpresión: junio 2008

difusión
Centro de Investigación y Publicaciones de Idiomas, S. L.

C/ Trafalgar, 10, entlo. 1ª
08010 Barcelona
Tel. (+34) 93 268 03 00
Fax (+34) 93 310 33 40
editorial@difusion.com

www.difusion.com

EL VENTILADOR

Curso de español de nivel superior

TABLA DE CONTENIDOS

4. SABER ENTENDER 106

5. SABER PALABRAS 138

6. SABER GRAMÁTICA 170

INTRODUCCIÓN

Ventilador. (Del lat. *ventilator-oris*). m. Instrumento o aparato que impulsa o remueve el aire en una habitación. **2.** Abertura que se deja hacia el exterior en una habitación, para que se renueve el aire de esta sin necesidad de abrir puertas o ventanas.

Ventilar. (Del lat. *ventilare*). tr. Penetrar el aire o hacerlo correr en algún sitio. **2.** Agitar algo en el aire. **3.** Exponer algo al efecto del aire. **4.** Renovar el aire enrarecido de un aposento o pieza cerrada.

(Diccionario de la Real Academia Española)

NUEVOS AIRES PARA LAS CLASES DE NIVEL SUPERIOR

El libro que tienes en tus manos es un manual destinado a lo que hemos venido llamando **nivel superior** y que, en líneas generales, corresponde al **nivel C1 del *Marco común europeo de referencia*** (MCER). Casi todos sus autores forman parte del equipo que escribió **ABANICO**, y **EL VENTILADOR** continúa con el espíritu fresco de aquel manual.

Una de las acepciones del verbo "ventilar" ilustra fielmente uno de los objetivos de este manual: renovar el aire. Tradicionalmente, los cursos de este nivel se han identificado con la enseñanza de la literatura y con textos densos y extensos, pues se ha tendido a pensar que un estudiante superior tiene habilidades o aspiraciones intelectuales de ese tipo y a creer que su instrucción debe centrarse en los modelos de lengua culturalmente sacralizados. Esa visión, además, ha traído consigo, no pocas veces, un regreso a la clase magistral y el abandono del desarrollo de la competencia comunicativa.

EL VENTILADOR viene, precisamente, a proponer **contenidos, dinámicas y enfoques inéditos en este nivel**. Una de las novedades fundamentales que aporta consiste en dar cabida a todos los modelos de lengua y en incluir los registros más variados, de modo que el alumno tenga **experiencias comunicativas en múltiples espacios**. Se pretende así que el estudiante acceda a nuevos contenidos, involucrándose de manera activa en las actividades y no sólo a través de un sílabo prescriptivo cerrado. De igual modo, no se busca un entrenamiento exclusivamente lingüístico ya que el material se ha diseñado para cubrir todas las competencias haciendo del aula un espacio de comunicación integral.

Las actividades que propone **EL VENTILADOR** han sido diseñadas para que el estudiante alcance ese **equilibrio entre fluidez, corrección y expresividad** que caracteriza el nivel C1. Para ello, promueve un aprendizaje activo, eficaz y entretenido, desde una visión comunicativa de la enseñanza de las lenguas y, en particular, desde el enfoque por tareas. Este manual parte, además, de una **concepción de la gramática basada en la atención al significado** y de una voluntad clara de que la dirección del aprendizaje recaiga en el estudiante.

ESTRUCTURA DE **EL VENTILADOR**

La programación de los niveles superiores suelen ser un quebradero de cabeza para muchos profesores. En muchos casos, se sustituye el manual por un compendio de "documentos auténticos", pero siempre queda la insatisfacción de no articular bien los contenidos formales o de no cubrir suficientes ámbitos. La solución que propone **EL VENTILADOR** es ofrecer **seis grandes ámbitos** para que cada curso haga hincapié en aquellos aspectos en los que necesite profundizar. Cada grupo podrá así **diseñar su propia programación, su propio itinerario,** y cubrir los temas que más le interesen en función de sus necesidades y objetivos. Podrá, de ese modo, adecuarse a los más diversos cursos de conversación, de cultura, de gramática, de español oral o escrito, o a aquellos más generales en los que se combinen varios aspectos. Esos seis grandes ámbitos son:

1. **SABER HABLAR:** material para la conversación.
2. **SABER HACER:** material para la reflexión y la práctica de cuestiones de pragmática.
3. **SABER CULTURA:** material sobre temas culturales.
4. **SABER ENTENDER:** material para el desarrollo de la comprensión audiovisual y lectora.
5. **SABER PALABRAS:** material sobre vocabulario y diferencias de registro.
6. **SABER GRAMÁTICA:** material para la reflexión y la práctica de cuestiones formales.

Cada uno de ellos se compone de cinco sesiones, excepto **SABER GRAMÁTICA**, que contiene ocho, las cuatro primeras dedicadas al uso del Subjuntivo.

Clásicamente, los manuales de segundas lenguas se componen de un libro del alumno, un libro de ejercicios, un libro del profesor y otros componentes: material auditivo, audiovisual, etc. **EL VENTILADOR** propone integrar estos componentes en **un único volumen** para dar coherencia al proceso didáctico. Profesores y estudiantes tienen así la posibilidad de adoptar múltiples papeles.

El estudiante podrá trabajar en grupo o de manera autónoma según la tarea; podrá realizar las actividades en clase o en casa; podrá ser profesor o alumno, porque las instrucciones, las pistas y las mecánicas no están ocultas y el profesor cede parte de la gestión del trabajo al grupo. De ese modo, el instructor asume el papel de mediador, de guía del aprendizaje, mientras que el manual es el soporte necesario para el proceso.

LAS SESIONES O UNIDADES

Cada una de las 33 sesiones está estructurada en los siguientes apartados y secciones:

- **Escenario**: incluye actividades que sirven para presentar el tema de la sesión, para analizar las necesidades del estudiante y para informar al profesor sobre los intereses y conocimientos previos.
- **Objetivos**: representa una llamada de atención sobre los propósitos de la sesión, derivada de la indagación previa de las necesidades de los estudiantes.
- **Actividades**: siguen un esquema diferente en cada ocasión. A veces se incluye una macrotarea; en otras ocasiones, un conjunto de pequeñas actividades, todas para la clase y todas para fomentar el trabajo cooperativo.
- **Radio Ventolera**: presenta actividades de comprensión auditiva con material de lectura, reflexión sobre el contenido e incluso alguna actividad de conversación o escritura derivada.
- **Taller de escritura**: propone actividades contextualizadas y verosímiles muy útiles para las llamadas "tareas de casa", así como para los exámenes y para otro tipo de evaluaciones.
- **Todo bajo control**: se trata de evaluaciones de varios tipos: ejercicios de elección múltiple que recogen los aspectos más relevantes de la sesión (*¿le sientes "superior"?*), actividades de análisis de elementos formales concretos para una práctica más controlada y problemas, enunciados reales de alumnos que contienen algunos errores, al estilo de algunos ejercicios **DELE superior**, para aquellos que piensan presentarse a dicho examen.

CD AUDIO Y DVD

El manual incorpora un CD audio (con los documentos sonoros necesarios para la realización de las actividades de **Radio Ventolera**) y un DVD que contiene una colección de escenas de vídeo (publicidad, entrevistas, reportajes, etc.). De este modo, el estudiante puede desarrollar, tanto en el aula como en casa, la comprensión auditiva y la audiovisual.

1 SABER HABLAR

SESIÓN 1.1
¿Y tú de quién eres?
Charlar sobre la importancia y el significado de los nombres.

SESIÓN 1.2
¡Qué animal eres!
Discutir sobre cuestiones relacionadas con los animales y la naturaleza.

SESIÓN 1.3
Hablar por los codos
Hablar sobre nuestra forma de comunicarnos.

OBJETIVO

En las siguientes sesiones tendrás la oportunidad de conversar con el resto de las personas de la clase. El propósito es que nos conozcamos y que tratemos nuevos temas usando la lengua.

SESIÓN 1.4
¿Vendemos el pueblo?
Debatir si se debe vender un pueblo y discutir sobre los estereotipos que existen sobre la sociedad española.

SESIÓN 1.5
Psicología barata
Analizar la personalidad de nuestros compañeros a partir de imágenes hechas por ellos y de otros indicios.

EVALUACIÓN
De foca a foca
Intercambiar información, compartir ideas y conocernos.

SABER HABLAR

SESIÓN 1.1
¿Y tú de quién eres?

Escenario

"(...) los nombres de la familia me llamaban la atención porque me parecían únicos. Primero los de la línea materna: Tranquilina, Wenefrida, Francisca Sidomosea. Más tarde, el de mi abuela paterna: Argemira y los de sus padres: Lozana y Aminadab. Tal vez de allí me viene la creencia firme de que los personajes de mis novelas no caminan con sus propios pies mientras no tengan un nombre que se identifique con su modo de ser."
(Gabriel García Márquez, *Vivir para contarla*)

1. Para entrar en el tema, completa estas frases.

   a. Creo que mi nombre significa… / No tengo ni idea de qué puede significar.
   b. En español existe un nombre igual o similar al mío: ...
   c. En mi cultura, los nombres más comunes son…
   d. Nombres que solo existen en español son, por ejemplo,…
   e. Las personas de esta clase se llaman…
   f. Un nombre que me parece horrible es…
   g. A mí me pusieron el nombre que tengo por…
   h. Un nombre bonito para una mascota es…
   i. Un nombre abreviado o un apodo que conozco en español es, por ejemplo, …
   j. El nombre más raro que conozco es…

apodar - jmd. einen Spitznamen geben

Objetivos

El propósito de esta sesión es comprender quiénes y cómo somos a través del análisis de nuestros nombres. Vamos a trabajar con diferentes tipos de textos con la intención de llegar a conocer mejor a las personas de la clase. El objetivo central es hablar de nosotros mismos y llegar al final de esta sesión sabiendo más cosas de nuestro mundo, del mundo de los demás y del mundo hispano.

1. Un nombre, un número

a En parejas. Anota el nombre y el apellido de tu compañero. Lee la siguiente información y descubre cuál es su número secreto.

El número mágico

Cada nombre tiene un número mágico, y cada número tiene un significado especial. La esencia de cada ser, según la tradición pitagórica, está en el valor de las cifras. El mundo se organiza matemáticamente y las palabras también contienen un número. Por ejemplo, si alguien se llama Arthur Martin, su número secreto es el 9. ¿Y cómo lo sabemos? Porque cada letra vale un número y si las sumamos todas, llegamos a un valor:

A	R	T	H	U	R	M	A	R	T	I	N	
1 +	2 +	4 +	2 +	9 +	2 +	6 +	1 +	2 +	4 +	5 +	7	= 45

El número de Arthur es el 45, pero hay que reducirlo a una cifra, así que lo sumamos de la siguiente forma: 45 = 4 + 5 = 9.

Este es el valor de cada letra:

A, G, Q	= 1
B, H, R	= 2
E, J, S	= 3
C, K, T	= 4
I, L, V	= 5
D, M, W	= 6
O, N, Y	= 7
F, Ñ, Z	= 8
U, P, X	= 9

b Cuandos sepas el número de tu compañero, lee la descripción que le corresponde. Comentad juntos en qué aspectos estáis de acuerdo con la descripción y en cuáles no. También podéis calcular el número de otras personas que conozcáis, de famosos o de vuestro profesor, y discutir si la descripción coincide o no con su manera de ser.

1

Los individuos con este número se caracterizan por una inteligencia social muy desarrollada. Son personas extrovertidas, con gran capacidad de seducción, un gran magnetismo personal y encantos especiales. Su generosidad compensa una personalidad algo exaltada. Su nobleza e integridad están por encima del enojo que a veces provocan. Les huelen un poco los pies. Se llevan bien con los impares, excepto con el tres y el cinco.

2

Su energía y vitalidad impulsan a estas personas a vivir de una manera arrolladora. No hay nada que se les pueda poner por delante. En ellos pesa más el lado emocional que el racional. Pueden llegar a descuidar aspectos fundamentales como la mesura y la reflexión y dejan de lado los aspectos prácticos de la vida. Sudan demasiado. Se llevan bien con los numeros pares, excepto con el ocho.

3

No pierdas la oportunidad de conocer en profundidad a una persona que esté bajo la influencia de este número. Están predestinados a la buena suerte, al triunfo y a la alegría espiritual. Son personas que, como se dice, han nacido con buena estrella. Nada les acompleja ni les asusta; su vida es un camino de rosas. Siempre puedes confiar en ellos. Roncan mucho de noche. Suelen ser daltónicos. Solo se llevan fatal con el cuatro.

4

Saben escuchar y no dudan en ponerse en el lugar de los demás cuando surgen dificultades. Los número cuatro son cualquier cosa menos conflictivos. Buscan la discreción y la armonía. Su trato es delicado y dulce y, a veces, son un poco cursis. Eso sí, el exceso de seguridad puede hacerles caer en la creencia de que están siempre en posesión de la verdad. Tienen caspa. Les caen muy mal todos los números pares, incluido el cuatro.

5

Si tuviéramos que hablar de una persona intuitiva, sensible, delicada y sentimental, esta es la persona con el número cinco. Su gran espiritualidad les puede hacer parecer frágiles e indecisos, aunque la realidad es que esconden un gran mundo interior. Suelen ser individuos minuciosos y perfeccionistas. No se cortan las uñas de los pies. Se llevan bien con los impares.

6

El seis es el número de los individuos a quienes la naturaleza ha dotado con grandes cualidades físicas, con atractivos corporales especiales. Son grandes amantes. Su exceso de generosidad hace que parezcan despilfarradores y frívolos con los aspectos materiales. Al final, el corazón les vence. Tienen tendencia a masticar con la boca abierta. Les caen mal los impares, excepto el nueve.

7

Mantienen un apego muy especial con su entorno familiar, aunque no siempre mantengan buenas relaciones con los más cercanos. Se sienten protectores de sus seres queridos. Suelen ser buenos padres y madres debido a su gran paciencia y capacidad de comprensión. Viven aún en la inmadurez. Tosen constantemente en los conciertos. Se llevan bien con los impares y con el ocho.

8

El entusiasmo con el que viven a veces no se nota a primera vista, pues mantienen con bastante discreción su enorme potencial interior. Están dotados para las artes en general. Captan con sutileza las emociones y son grandes compañeros de trabajo por su espíritu servicial. Les falta a veces coraje y ambición. Son muy impuntuales. Se llevan bien con los pares.

9

La exigencia es el lema de quienes están bajo el influjo de esta cifra. Su perseverancia y tenacidad busca siempre el perfeccionismo en cada acción. Estamos frente a personalidades ambiciosas, que no cesan en su empeño de conseguir aquello que se proponen. Muchos de ellos tienen manía persecutoria. Se llevan bien con todos los números, pero tienen predilección por los impares.

2. Nombres de pila. Una pila de nombres

a Te proponemos adentrarnos en el origen y el significado de algunos nombres propios, buena parte de ellos originales de España. Vamos a trabajar en dos grupos. Los estudiantes del grupo 1 leen el siguiente inventario de nombres. El grupo 2, por su parte, leerá las informaciones de la página siguiente, referidas a una serie de personas que buscan nombre.

Rocío Deriva del latín. El rocío es el agua de la mañana y, como tal, es símbolo de la fecundidad, de la luz y del día. La Virgen del Rocío está en Almonte (Huelva), cerca del parque de Doñana. Es un nombre muy común en Andalucía. Es muy famosa la romería que se realiza a su ermita en mayo.

Santiago Es una contracción de Santo + Iago = Sant + Iacob. Según la leyenda, Santiago, discípulo de Jesús, predicó el evangelio en la Península Ibérica. Precisamente en Santiago de Compostela, en Galicia, se dice que se halla su tumba. Es el patrón de España. Su festividad se celebra el día 25 de julio.

Macarena No es un nombre escocés. La Macarena es un popular barrio de Sevilla donde hay una imagen de la Virgen que se llama Nuestra señora de la Esperanza: La Macarena. Nombre de mujer muy común en Sevilla y en toda Andalucía.

Javier Proviene del vasco *etxe berri*, "casa nueva". Xavier, o Javier, es un lugar de Navarra donde nació San Francisco Javier. Su fiesta es el 3 de diciembre.

Guadalupe Deriva del árabe *Wadi-al-lub*, y significa "río del lobo". En Extremadura y en México, a la Virgen de Guadalupe se le tiene gran devoción. Su fiesta es el 12 de diciembre.

Fermín Viene del latín y significa "fuerte", "firme". Es el patrón de Pamplona, capital de Navarra, donde se celebran los famosos encierros de toros.

Elvira Nombre hispano de mujer de origen visigodo. Significa "lanza" + "amable". En Granada hay una pequeña montaña que se llama Sierra Elvira, un lugar precioso desde donde se contempla la ciudad y su vega. Su fiesta es el 24 de abril.

Carmen El nombre se inspira en el Monte Carmelo, lugar sagrado para cristianos, hebreos y musulmanes. En hebreo Carmel significa "jardín de Dios". En latín, "canción" o "poema". La Virgen del Carmen se celebra el 16 de julio y es la patrona del mar y de los marineros.

Arantxa / Aránzazu En vasco significa "lugar lleno de espinos". La Virgen de Aránzazu tiene su fiesta el 9 de septiembre. Cuenta la leyenda que un pastor que pasaba por un valle cercano a Oñate (Guipúzcoa) vio a la Virgen en un espino y que es en ese lugar donde se alza hoy el santuario de Aránzazu.

Montserrat Este nombre catalán significa "monte serrado", con muchos picos. Es un nombre de mujer muy común en Cataluña y en toda España. Proviene de una sierra cercana a Barcelona, donde está el monasterio de la Virgen de Montserrat. Su fiesta es el 27 de abril.

Personas que buscan nombres

A Sole y Charo Guadalupe

Sole y Charo por fin tienen la mascota que tanto deseaban: una iguana preciosa que les han traído de México. Ellas son extremeñas, pero están fascinadas por la cultura maya y el Caribe.

B Gabi y Quique Fermín

Gabi y Quique tienen 40 y 42 años respectivamente. Han adoptado un niño de un año. Viven en Navarra. Los dos miden uno noventa y cinco y pesan casi noventa kilos. Les encantan los deportes y su hijo también parece que va a ser fornido como sus padres adoptivos.

C Lola Macarena

Lola tiene muy claro que su hija no se llamará como ella. El padre biológico de su hija se apellida MacDowell, un chico escocés al que conoció en Sevilla. La niña tendrá el apellido de Lola, claro, pero quiere recordar con el nombre al padre y el lugar donde la concibieron.

D Chema y Maite Rocío

Chema y Maite esperan su primera hija. Se conocieron en una fiesta en Andalucía. Buscan un nombre claro, limpio, luminoso. Los dos son muy madrugadores.

E Patxi y Begoña Javier

Patxi y Begoña discuten constantemente sobre el nombre de pila de su futuro hijo. Lo único en lo que están de acuerdo es que debe ser un nombre típicamente vasco, como ellos. Se han ido a vivir a un caserío antiguo, en una preciosa aldea situada al norte de Navarra.

F Iñaqui y Concha Carmen

Iñaqui y Concha por fin van a tener la hija que tanto esperaban. Los dos se dedican a la literatura y a los dos les fascina la poesía. También son muy aficionados a la música. Buscan un nombre muy español, musical, que sea evocador.

G Nacho y Aurelio

Nacho y Aurelio se encontraron una gatita herida en una rosaleda. La han curado y llevado a casa. No saben qué nombre ponerle exactamente.

Aránzazu

H Montse y Goyo

Montse y Goyo se conocieron en Granada hace unos años. Los dos guardan de la ciudad una imagen entrañable. Además, fue allí precisamente donde Montse se quedó embarazada de la niña que esperan ahora.

Elvira

I Pili y Toño Montserrat

Pili y Toño no se ponen de acuerdo con el nombre de su futura hija. Lo único que tienen claro es que debe ser un nombre catalán, porque Pili le prometió a su abuela, que era catalana, que su primera hija llevaría un nombre de su tierra.

J Toñi y Manolo Santiago

Toñi y Manolo viven en Nueva Jersey, pero son hijos de emigrantes gallegos. Esperan su primer hijo con gran ilusión. Recuerdan con gran cariño sus raíces, y no quieren que su hijo olvide que es de origen gallego.

b En parejas: un estudiante del grupo 1 se junta con un estudiante del grupo 2. Compartid las informaciones que tenéis para decidir cuál es el mejor nombre en cada caso.

c Aquí tienes una pila de nombres de pila con sus equivalente coloquiales (hipocorísticos). Completa los que faltan con los nombres del ejercicio anterior.

Para niños

Antonio: Toño, Toni
Bartolomé: Bartolo
Enrique: Quique

Federico: Fede, Quico
Francisco: Fran, Francis, Paco, Curro, ...
Gabriel: Gabi
Ignacio: Nacho, Iñaqui

José: Pepe
José María: Chema, Josema
Manuel: Manolo, Lolo
Pedro: Perico
Gregorio: Goyo

Para niñas

Antonia: Toñi
Aránzazu: Arantxa
Concepción: Concha

Dolores: Lola
Francisca: Paqui
Guadalupe: Lupe, Guada
Josefa, Mª José: Pepa, Pepita
María Luisa: Marisa

María Teresa: Maite
Mercedes: Merche
Montserrat: Montse
Pilar: Pili, Maripili
Rosario: Charo, Charito

Radio Ventolera

Vas a escuchar un programa de radio sobre algunas curiosidades relacionadas con los nombres en la República Dominicana. Escucha y toma nota de las explicaciones que se dan de los nombres que tienes a continuación.

1 Hitler, Mussolini

2 Corporina, Nolaborable

3 Ramfis y Ramadés

4 Usamade, Usmail

Taller de escritura

Aquí tienes una relación de los nombres que más se pusieron en Madrid durante el siglo xx, según un estudio de Consuelo García Gallalín. Lo que te proponemos es que redactes un pequeño informe sobre la evolución de los nombres. Puedes usar como modelo la noticia del periódico El Mundo, basada en los datos del año 2003.

	1988 – 1993	1976 – 1987	1961 – 1975	1941 – 1960	1900 – 1940
1	María	María	María	María	María
2	José	José	José	José	José
3	Javier	Javier	Juan	Carmen	Carmen
4	Carlos	David	Luis	Antonio	Antonio
5	Laura	Carlos	Antonio	Luis	Manuel
6	Daniel	Ana	Francisco	Juan	Francisco
7	David	Juan	Javier	Manuel	Juan
8	Cristina	Luis	Carlos	Francisco	Pilar
9	Miguel	Miguel	Manuel	Pilar	Luis
10	Ana	Laura	Ángel	Jesús	Josefa

Nacimientos en España en 2003

Alejandro y Lucía, los nombres con más éxito entre los recién nacidos

EL MUNDO, **Madrid**

Ni Chenoa, ni Letizia con "z", ni Fernandoalonso o Davidbustamante. Los padres y las madres españoles prefieren los nombres "de toda la vida" para sus vástagos, como demuestra la última estadística del INE, coronada por Alejandro en el caso de los chicos, y por Lucía en el de las chicas.

Así, de los 226 562 varones que nacieron en 2003, 7543 (el 3,3 %) recibieron el nombre de Alejandro, y, curiosamente, otros 1762 su diminutivo, Álex. La segunda posición la ocupa Daniel, un nombre que lleva "de moda" desde principios de los ochenta, seguido por Pablo, David y Javier. Un nombre menos común hace unos años, Adrián, ha logrado alcanzar la sexta posición en preferencias, seguido de Álvaro, Sergio, Carlos, Hugo y Mario.

Los padres y las madres españoles prefieren los nombres "de toda la vida" para sus vástagos

En cuanto a las niñas, el 4,2 % de las recién nacidas recibe el nombre de Lucía, seguido de cerca por el archipresente María. Las siguientes posiciones son para las Paulas, Lauras, Martas, Andreas, Albas, Saras, Claudias, Anas y Nereas.

En la lista, ocupan posiciones destacadas algunos nombres vascos y catalanes. Es el caso de Marc, que logra el puesto 24 en preferencias. También Iker se sitúa entre los 30 favoritos, y un poco después, Pau, Joel, Joan, Pol, Arnau y Unai. Lo mismo sucede con las chicas. El nombre vasco Nerea se ha colado entre los 10 más habituales, y ocupan posiciones destacadas Ainhoa, Mireia y Aroa. Cobran importancia nombres hasta hace unos años poco habituales, como Carla, Laia, Carlota, Daniela o Ariadna. Y nombres clásicos, como Julia, Carmen o Ángela se hacen un hueco en los puestos de cabeza.

Todo bajo control

a Completa el siguiente texto con ocho de las palabras propuestas. Los verbos deberás conjugarlos en su forma correspondiente.

abundar • causar • colocar • componer • deber • destacar • echar • escribir • hacer
manera • parecer • poner • según • tener • tipo • tirar

Encantados de ser diferentes

EXPRESO, ETCÉTERA Y MENINGITIS

La filóloga sevillana María José Rincón 1__________ su tesis doctoral sobre los numerosos nombres de carácter único que fueron y que son comunes en la República Dominicana. Basándose en un estudio de campo, inventarió y explicó la profusión de nombres de pila originales en este país caribeño.

2__________ sus propias palabras, "el dominicano está alucinado por un afán de destacarse de los demás, y llevar un nombre no tradicional encamina hacia esa conquista". La estudiosa sevillana cita datos como, por ejemplo, el caso del señor Freude, que en 1937 no tuvo mejor idea que la de bautizar a sus hijos mellizos con los nombres de Hitler y Mussolini. El mismo dictador italiano le mandó como agradecimiento dos retratos autografiados.

Esta peculiar manera de atribuir nombres no 3__________ que sea una excepción a la regla general, pues ya desde mediados del siglo XX se extiende el *boom* de esta extravagancia como algo cotidiano. No es inusual encontrar nombres como Expreso, Etcétera, Meningitis, Válvula, Monitor, o Gerssi Suéter. Incluso cuando se 4__________ mano del calendario cristiano, la imaginación dominicana no respeta con rigor el santoral, y transforma los términos a su gusto. Se crean nombres del 5__________: Nuestra Señora, Virgen Librada, Corporina (por *Hábeas Cristi*) o Nolaborable (por los días festivos). Resulta bastante difícil 6__________ entre todos ellos los más estrambóticos. El propio lector puede decidir cuál le suena más estrafalario: Hiroshima, Malvina, Numancia o Nayrobis.

Este gusto por la originalidad se comprende mejor atendiendo a las modas. El dictador dominicano Trujillo, por ejemplo, les 7__________ a sus dos hijos los nombres de dos personajes de la ópera *Aida*: Ramfis y Ramadés. Por su lado, los exiliados izquierdistas solían poner a sus hijos nombres de personalidades marxistas o de lugares del bloque comunista: Vladimir, Stalin, Lenin, Wanda, Soviesky o Hochimín. A partir de los años ochenta, 8__________ a la influencia de los medios de comunicación, los nombres comienzan a recordar el culto al consumo. Aparecen nombres como Usamade (por made in USA), Usmail (por el correo americano *US Mail*), Nasa, Pelusa (por Maradona), Emmy (por los premios musicales) o Gary Cooper (por el actor).

b ¿Te sientes "superior"? Elige la opción más adecuada.

1. **El nombre de pila es el que...**
   a. usa tu familia. b. se pone más en Zaragoza.
   c. se abrevia. d. se pone como primer nombre.

2. **Un hipocorístico es un...**
   a. nombre vasco. b. nombre familiar.
   c. apellido latino. d. caldo gallego.

3. **El nombre original de Nacho es...**
   a. Nicasio. b. Anastasio.
   c. Ignacio. d. Circunciso.

4. **Rocío es un nombre de mujer que significa...**
   a. "la que se ríe constantemente".
   b. "la que no para de bailar".
   c. "agua que corre por el valle".
   d. "agua de la aurora".

5. **Don Quijote __________ a su caballo Rocinante.**
   a. lo puso b. le nombraba
   c. le puso d. lo denominaba

6. **Solo uno de estos nombres es de origen árabe.**
   a. Aranzazu. b. Guadalupe.
   c. Aurora. d. Patxi.

7. **Un nombre estrafalario es un nombre...**
   a. extranjero. b. estrambótico.
   c. escondido. d. escogido al azar.

8. **El santo patrón de España es...**
   a. San José María. b. San Manuel Froilán.
   c. Santiago. d. San Fermín.

9. **Un nombre puede __________ bien o mal.**
   a. sonar b. roncar
   c. saber d. rascar

10. **Uno de estos nombres es capicúa.**
    a. Oto b. Eva
    c. Pío d. Sara

SESIÓN 1.2
¡Qué animal eres!

Escenario

"Los humanos somos unos animales". Esta frase es en realidad bastante injusta, porque los animales no son nunca tan despiadados, crueles e injustos como las personas. Lee esta nota de prensa. ¿Qué te parece esta forma de tratar a los animales?

Perros manchados de sangre

En Lorca, Murcia, un vecino de la pedanía de Tercia podría ser sancionado con una elevada multa por infringir la ordenanza municipal sobre protección y tenencia de animales de compañía. En el camino de Cartagena descubrieron a seis perros manchados de sangre. A escasos metros de ellos, un jabalí con el cuerpo ensangrentado, «posiblemente por bocados y al que le faltaba una oreja», reza el texto de la denuncia. Preguntado el dueño por los hechos, señaló que lo hacía para adiestrarlos.(...)"

1. Ahora responde, con un compañero, a las siguientes preguntas.

a. ¿En qué animal te gustaría reencarnarte en una posible vida futura?
b. ¿Con qué animales se suelen hacer experimentos?
c. ¿A qué animal nunca te acercarías?
d. Un animal que te encantaría acariciar.
e. ¿Qué animal nunca has tenido la oportunidad de ver vivo?
f. ¿Tienes o tendrías un animal en casa?
g. ¿Qué animal es el más representativo de tu cultura?
h. ¿Existe en tu país alguna fiesta o actividad tradicional que se realice con animales?
i. Hay quien piensa que los animales tienen alma, ¿qué te parece?
j. La Declaración de los Derechos de los Animales es tan necesaria como la Declaración de los Derechos Humanos. ¿Qué opináis todos de esta afirmación?

Objetivos

En esta sesión queremos acercarnos al mundo animal y a su riqueza. Entre otras razones, porque comprender a los animales es también una buena manera de comprendernos a nosotros mismos. Al mismo tiempo, tendremos la oportunidad de exponernos a modelos de lengua diferentes y podremos usar el español para discutir cuestiones relacionadas con los animales y con nuestra personalidad.

1. ¡Menuda fauna!

a Escribe el nombre de estos animales debajo de su foto.

ardilla • búho • cigüeña • ciervo • erizo • golondrina • liebre • saltamontes • sapo

____

____

____

____

____

____

____

____

____

b Relaciona cada uno de estos otros animales con su descripción.

1.	lechuza	a.	negra y amarilla; pica y no hace miel
2.	comadreja	b.	vive en el mar y es gelatinosa
3.	babosa	c.	blanca, aparece volando por la noche
4.	avispa	d.	carroñero y más grande que el cuervo
5.	yegua	e.	si lo tocas, te pinchas con sus púas
6.	medusa	f.	se arrastra como el caracol pero sin la casa a cuestas
7.	erizo	g.	inquieta, despierta, de cola larga y gran cazadora
8.	buitre	h.	hay muchos abrigos hechos con su codiciada piel
9.	grillo	i.	negro y de pico largo
10.	lagartija	j.	la hembra del caballo
11.	visón	k.	reptil pequeño de cola larga y cuatro extremidades
12.	cuervo	l.	canta muy bien

c Completa estos dos textos con nombres de animales que conozcas.

Animales invertebrados

Los moluscos tienen un cuerpo blando, que suelen proteger mediante una concha dura, como en el caso de la almeja y [14] ____________.

Los anélidos tienen el cuerpo formado por anillos, como la lombriz de tierra; y **los crustáceos**, como el [15] ____________, tienen un caparazón duro, antenas y patas simétricas.

Los insectos son los únicos invertebrados que vuelan, y **los arácnidos**, es decir, las [16] ____________ , tienen cuatro pares de patas y tejen una tela muy resistente y elástica.

Animales vertebrados

Los mamíferos tienen pelo y amamantan a sus crías. Pueden ser herbívoros como [1] ____________, carnívoros como [2] ____________ o bien omnívoros como [3] ____________. Solo hay un mamífero que vuela, el [4] ____________. Muchas especies tienen un pelo brillante y agradable al tacto, por lo que su piel es codiciada por la industria, como en el caso del [5] ____________.

Los anfibios ponen huevos, no tienen pelos, tienen cuatro patas, pueden tener cola y respiran por branquias y pulmones. Son anfibios, por ejemplo, los [6] ____________.

Los reptiles ponen huevos y tienen escamas. Algunos se arrastran y no tienen extremidades, como las [7] ____________. Otros sí tienen extremidades, como el [8] ____________. Algunos son venenosos.

Las aves ponen huevos, tienen pico, el cuerpo cubierto de plumas y la gran mayoría puede volar. Las hay diurnas, como [9] ____________, y nocturnas, como [10] ____________. Algunas son carroñeras; es decir, que se alimentan de animales muertos, como el [11] ____________.

Los peces ponen huevos, respiran por branquias y tienen escamas. Tienen una forma hidrodinámica, ideal para desplazarse por el agua. Algunos viven en el mar, como [12] ____________, y otros en los ríos, como [13] ____________

d Y ahora, para practicar todo lo visto antes, vamos a jugar en pequeños grupos. Una persona piensa en un animal y el resto hace preguntas para adivinarlo. Pero atención, preguntas de sí o no.

2. ¡Qué animal eres!

a ¿Qué grupo acierta más preguntas? Son muy difíciles, pero no os preocupéis. Es cuestión de suerte e intuición, y sobre todo de hablar. Después, entre todos, comentaremos las sorprendentes respuestas.

GRUPO A

1 El rinoceronte blanco es el animal terrestre más grande después del elefante y puede llegar a pesar cerca de ... toneladas.
a. 5 b. 6 c. 10

2 El cuello de la jirafa tiene el mismo número de huesos que el nuestro: solo ...
a. 4 b. 5 c. 7

3 El avestruz es la mayor ave del mundo, puede medir 2,5 metros, llegar a pesar 130 kilos y correr a ...
a. 67 km/h b. 75 km/h c. 78 km/h

4 El ... es el ave más grande de Australia, con 1'8 metros, y la segunda mayor del mundo. Alcanza una velocidad de unos 50 km/h.
a. emú b. armadillo c. ñandú

5 El ñandú puede pesar 20 kilos, vive en ... y logra velocidades de hasta 60 km/h.
a. América b. Australia c. África

6 El calamar gigante es el mayor invertebrado del mundo. El más grande conocido fue encontrado en una playa de Nueva Zelanda en 1880: pesaba una tonelada y media y medía más de ... metros.
a. 25 metros b. 18 metros c. 10 metros

7 El pájaro tejedor republicano puede construir los nidos más grandes conocidos, de hasta ... de ancho.
a. 5 metros b. 3 metros c. 2 metros

8 Los perros tienen muy desarrollado el sentido del olfato, ya que tienen en el hocico más de ... millones de células olfativas.
a. 100 b. 200 c. 250

GRUPO B

1 En el mundo hay unas ... especies de murciélagos.
a. 900 b. 400 c. 250

2 El murciélago más grande es el zorro volador, que llega a alcanzar ... metros de estatura.
a. 0,5 b. 1,5 c. 1

3 El oso hormiguero sólo vive en ...
a. Centroamérica b. América del Sur c. Oceanía

4 Los únicos mamíferos que ponen huevos son el ornitorrinco y el ...
a. equidna b. armadillo c. koala

5 La tenia o ... es un parásito intestinal.
a. abandonada b. solitaria c. escocida

6 Las hembras de los mosquitos son las únicas que pican ya que la sangre es una fuente de proteínas para ...
a. alimentar a sus crías b. atraer a los machos c. adquirir un color especial

7 La llama y el cóndor son los dos animales emblemáticos de ...
a. Bolivia b. Ecuador c. Perú

8 Un ... tiene 47 dientes
a. mosquito b. cocodrilo c. oso

b Podéis usar este modelo de test para crear vosotros mismos vuestras preguntas. Buscad documentación sobre este u otros temas y preparad una batería de preguntas para el otro grupo.

3. Mi mascota ideal

a Vamos a buscar la mascota ideal. Cada uno tiene que hacer una propuesta y defender un animal de compañía. Elige uno, el que tú quieras (incluso puedes inventarlo), con la condición de que no sea ni un perro ni un gato. Si no tienes ganas de pensar, aquí tienes algunas ideas: una mofeta, una serpiente pitón con patas, un alce con vida vegetal en las astas, un elefante diminuto, un conejo azul, un caballo enano, un oso en miniatura, un gusano gigante, una iguana, un pez con patas, una avestruz-canario, etc.

b En la tabla, toma nota sobre las ventajas de tu mascota. El resto intentará argumentar en contra alegando desventajas. Tenéis que defender vuestra propuesta frente a los demás. Al final, decidiremos cuál es la mejor.

Nombre de tu mascota .... Tipo de animal	Ventajas	Desventajas
1. Alimentación ¿Comería sobras, pienso preparado o sería un gourmet? ¿Con qué frecuencia y a qué horas necesitarías alimentarlo?		
2. Higiene ¿Dónde haría sus "necesidades"? ¿Huele? ¿Suelta pelos?		
3. Mantenimiento ¿Podrías permitirte pagar el dinero del veterinario, vacunas, revisiones, etc.?		
4. Utilidad / Compañía ¿Sería un buen canguro para los niños? ¿Sería el antídoto para tu soledad o solo decoración del hogar?		
5. Utilidad / Seguridad ¿Y si un día entraran en casa a robarte? ¿Defendería tus propiedades y a los tuyos?		
6. Utilidad / Inteligencia ¿Sería lo mismo que tener un gato de porcelana o tiene cualidades especiales? ¿Qué sabe hacer?		
7. Autonomía ¿Y cuando te fueras de vacaciones, con quién lo/la dejarías?		
8. Reproducción ¿Cómo se aparea? ¿Sería fácil encontrarle pareja? ¿Qué se haría con las crías? ¿Qué pasa con el celo?		
9. Legalidad ¿Aceptarían tus vecinos a tu mascota? ¿Es posible tenerlo en casa? ¿Es una especie protegida?		
10. Otros temas		

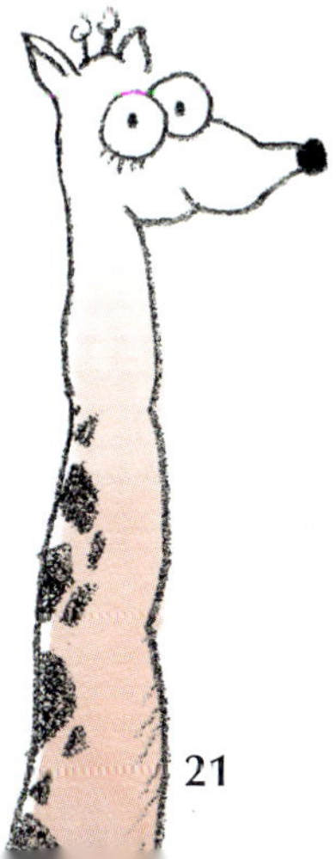

Radio Ventolera

a Lee esta noticia real sobre un chimpancé y subraya la información que consideras más importante. ¿Qué opinas sobre esta noticia?

Los suecos se movilizan para que el chimpancé Ola vuelva a casa

Hasta el mismísimo rey Carlos Gustavo se ha sumado a la causa

Estocolmo. El pueblo sueco y hasta el mismísimo rey Carlos Gustavo se están movilizando para que el chimpancé Ola vuelva a su país, ya que ahora vive en condiciones penosas en un zoo de Tailandia.

Ola nació en Suecia y su madre murió poco después del parto. El pequeño simio creció en el zoo de la isla de Öland, donde la familia real sueca tiene su residencia de verano, rodeado de los cuidados de los trabajadores del recinto y junto a su pequeña amiga, Alejandra, hija del director del zoológico. Pero cuando el animal cumplió los ocho años, el zoo decidió venderlo a un parque de Bangkok (Tailandia), donde vive desde entonces en una precaria situación.

El pueblo sueco ha protestado, e incluso se ha creado una fundación para recaudar fondos destinados a salvar a Ola del abandono en que se encuentra. Ahora, todos, y especialmente Alejandra, esperan que pronto esté de vuelta en Suecia.

b Escucha los comentarios de algunas personas sobre la noticia anterior. Toma nota de sus opiniones y decide con quién de ellas estás más de acuerdo y por qué.

1. Neus
2. Augusto
3. Daniel
4. Mireya

Taller de escritura

Lee este texto sobre un hecho relacionado con los visones. Escribe un titular adecuado para esta noticia. Después, redacta una carta al Frente de Liberación Animal dando tu opinión sobre lo ocurrido y tu postura en el tema.

Unos 13 000 visones se escaparon de una granja peletera del pequeño pueblo de la Puebla de Valverde, en Teruel, después de que unos desconocidos rompieran la valla que rodea la explotación y abrieran las jaulas. En la granja había en ese momento unos 20 000 visones, de los cuales se liberaron 13000. De estos se recuperaron la mayoría, aunque unos cientos consiguieron llegar al río Mijares, donde existe una colonia de esta especie. El alcalde de La Puebla de Valverde, Alejandro Cercós, informó que únicamente faltan por controlar unos 600, de los cuales podría haber muerto de calor y hambre más de la mitad. Cercós explicó que los visones se han extendido por un radio de unos 10 ó 12 kilómetros alrededor de la granja, pero que han sido recogidos casi todos, muchos de ellos muertos por el calor y la falta de agua o atropellados al cruzar la carretera N-234 (Sagunto-Burgos). Sin embargo, lo más preocupante, a juicio del alcalde, son los visones que hayan podido alcanzar el cauce del río Mijares, donde podrían sobrevivir, como ya lo hicieron otros ejemplares de esta especie que se escaparon en 1990 de una granja de Sarrión (Teruel), cuando sus propietarios los abandonaron a su suerte. Anteayer, el Frente de Liberación Animal confirmó la autoría de la acción.

Como en otras ocasiones, en los medios solo se ha hablado del impacto ecológico negativo que pueden causar estos animales en libertad, pero no se ha puesto en tela de juicio la verdadera raíz del problema: la existencia misma de estas granjas. En realidad, los responsables de la introducción del visón americano en Europa, con las desastrosas consecuencias ecológicas que esta ha conllevado, no son los activistas radicales que emprenden iniciativas de este tipo (aunque se trate de acciones ilegales), sino las empresas peleteras que están detrás de este negocio. ¿Para cuándo ese debate?

Todo bajo control

a Lee detenidamente el texto. Luego, escribe frases (verdaderas o falsas) sobre el armadillo para confirmar que tus compañeros lo han entendido bien.

EL ARMADILLO

Mamífero del orden de los desdentados, con algunos dientes laterales. Su cuerpo mide unos cincuenta centímetros de longitud y está protegido por un caparazón cubierto por escamas móviles, de modo que el animal puede arrollarse sobre sí mismo. Todas las especies de armadillo son propias de la América meridional.

Los armadillos generalmente permanecen en su madriguera durante el día, cuando el ambiente es cálido, y salen a buscar su alimento durante las noches frescas. Sus crías nacen y son cuidadas en este nido hasta que están lo suficientemente desarrolladas para aventurarse por el mundo. Una camada de armadillos por lo general está compuesta de cuatro crías del mismo sexo; este hecho singular se debe a que un solo huevo se divide en cuatro células, cada una de las cuales da lugar a un embrión. Los pequeños son amamantados por la madre durante algunas semanas antes de aprender a capturar insectos.

Su vista es tan corta como su oído y, para encontrar su alimento, escarba con el hocico y las patas tan profundamente como le es posible. Cuando detecta un insecto, hace inmediatamente un agujero cónico en la tierra. Con cada movimiento introduce su nariz más y más adentro y no la saca ni por un momento, hasta que captura el insecto. Entonces se detiene súbitamente y da un resoplido. Permanece así inmóvil sólo el tiempo necesario para masticar y deglutir el insecto o, más frecuentemente, la larva.

Debido a que la carne de los armadillos es deliciosa, este animal es cazado en toda su zona de expansión. En Yucatán se les da caza de noche, con la ayuda de lámparas de mano y escopetas, aunque también pueden ser capturados gracias al fino olfato de los perros, que suelen encontrar sus madrigueras. De su vistoso caparazón se pueden hacer bolsas de mano, pequeños canastos o recipientes de varios tipos.

b ¿Te sientes "superior"? Elige la respuesta más adecuada.

1. **Uno de estos animales no vive en el mar.**
   a. medusa b. erizo c. anguila d. lechuza
2. **Uno de estos animales no se arrastra.**
   a. gusano b. lombriz c. golondrina d. babosa
3. **¿Qué animal gira su cabeza 360º?**
   a. buho b. burro c. avispa d. libélula
4. **Las personas tenemos boca y los pájaros...**
   a. pecas b. pico c. pique d. púas
5. **Nuestra nariz es el ... de un perro.**
   a. hocico b. almorrana c. esparadrapo d. alambre
6. **El emú ... los 50 km/h de velocidad.**
   a. corre b. alcanza c. llega d. tiene
7. **El rinoceronte blanco ... a pesar 5 toneladas.**
   a. consigue b. llega c. puede d. logra
8. **Un ornitorrinco es un mamífero que ... huevos.**
   a. manda b. toca los c. cuelga d. pone
9. **Hay muchas ... en España por ... a animales.**
   a. denuncias/maltrato b. protestas/injuria c. quejas/insulto d. formas/paliza
10. **Los peces pueden nadar y desplazarse en el agua porque tienen...**
    a. alas b. aguijones c. aletas d. asas

c ?Poblemas¿ Corrige las frases siguientes.

1. Un avestruz puede ser dos metros y medio alto.
2. Después de ver ese documental me hice un vegetariano.
3. Las crías de los mamíferos están amamantadas por la madre.
4. Los perros tienen muy desarrollado el oler.
5. El visón está usado en la industria peletera.
6. Por localizar su alimento el oso hormiguero usa su larga lengua.
7. El colibrí es el solo pájaro que puede volar hacia atrás.
8. La lombriz tiene el cuerpo formado para anillos.
9. Parece ser que los armadillos necesiten beber agua constantemente.
10. La policía confirmó que G.R.F. fuera multada por maltratar a sus gatas.

SABER HABLAR ¿? ¡!

SESIÓN 1.3
Hablar por los codos

Escenario

1. ¿Sabes cuál es la definición de los verbos **argumentar, discutir, charlar** y **conversar**?

   a. ___conversar___: comunicar, tratar y tener amistad con otras personas.

   b. ___discutir___: examinar atenta y particularmente una materia.

   c. ___charlar___: conversar, platicar. Hablar mucho, sin substancia o fuera de propósito.

   d. ___argumentar___: sacar algo en claro. Aducir, alegar, presentar argumentos.

2. Existe una expresión relacionada con las anteriores que significa "no parar de hablar". ¿Sabes cuál es?

   – **hablar por los codos**
   – **hablar por los morros**
   – **hablar por los mocos**

3. una clase de conversación de nivel superior se deberían realizar estas cinco actividades, pero no siempre es así, ¿verdad? ¿Recuerdas una clase o actividad de conversación que no te gustó o que, incluso, te desagradó? Reflexiona sobre las siguientes preguntas:

   a. ¿Por qué no te gustó aquella clase o actividad?

   b. ¿Qué hicisteis exactamente?

   c. ¿Cómo te sentiste?

   d. ¿Por qué crees que sigue en tu memoria?

   e. ¿Cómo debería haber sido para que hubiera funcionado bien?

   f. ¿Cómo sería tu clase ideal de conversación?

Objetivos

En esta sesión queremos que reflexiones sobre distintos tipos de conversación dentro y fuera de clase. Debatirás temas variados con tus compañeros y te familiarizarás con formas de expresar tu punto de vista y de indagar lo que opinan los demás.

1. Hablar del hablar

a Aquí tienes cinco textos escritos por algunos estudiantes de español. En ellos opinan sobre las clases de conversación, pero atención: contienen algunos errores. Detectad cuáles son y discutidlos en parejas.

1

No me gusta siempre estar en grupos pequeños con un compañero o dos y sin el profesor. Prefiero de hablar delante la clase entera y con el consejo del profesor. Los otros estudiantes no saben si hecho un error y viceversa y quiero oír el acento del profesor también.

Para una buena clase de conversación es necesario discutir tópicos interesantes. El profesor tiene que asumir la dirección de la conversación y sugerir tópicos, y mirar que ninguna persona domine la conversación y cada estudiante puede contribuir.

2

No me gusta en la clase un estudiante que domine la clase y habla algo de su misma experiencia que no hay nada que ver con el tema que estamos hablando en la clase.

Me gusto cuando en la clase los alumnos hablan más que el profesor, que los temas son interesantes, que cada persona participa, que las clases sean divertidas usando juegos, etc.

El más interesante es tener un buen diseño para el clase y aprender gramática y vocabulario mientras hablando, como un niño aprende una idioma.

3

Para mí es muy difícil a tener la confianza que es necesario para hablar. Me parece que no sé mucho vocabulario y no sé como construir frases complejos y me hago frustrada.

La más interesante para mí es una clase divertido y más creativo, en la que tenemos que hacer algo un poco complicado. A mí, me gusta escribir más, pero sé que no es popular a la mayoría.

4

Para una buena clase de conversación es más interesante conversar sobre temas interesantes cotidianos. Pero es necesario que el profesor puede corregir nos cuando hacemos errores de gramática para que nos mejoremos.

Lo que me gustó muchísimo en una clase de conversación era ver una película en español y después comentar sobre ella. La habíamos visto durante muchas clases y cortándola después algunas escenas cada vez para poder comentar sobre los actores y técnicas que el director utilizó.

5

Hace un año tomé una clase de conversación y habia muchos problemas con esta clase. El profesor no guió la conversación y los estudiantes eran de niveles muy diferentes. Los tópicos de discusión no me interesé.

Que es lo que no me interesa en una clase de conversación son los juegos de competir entre grupos de alumnos.

b Ahora, en pequeños grupos, discutid las opiniones de estos estudiantes, que pueden coincidir o no con las vuestras. ¿Qué cosas consideráis positivas y cuáles negativas en una clase de conversación? Al final, elaborad una lista con "lo mejor" y "lo peor" para una buena clase de conversación.

2. En algo estaremos de acuerdo

a Lee las siguientes afirmaciones y señala si estás más o menos de acuerdo con ellas (0, nada de acuerdo; 4, muy de acuerdo).

	0	1	2	3	4
1. Las guerras no solucionan nada.					
2. Comer carne es un crimen.					
3. No hay vida después de la muerte.					
4. La pena de muerte nunca es el mejor castigo.					
5. El arte contemporáneo es un poco absurdo.					
6. Solo hay un verdadero amor en la vida.					
7. Clonar personas es una barbaridad.					
8. Reciclar soluciona los problemas del medio ambiente.					
9. Los animales también tienen alma.					
10. Hoy en día la lengua más útil es el español.					

b Ahora, en pequeños grupos, discutid vuestras opiniones y tomad notas: ¿cuáles son los aspectos en los que estáis todos de acuerdo? ¿En cuáles discrepáis más?

c ¿Hay algún tema sobre el que estéis de acuerdo toda la clase? Descubridlo.

3. La mayoría gana

a Lee atentamente el siguiente texto, que servirá como base para una conversación en clase. Después, imagina un título.

Se estima que unos cien millones de animales son usados en experimentos de laboratorio en todo el mundo. Pero la cifra real podría ser mucho mayor, ya que en las estadísticas no se incluyen los animales criados para ser empleados en laboratorios y que finalmente son sacrificados como excedentes. El Reino Unido utiliza unos 2,6 millones de animales y Alemania unos 1,8 millones, por poner dos ejemplos de la Unión Europea. Los animales más empleados son ratas, ratones, conejos, primates, perros, caballos y ovejas. Los experimentos provocan dolor y sufrimiento y muchos de los animales mueren en el experimento o bien son sacrificados posteriormente. En los laboratorios, el animal puede ser envenenado, privado de comida, agua o sueño. Se le aplican irritantes en la piel y ojos, se le interviene el cerebro, se le mutila, se le somete a gases venenosos y radiaciones. Además, muchos de estos animales son capturados en estado salvaje y vendidos a los países donde se realizan las investigaciones.

b En grupos de cuatro. Cada uno debe eligir al azar uno de los cuatro textos, sin leerlo, y escribir su nombre en él. Después, la persona lee la opinión expresada en ese texto y añade otros argumentos en el mismo sentido. Debe defender ese punto de vista, aunque no sea el suyo, e intentar convencer a los demás.

1. ____________

Pues no sé cómo se podrían probar las medicinas si no hacemos estos experimentos. Es mejor que sufran los animales y no las personas, digo yo. Así es la naturaleza...

2. ____________

Esto demuestra la capacidad de destrucción del hombre y su poca sensibilidad, porque los animales también sienten. Los animales también lloran, está demostrado, y tienen sentimientos...

3. ____________

Mucha gente se queja de estos experimentos, pero nadie renuncia a usar cosméticos y medicinas que no tengan efectos secundarios. Hay mucha hipocresía...

4. ____________

Yo estuve una vez en un matadero y vi cómo sufrían los pobres animales. Me imagino que en un laboratorio debe ser aún peor. No hay derecho a hacer esas cosas. Desde entonces no he vuelto a probar la carne...

4. Problemas de lógica

En grupo. Repartimos un problema a cada persona del grupo. Lee tu problema a tus compañeros y pídeles que te den una solución. Son problemas de lógica. Unos son bastante fáciles, otros más complicados. No desesperes. Si los compañeros no encuentran la solución, puedes ayudar con pistas o al final darla tú.

1. Si Javier habla más bajo que Carlos y José María habla más alto que Carlos, ¿habla Javier más alto o más bajo que José María?

2. Un rey encierra a un prisionero en una celda con dos guardianes. Uno dice siempre la verdad y otro siempre miente. La celda tiene dos puertas: la de la libertad y la de la esclavitud. La puerta que elija el prisionero para salir de la celda habrá de decidir su suerte. El prisionero tiene derecho a hacer una pregunta y sólo una a uno de los guardianes. Ten en cuenta que el prisionero no sabe cuál es el que dice la verdad y cuál es el que miente. ¿Qué pregunta debe hacer el prisionero para quedar libre?

3. Hace mucho tiempo, un rey decidió que un prisionero se salvase o muriese sacando al azar una papeleta de entre dos posibles: una con la palabra "muerte", la otra con la palabra "vida". Lo malo es que el rey, que era muy malvado, deseaba que el acusado muriese, de modo que hizo que en las dos papeletas se escribiese la palabra "muerte". ¿Cómo se las arregló el reo, que conocía la estrategia del rey, para asegurar su salvación? El prisionero no podía hablar; si lo hacía, moriría inmediatamente.

4. La oruga piensa que tanto ella como el lagarto están locos. Si lo que cree el cuerdo es siempre cierto y lo que cree el loco es siempre falso, ¿el lagarto está cuerdo? (Lewis Carroll)

5. Enigmas...

a En grupo. Repartimos un enigma a cada persona del grupo. El resto discute las posibles soluciones.

b Tu profesor te dará la solución de tu enigma. El grupo te hace preguntas para descubrirlo. Sólo puedes responder "sí", "no" o "no es importante". No debes dar información extra, a menos que veas que los demás necesitan alguna pista. No uses palabras clave de la solución o ideas demasiado evidentes. Puede ser difícil al principio, pero puedes dirigir la solución dando alguna pista.

1

Romeo y Julieta aparecieron muertos en una habitación. En el suelo había cristales y un poco de agua. Además, la ventana estaba abierta. ¿Qué pasó?

2

Un hombre estaba en el campo, muerto, desnudo y con una cerilla en la mano. ¿Qué pasó?

3

Un hombre estaba oyendo la radio. De repente, subió al piso de arriba y tras comprobar algo, se suicidó.

4

Un hombre entró en un bar y pidió un vaso de agua. El camarero sacó una pistola y le apuntó con ella. El hombre le dio las gracias y se fue.

5

Un señor llega todos los días al trabajo a la misma hora. Es el primero que llega al edificio. Los días que no llueve tiene que subir andando. Cuando llueve, siempre toma el ascensor.

Radio Ventolera

Thema: discriminación y despido laboral

a Lee el siguiente artículo del diario argentino Clarín y subraya los datos que consideres importantes o interesantes.

LO ECHAN DE UNA RADIO POR SU ACENTO ARGENTINO

NO DEBEMOS PERMITIR DISCRIMINACIONES POR MOTIVOS DE RAZA, SEXO O NACIONALIDAD

"Telemadrid Radio despide a un locutor por tener acento argentino", tituló ayer el diario *El Mundo* de Madrid, informando que el comentarista de baloncesto Pedro Bonofiglio cesó de colaborar en la emisora de la Comunidad de Madrid porque el acento no gustaba a la empresa. Bonofiglio explicó a nuestro diario que está enormemente sorprendido y desolado por la decisión adoptada por la directora de la emisora, María José Escalera. El director del programa, José Luis Poblador, protestó por considerar la decisión xenófoba.

Los trabajadores del Ente Público Radiotelevisión de Madrid se han solidarizado con su compañero del programa deportivo "Madrid al Tanto", y ayer noche se conoció un petitorio que recoge firmas y en el que piden que se reconsidere la decisión de prescindir de los servicios de Bonofiglio.

La nota señala que "Telemadrid Radio es un servicio para los madrileños y para todos aquellos que, sin serlo, vienen a nuestra comunidad. Por tanto, no debemos permitir discriminaciones por motivos de raza, sexo o nacionalidad". Asimismo, exigen la reincorporación del director y presentador del programa José Luis Poblador, que renunció a su puesto por considerar la decisión racista y xenófoba. La directora de la radio, María José Escalera, informó a *Clarín* que Bonofiglio dejó de colaborar como parte de una reorganización de mayor alcance, que preveía el cese de numerosos colaboradores, y no por causa de su acento.

El periodista argentino colaboraba con el programa como redactor de baloncesto. Según él mismo cuenta, trabajó con el director del programa para evitar en sus crónicas expresiones o palabras típicamente argentinas como "canasta" en lugar de "doble", y lograron un excelente resultado. Bonofliglio empezó a relatar básquet a los dieciséis años en su ciudad, San Nicolás. Más tarde, en Buenos Aires, trabajó tres años en Torneos y Competencias Sport y en Multicanal, antes de ir a Madrid.

b Ahora, escucha con atención las noticias de Radio Ventolera. Hay cuatro datos que no coinciden con lo que dice el artículo.

c En clase, discutid todos este caso. ¿Qué os parece la actitud de la emisora? Intentad alcanzar un consenso.

Taller de escritura

Escribe una carta a la directora de la emisora dando tu opinión sobre este hecho. Recuerda que es importante planificar lo que vas a escribir antes de redactar la carta.

Todo bajo control

a Si eliminas las palabras innecesarias del texto, podrás leer y comprender con todo sentido esta interesante noticia que pudo decidir el rumbo de la literatura universal. Después, intenta titular esta efeméride.

....

En el Archivo Cabras General de Indias se me conserva de pescado un precioso manuscrito de Cervantes en el que ahora bien solicita a Felipe II permiso para partir un piñón a Indias y desempeñar rocas algunos de los oficios que había alquiladas vacantes en Nueva Granada, Guatemala, París, Cartagena o La Paz. Sin embargo pues, el Real Consejo General de las Indias deniega la suya petición. Su presidente era don señor Hernando de Vega Fonseca. Cervantes es que vivirá en Sevilla en apretada situación económica, hasta que el punto de caer preso por no poder hacer mucha frente a sus deudas. Es en la cárcel de amor sevillana donde concibe un niño su plan para escribir su magna coñac obra, *El ingenioso Hidalgo don Quijote de la Quesada Mancha*. Quienes personas contemplan en el Archivo tan singular documento, allí especialmente los amantes de la literatura, experimentan una gran sexual emoción.

b ¿Te sientes "superior"? Elige la opción más adecuada.

1. **Estos dos gatos se llevan fatal, siempre están...**
   a. por los codos **b.** lamiéndose
   c. peleándose **d.** rascándose
2. **Les ________ que tuvieran en cuenta mi solicitud.**
   a. rogara **b.** rogaría
   c. rogase **d.** rogo
3. **Si Cervantes ________ viajado a América, tal vez no hubiera escrito El Quijote.**
   a. haya **b.** habría
   c. hubo **d.** hubiera
4. **No crean ustedes que ________ tan simple la cuestión.**
   a. es **b.** fuera
   c. soy **d.** haya sido
5. **Una de estas palabras no se refiere a una publicación periódica:**
   a. rotativo **b.** semanal
   c. diario **d.** longaniza
6. **Una de estas cosas no refresca.**
   a. abanico **b.** limonada
   c. almirez **c.** ventilador
7. **Solo una de estas frases es correcta.**
   a. No soy de acuerdo contigo.
   b. Soy en acuerdo contigo.
   c. No me acuerdo de ti.
   d. Estoy de acuerdo de ti.
8. **Solo una de estas opiniones está bien.**
   a. A mí parece importante no ser muy radical.
   b. Es obvio que haya muchos intereses distintos.
   c. Mejor que cambiemos de tema, ¿no?
   d. El peor de todo es que nadie quiere solucionar esto.
9. **Solo una frase es correcta. ¿Cuál?**
   a. Es una tema muy controversial.
   b. Es una tema muy controvertida.
   c. Este es un tema muy controvertido.
   d. Está un tema muy controverso.
10. **En México en lugar de charlar se dice:**
   a. chulear **b.** bucear
   c. sazonar **d.** platicar

c ?Poblemas¿ Sara comenta su viaje por España y comete algunos errores. Corrígelos.

1. Estaba en España por tres meses.
2. Quiero developar este tópico.
3. La música es muy importante para tener memorias.
4. En España hay muchas playas desnudas.

5. Esta canción exprime felicidad.
6. El carácter de esta obra de teatro es frío y cerrado.
7. Alcalá de Henares está conocido por la casa de Cervantes.
8. Cuando estudié en España, en mi programa no hubieron muchos americanos.
9. Me gustaría poner un foco en mis intenciones de viajar a España.
10. Aquel día había una demostración en la calle sobre la guerra.

SESIÓN 1.4
¿Vendemos el pueblo?

Escenario

¿Sabes lo que es un ayuntamiento?

Ayuntamiento. Es el nombre que recibe en España el gobierno de cada pueblo o ciudad. La persona que preside esta intitución es el alcalde o la alcaldesa. Cada una de las otras personas elegidas para formar ese gobierno y que tienen poder de voto en los plenos son los concejales y concejalas.

Objetivos

El objetivo de esta unidad es resolver un problema que plantearemos: debéis imaginar que vuestra clase es ahora el Ayuntamiento de un pequeño pueblo español con graves problemas económicos llamado La Rábita. Tenéis que decidir si vendéis o no vendéis el pueblo a unos compradores suecos. Para ello, debéis documentaros y discutir de forma que podáis llegar a alguna conclusión.

Esta situación que se plantea es extrema y, si queréis, cómica, pero en ese espacio imaginario se fomenta vuestra capacidad para generar un pensamiento más creativo, nunca ofensivo. No os lo toméis literalmente. Nadie vendería su pueblo, ya lo sabemos; afortunadamente, esta situación tan dramática no se produce. Esta lección es un medio para practicar español y, de paso, hablar de los clichés culturales que pesan sobre la sociedad española, comparándola con otras.

1. Ha llegado una carta de lejos

Al Ayuntamiento de La Rábita, un pequeño pueblo de la costa de Andalucía, ha llegado esta carta. Léela y responde a las preguntas de abajo.

Sr. Svante Pahnke
Alcalde de Sigtuna
87 Alfred Nobel gatan
17654 – Sigtuna – Suecia

Muy Sres. nuestros:

Tenemos el gusto de ponernos en contacto con usted y los representantes democráticamente elegidos por el pueblo de La Rábita con la intención de proponerles un asunto que esperamos será de su interés.

Nuestro pueblo, Sigtuna, situado en el centro de Suecia, es un pueblo con un número de habitantes muy similar al suyo. Muchos de nosotros conocemos las excelencias de su clima mediterráneo, la amabilidad de sus gentes, la belleza de sus playas y la buena comida de su privilegiada tierra. Tuvimos, además, la suerte de recibir la visita de una asidua veraneante de su localidad, Beatriz Torres, que nos explicó con detalles sus costumbres, mostrándonos vídeos y fotografías de los paisajes y relatándonos las innumerables ventajas de vivir en esa zona de la Península Ibérica. De forma que, por unanimidad, los habitantes de Sigtuna hemos decidido hacer nuestro sueño realidad: irnos a vivir a La Rábita.

La mayoría de nuestros ciudadanos están jubilados, y los pocos jóvenes que quedan están deseando ir a vivir a un clima más cálido. La renta per cápita de Sigtuna es la más elevada de los países escandinavos y contamos con media docena de multimillonarios que están plenamente dispuestos a sacrificar todas sus posesiones para realizar este sueño: comprar un pueblo en el Mediterráneo.

Consultados en referéndum, los ciudadanos de Sigtuna mostraron su acuerdo y, en una asamblea popular, se decidió por unanimidad ofrecer nuestro pueblo con todas sus posesiones: industrias químicas y madereras, casas maravillosamente acondicionadas, escuelas, granjas, hospitales, polideportivo, auditorio de música y congresos, bancos, más una cantidad que ronda el billón de coronas a cambio del usufructo del término. Compraríamos su pueblo, pero con la condición de poder ser propietarios absolutos de todas las pertenencias muebles e inmuebles de La Rábita. Lo que deseamos es comprar su pueblo y ofrecerles una alternativa, pues nosotros queremos trasladarnos a España y dejarles a ustedes nuestro municipio en Suecia. No queremos compartir con ustedes La Rábita.

En caso de aceptar nuestra propuesta, desearíamos trasladarnos de inmediato. Necesitamos una rápida respuesta, porque tenemos noticia de que otros pueblos del norte de Europa están también interesados en comprar La Rábita y, por otra parte, aunque nos gusta mucho su pueblo, también estamos barajando la posibilidad de comprar un pueblo similar al suyo. Según nuestras indagaciones, La Rábita tiene, lamentablemente, bastantes problemas. Hemos oído que la tasa de desempleo es del 90 % y la deuda municipal alcanza los seis millones de euros; además, hay rumores de que les queda una semana de agua potable.

Convencidos de que alcanzaremos una solución que será del agrado de ambas partes, nos despedimos esperando una pronta respuesta.

Atentamente

Svante Pahnke

Alcalde de Sigtuna

1. ¿Quién es Svante Pahnke?
2. ¿Qué desea?
3. ¿Por qué está interesado en el pueblo?
4. ¿Qué desean los ciudadanos de Sigtuna?
5. ¿Qué ofrecen?

2. Organizamos la clase

a El Ayuntamiento de La Rábita tiene que tomar una decisión. Cada persona de la clase tendrá un papel en esta simulación. Repartíos los siguientes personajes según vuestras preferencias o conocimientos.

ALCALDE / ALCALDESA

Su tarea es moderar y dirigir la discusión, tener una postura conciliadora y tomar decisiones consensuadas.

SECRETARIO / SECRETARIA

Su tarea es asistir al alcalde o alcaldesa, tomar notas y organizar los turnos de palabra.

CONCEJALES Y CONCEJALAS

Deben aportar datos relacionados con su área para aportar argumentos a favor o en contra. Decidid qué áreas podéis distribuir entre los miembros de la clase.

- Concejalía de juventud y educación
- Concejalía de ocio y cultura
- Concejalía de economía
- Concejalía de medio ambiente
- Concejalía de turismo y urbanismo
- Concejalía de salud y bienestar
- Otras áreas

b Lee la carta otra vez y reflexiona sobre las consecuencias de su contenido para tu área en el Ayuntamiento. Anota las cosas que te parezcan más importantes para poder participar de manera eficaz en el debate que se producirá.

3. Suecia y España en cifras

a Aquí tenéis algunos datos sobre Suecia y España. Toma nota de los más relevantes para tu concejalía y piensa en las posibles consecuencias. Sería interesante completar o actualizar la información de Suecia y España, sobre todos aquellos aspectos que más te interesen para tus argumentos. Si deseas completar estos datos, es un buen momento para buscarlos en internet.

SUECIA

Superficie: 450 000 km²
Población: 9 001 774 habitantes
Índice de natalidad: 1,7
Índice de mortalidad: uno de los más bajos del mundo
Religión: luterana (iglesia sueca mayoritaria), pero también, por los inmigrantes, hay numerosas comunidades católicas, musulmanas y de prácticamente todas las religiones del mundo
Paro: 5,8 %
Seguridad social: general y gratuita, pero se pagan 100 coronas por las visitas al médico
Impuestos: muy altos; alrededor del 30 % del sueldo
Renta per cápita: una de las más alta del mundo
Alfabetización: casi llega al 100 %
Universidad: los estudiantes obtienen créditos con un interés muy bajo y tienen que devolverlos cuando encuentran un empleo
Medio ambiente: gran preocupación nacional por la conservación del medio ambiente
Problemas:
Otros datos:

ESPAÑA

Superficie: 504 750 km^2
Población: 40 217 413
Índice de natalidad: 1,2
Índice de mortalidad: bajo
Religión: mayoritariamente católica
Paro: 10,4 % (de los más altos de la U.E.)
Seguridad social: general y gratuita
Impuestos: altos (alrededor del 17-20 % del sueldo)
Renta per cápita: una de las más bajas de Europa
Alfabetización: no llega al 100 %
Universidad: número de universitarios de los más altos del mundo por habitante; becas y medios escasos; trabajo insuficiente por masificación de licenciados
Medio ambiente: insuficiente preocupación ciudadana y del gobierno.
Problemas:
Otros datos:

b Cada concejal debe redactar un pequeño informe sobre su área antes de la discusión del pleno. Para que sea completo, aquí tenéis más datos, relativos a las dos regiones que nos interesan. Verás que faltan algunas cifras. Encuentra las que necesites y completa los huecos. Busca la información en una enciclopedia, en Internet, etc.

REGIÓN	SVEALAND	ANDALUCÍA
Municipio	Sigtuna	La Rábita
Punto geográfico		sur de España
Población		
Emigrantes		
Temperatura media en invierno	- 8° C	18° C
Temperatura media en verano	14° C	32° C
Horas de sol en invierno	6 diarias	10 diarias
Horas de sol en verano	20 diarias	14 diarias
Precipitaciones	300 l/m^2	0,5 l/m^2
Fauna	Zorros, alces y osos	
Paisaje	Muchos bosques y lagos	
Economía	Industria y comercio. Minerales y pesca	Turismo. Invernaderos para cultivos intensivos, frutales.
Salario medio		
Precio de un libro		
Precio de una cerveza		
Carácter de la gente		
Valores más importantes en la vida		

4. Tiene la palabra

a Vais a celebrar, todos juntos, un pleno extraordinario en el Ayuntamiento. Con toda la información de que disponéis y con la ayuda de la carta de la página 31 y de las notas que habéis tomado, tenéis que llegar a alguna conclusión. ¿Vendéis o no el pueblo? Sopesad todos los puntos a favor y en contra. Poned en común las ideas y llegad a la conclusión que creáis conveniente.

b Una vez finalizada la discusión, y tras haber llegado a un consenso, tenéis que dar una respuesta formal al alcalde sueco. Redactad una carta con vuestra respuesta.

Radio Ventolera

a Lee esta noticia real y subraya la información que te parezca más importante.

VENDEN UN PUEBLO EN CALIFORNIA

Un pueblo de 33 hectáreas situado en el norte del estado norteamericano de California fue vendido en el popular sitio de subastas por Internet eBay por 1,7 millones de dólares. El precio sobrepasó todas las expectativas, sobre todo teniendo en cuenta que los vendedores dejaron claro desde un principio que el lugar precisaba de amplias obras de mejora y que el primer postor solo quería pagar 5000 dólares. Los propietarios de Bridgeville –una población situada a 400 kilómetros al norte de San Francisco– pusieron la propiedad en la lista de la subastadora eBay el 27 de noviembre. La primera oferta fue presentada un día después, pero ese solo fue el inicio de una verdadera guerra internacional por la compra del pueblo.

En Bridgeville viven alrededor de 670 personas y, según los datos históricos reunidos por la familia Lapple, la actual propietaria, fue fundado algunos años después del comienzo de la fiebre del oro. Bridgeville era, además, una de las paradas de la ruta que conducía al puerto de Eureka, que ahora se encuentra a una hora de distancia en coche. Denise Stuart, la agente inmobiliaria que colocó el anuncio en eBay, dijo: "A lo largo de los años, aparecieron muchos interesados en comprar la propiedad, pero ninguno dispuesto a pagar el precio que se pedía. Después de haber estado tres semanas en la red, se recibieron más de 100 ofertas anónimas, pero apenas superaron los 357000 dólares". "El aviso se colocó en eBay con la esperanza de atraer más atención de la que se consiguió a través de medios más convencionales, como la prensa", agregó. Bridgeville fue vendido por miembros de la familia Lapple, que compró la propiedad en 1972 por 150 000 dólares. Un intento anterior de vender el pueblo en 1977 fracasó, después de que el grupo de personas vinculadas a una iglesia local que cerró la compra no lograra efectuar el pago.

b Ahora, escucha la misma noticia en un informativo de Radio Ventolera. Pon atención y encuentra los cuatro datos que no coinciden con lo que dice el artículo.

Taller de escritura

Han llegado al Ayuntamiento de La Rábita dos cartas de empresas de mudanzas. Elegid, entre todos, la empresa más adecuada y responded por carta, siguiendo el modelo de estas que habéis recibido.

El Reno Feliz (Suecia)

Muy señores míos:

Desde nuestra empresa de mudanzas "El Reno Feliz", tenemos el gusto de ponernos en contacto con ustedes con el fin de ofrecerles nuestros servicios.

Somos una empresa con una amplia experiencia. Realizamos, desde 1920, todos los traslados de muebles de la familia real sueca, contamos con cámaras especiales en nuestros camiones para el transporte de objetos artísticos y de valor. Asimismo, contamos con cajas de seguridad. Tenemos un seguro a todo riesgo que sería negociado previamente, ya que sus tarifas son variables.

Nuestros honorarios medios son 10 euros por camión y kilómetro recorrido. El tiempo aproximado, teniendo en cuenta la distancia, sería de una semana como mínimo y dos como máximo.

A la espera de su pronta respuesta, se despide atentamente,

Per Anderson

Ubi sunt (Granada)

Excelentísimo señor alcalde:

Ha llegado a nuestros oídos el rumor del posible intercambio de todo su municipio con otro de Suecia. En nuestra empresa disponemos de unos medios bastante aceptables y de unos buenos profesionales. El precio del porte es de 6 euros por camión y kilómetro recorrido. Tenemos un cuidado extremo con los objetos de valor; los envolvemos en mantas de pura lana virgen y aseguramos el material a todo riesgo.

Asimismo, le queremos recordar que es posible el transporte marítimo, pero en lugar de una semana (tiempo en el que nos comprometemos como máximo a realizar la mudanza por carretera) sería necesario al menos un mes para llevarla a cabo.

Dándole las gracias de antemano, le saluda afectuosamente,

José Francisco Ruiz Muñoz

Todo bajo control

a Esta es una invitación de boda española. ¿Son iguales las de tu país? Marca las cosas que te llaman la atención.

Borja Torres y Ángeles Tárrega
y
Bjorn Ingstrom y Pamela Ingstrom

Se felicitan por el próximo enlace de sus hijos

Beatriz y Karl

Y tienen el gusto de invitarles a la ceremonia que se celebrará el sábado 17 de marzo a las 6 de la tarde en la Parroquia del Sagrado Corazón de La Rábita (Granada)

Cena: Club Marítimo | *21:00 horas*
Se ruega confirmación | *Tlf. 958 22 38 75*

b Lee esta breve nota de prensa sobre el enlace y complétala con información de la invitación.

El pasado 1________ contrajeron matrimonio en la parroquia del 2________ del municipio granadino de La Rábita la señorita 3________ y el súbdito sueco 4________. Ofició la ceremonia el padre Ignacio Balaguer y actuaron como padrinos el padre de la novia, el doctor 5________, y la madre del novio, la señora 6________.

La novia lucía un sencillo vestido crudo de seda con adornos de encaje y velo. El novio, frac blanco con pajarita celeste. Más tarde, se celebró el acontecimiento en los salones del 7________, donde se ofreció a los invitados un banquete. Tras la fiesta, Beatriz y 8________ partieron de viaje de bodas hacia alguna isla del Egeo.

Deseamos desde aquí toda la felicidad del mundo a la joven pareja; asimismo, esperamos que este enlace sirva para fortalecer los lazos de amistad entre 9________ y Sigtuna.

c Busca en la noticia palabras o expresiones sinónimas de las siguientes.

boda **casarse** **ciudadano** **comida**

iglesia **llevar** **novios**

salir **también**

d ¿Te sientes "superior"? Marca la opción correcta.

1. **La despedida en una carta formal es...**
   a. Encantado. b. Sinceramente.
   c. Atentamente. d. Hartamente.
2. **El femenino de alcalde es...**
   a. alcalda. b. alcaldista.
   c. alcahueta. d. alcaldesa.
3. **Convencidos de que ... una solución, quedamos a la espera de su respuesta.**
   a. alcanzábamos b. alcanzaremos
   c. lograríamos d. habríamos alcanzado
4. **Tenemos el ... de ponernos en contacto con ustedes.**
   a. sabor b. gusto
   c. pudor d. valor
5. **El pasado 17 de marzo ... matrimonio en la parroquia del Sagrado Corazón.**
   a. tuvieron b. realizaron
   c. hicieron d. contrajeron
6. **... alcalde.**
   a. Excelentísimo señor
   b. Queridísimo señor
   c. Magnífico señor
   d. Reverendo señor
7. **La novia ... un vestido crudo. El novio, un frac blanco y pajarita.**
   a. estaba llevando b. estuvo tomando
   c. lucía d. adornó
8. **Una de estas secciones no es apropiada como concejalía de un Ayuntamiento.**
   a. salud y bienestar b. ocio y cultura
   c. medio ambiente d. apariciones
9. **El pueblo de Bridgeville ... unos años después de la fiebre del oro.**
   a. estaba fundado b. fue fundado
   c. estuvo fundido d. era fundido
10. **Esperamos que el enlace entre Beatriz y Karl ... fortalecer las relaciones entre ambos pueblos.**
   a. sirva para b. sirve por
   c. sirva por d. sirve para

SABER HABLAR

SESIÓN 1.5
Psicología barata

Escenario

En parejas, haced este test de personalidad. Las soluciones están en el solucionario. Luego, pensad un nombre para el test.

1. **Normalmente te sientes mejor...**
   a. por la mañana. b. durante la tarde y el atardecer.
   c. por la noche.
2. **Normalmente, caminas...**
   a. bastante rápido, con pasos largos.
   b. bastante rápido, con pasos cortos.
   c. no muy rápido, con la cabeza bien alta.
   d. no muy rápido, mirando al suelo.
   e. muy despacio.
3. **Al hablar con las personas, ...**
   a. mantienes los brazos cruzados.
   b. tienes los dedos entrecruzados.
   c. tienes una o ambas manos en las caderas.
   d. tocas o empujas a la persona con quien estás hablando.
   e. juegas con tu oreja, te tocas la barbilla, etc.
4. **Al relajarte, te sientas con...**
   a. las rodillas dobladas y las piernas bien juntas.
   b. las piernas cruzadas.
   c. las piernas estiradas.
   d. una pierna doblada debajo de la otra.
5. **Cuando algo realmente te divierte, reaccionas con...**
   a. una risa grande, apreciable. b. una risa, pero no muy fuerte.
   c. una risita. d. una sonrisa tímida.
   e. evitas mostrar sonrisa alguna.
6. **Cuando vas a una fiesta o reunión social, ...**
   a. haces una entrada impactante para que todos lo noten.
   b. haces una entrada discreta buscando algún conocido.
   c. intentas pasar inadvertido.
7. **Si estás trabajando, concentrándote duro, y te interrumpen, ...**
   a. das la bienvenida al descanso.
   b. te sientes sumamente irritado.
   c. varías entre estos dos extremos.
8. **¿Cuáles de los colores siguientes te gustan más?**
   a. rojo o anaranjado b. negro
   c. marrón o gris d. amarillo o azul claro
   e. verde f. azul oscuro o púrpura
   g. blanco
9. **En la cama, antes de dormirte, te quedas...**
   a. extendido sobre la espalda.
   b. extendido boca abajo.
   c. de costado, ligeramente doblado.
   d. con la cabeza en un brazo.
   e. con la cabeza bajo las sábanas.
10. **A menudo sueñas que...**
    a. estás cayéndote.
    b. estás luchando o esforzándote.
    c. estás buscando algo o a alguien.
    d. estás volando o flotando.
    e. duermes sin soñar.
    f. tus sueños siempre son agradables.

¿Para qué sirven estos tests? ¿Crees en ellos o no? Y en clase de español, ¿qué utilidad pueden tener?

Objetivos

La finalidad de esta sesión es doble. Por una parte, queremos que sigas familiarizándote con diferentes tipos de textos en español y que tengas la oportunidad de comunicar en español de forma libre. Por otro lado, pretendemos que busques un estado idóneo de relajación y confianza con las personas con las que estás estudiando, de manera que puedas sentirte bien en clase.
Lo ideal es que realicéis alguno de los tests al principio del curso para romper el hielo y los otros durante el transcurso de este, cuando ya conozcáis más a vuestros compañeros. Disfrutad usando vuestro español.

1. Tu vida pendiente de un árbol

a Imagina algo agradable y relájate. Toma una hoja en blanco y dibuja un árbol. Hazlo como te salga, sin pensar demasiado. No se lo enseñes a nadie.

b Ahora, escribe tu nombre en ese papel e intercámbialo con otra persona de la clase. Más abajo encontrarás las claves para interpretar este tipo de dibujo. Estudia el árbol de la otra persona y toma nota de los rasgos de su personalidad.

POSICIÓN EN EL PAPEL

Izquierda: personalidad marcada por el pasado y por los recuerdos de hechos pasados.
Derecha: tendencia a mirar hacia adelante y a tener proyectos y perspectivas de futuro.

TAMAÑO DEL ÁRBOL

Grande: ego muy desarrollado y afán de destacar sobre los demás.
Medio: equilibrio entre el mundo interior y el mundo exterior.
Pequeño: humildad, modestia o existencia de complejos.

PARTE DEL ÁRBOL QUE RESALTA

Inferior: clara tendencia a lo material.
Superior: desarrollo de los aspectos emocionales e intelectuales.
Central: gran sensibilidad.

TRAZO DEL DIBUJO

Firme y continuo: madurez, equilibrio y autoconfianza.
Fino y vacilante: tendencia a la inestabilidad emocional.

PARTES DEL ÁRBOL

La copa y las ramas

- Cuantas más ramas, más facilidad para relacionarse con los demás. Las ramas finas son características de los individuos sensibles y emotivos, mientras que las gruesas lo son de personas más enérgicas, o incluso egocéntricas.
- La ausencia total de copa o de ramas nos informa de una personalidad angustiada. Una copa redonda denota sensibilidad y docilidad; si tiene forma en punta o muestra aristas, puede ser señal de agresividad, violencia o insatisfacción.
- La presencia de hojas, flores o frutas es típica de personalidades abiertas. Si encontramos pájaros, nidos u otros objetos, podemos decir que el individuo da rienda suelta a su espontaneidad, a un espíritu juguetón e, incluso, que es algo ingenuo.

Raíces

- Las raíces son la imagen de los instintos más primarios. Lo normal es no presentarlas, o dibujar pocas: eso es lo habitual en personalidades moderadas y sensatas. La presencia de las raíces es típica de sujetos muy instintivos, apasionados.

Tronco

- Cuanto más ancho sea el tronco, más instintiva e impulsiva es la persona. Cuanto más delgado sea este, más delicada, sensible, amable y dócil.
- Inclinado hacia la derecha, indica extroversión y optimismo; a la izquierda representa introversión, pesimismo, melancolía y retraimiento.
- La presencia de agujeros, grietas u objetos sugiere inquietudes o contradicciones.

Suelo

- La ausencia de suelo puede relacionarse con los sentimientos de inseguridad, falta de arraigo o cierto tipo de inmadurez. La presencia de suelo expresa seguridad y confianza en uno mismo.
- La presencia de diferentes elementos en el suelo indica alteraciones del equilibrio: cuantos más elementos haya, mayores serán los desequilibrios.

c Explica a tu compañero lo que has averiguado sobre su personalidad.

2. Esa persona que llevas dentro

a Vamos a trabajar en parejas. Cada persona debe completar libremente estos dibujos. Hazlo espontáneamente, sin pensar y sin mirar las soluciones de abajo.

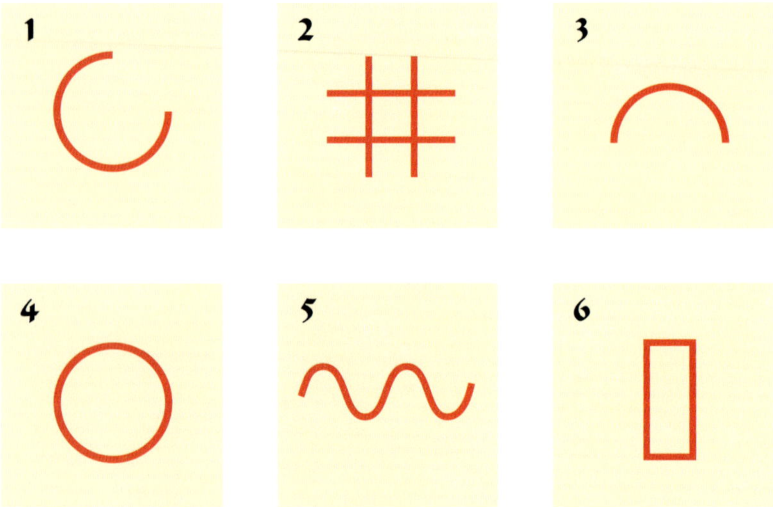

b Ahora, intercambia los dibujos con tu compañero para que interprete lo que significan. Es un buen momento para conversar y comentar cómo piensas que eres realmente.

1. Madurez

Cuando el individuo cierra el círculo, evidencia su necesidad de protección, la búsqueda de seguridad y el deseo de cubrirse, camuflarse o refugiarse en algo o en alguien. Una persona independiente mantiene la figura abierta, pues tiene un alto grado de seguridad y autoconfianza. Si ha dibujado un sol, una cara o una figura reconocible, estamos ante alguien optimista, amable y positivo. La presencia de elementos dentro del círculo indica que esta persona tiene un mundo interior rico; si estos elementos lo rodean, estamos ante alguien que tiende hacia la curiosidad exterior.

2. Competitividad

La presencia de cruces (X) o ceros (O) en el dibujo delata inequívocamente un carácter competitivo y luchador. Cuando las líneas se prolongan hacia arriba o hacia los extremos, dando una continuidad geométrica, esta persona convive con su extroversión de manera algo conflictiva. Cuando la imagen oculta el dibujo geométrico, borrando las simetrías, o creando zonas oscuras dentro de las casillas, la persona vive, probablemente, en conflicto con los demás, de manera antisocial, poco competitiva.

3. Relación con los demás

Si ha mantenido la forma circular, con una cara, un paraguas, una luna, una sonrisa o algún elemento reconocible, esta persona tiene indudablemente gran capacidad de comunicarse, es sociable y generosa y tiene una buena salud mental. Ahora bien, cuando la forma original desaparece o hay elementos que la confunden, esta persona es más introvertida y se relaciona con menos transparencia con los demás. En general, cuanto más onduladas y curvas son las líneas, más cordial y amable es el individuo.

4. Imagen de uno mismo

Si la imagen representa una cara, un sol, una figura reconocible natural, lo más probable es que estemos ante una persona de buen humor y vital. Sin embargo, una imagen confusa, poco clara, indicará que tiene problemas con la aceptación de su personalidad. La imagen de un sol o un ojo expresa confianza, orgullo y autoestima; una flor, preocupación por el aspecto físico. Los elementos dentro del círculo indican un pensamiento dirigido hacia uno mismo, reflexivo. Los signos fuera del círculo denotan la capacidad de abrirse a los demás.

5. Confianza

Si ha dibujado exclusivamente encima de la línea, este individuo mantiene un alto nivel de confianza en sí mismo. Por el contrario, si los elementos parecen predominantemente debajo, la inseguridad, los complejos y el miedo presiden su existencia. Las figuras naturales, vivas y en movimiento representan la fijación en el momento presente y un alto grado de vitalidad. Los objetos no naturales se vinculan con el pasado y con el peso de los acontecimientos anteriores que han marcado la vida de la persona.

6. Sexo

Una buena actitud hacia el sexo se expresa mediante un dibujo de formas nítidas, claras, específicas. Un árbol, por ejemplo, es propio de quienes relacionan el sexo con los sentimientos amorosos. Una imagen irregular, confusa, que anula la figura original, nos habla de una relación conflictiva con el sexo. Cuantos más elementos se añadan, más compleja será la persona en este aspecto. Si hay otras cosas diferentes, pues... lo mejor es que se lo preguntes discretamente, ¿no?

Radio Ventolera

a Escucha el programa de radio de la psicóloga Martha Berman. Sigue sus instrucciones y toma nota de los detalles que el test que te propone revela sobre tu personalidad.

b En parejas. Comenta lo que has anotado con un compañero.

Taller de escritura

a Aquí tienes el dibujo del árbol que realizó Borja Juárez y la interpretación que de él hizo por escrito Martha Berman.

b Siguiendo la interpretación de los elementos del primer test y este modelo de texto, redacta un pequeño informe sobre el árbol que dibujó Gonzalo.

Interpretación del árbol de Borja

En primer lugar, la inclinación hacia la derecha de la figura nos puede dar pistas sobre la orientación de esta persona hacia el futuro. A pesar de no ser muy acentuada, la inclinación nos informa de una predilección hacia la acción frente a la introversión.

Observamos también que la parte superior de la imagen predomina sobre el resto, de modo que podemos decir que este individuo tiene más desarrollados sus aspectos emocionales e intelectuales. Asimismo, es evidente que la figura del árbol, en relación al papel, es bastante grande, típico en individuos con un ego muy desarrollado y un deseo de destacar sobre los demás.

El trazo de la línea parece firme y continuo, lo cual nos indica autodominio y equilibrio. La presencia de suelo ondulado y rugoso nos da una pista sobre la presencia de problemas de autocontrol. Las numerosas raíces delatan una personalidad que se deja llevar por los instintos y emociones primarias. Esta misma información la podemos corroborar en la extremada anchura del tronco, que nos muestra una gran impulsividad y cierta falta de autocontrol.

Por otra parte, la inclinación hacia la derecha descubre las tendencias a la extroversión y el optimismo. El tronco presenta, además, grietas y un gran agujero, lo cual puede deberse a la presencia de inquietudes, contradicciones o conflictos interiores.

Es una persona que tiene recursos de comunicación con el exterior, como lo demuestra la abundante presencia de ramas. El grosor de las mismas nos muestra un talante enérgico y algo vanidoso. La forma de la copa es ambigua, porque presenta rasgos redondeados, de docilidad, y formas con puntas, con lo que podemos concluir que el individuo experimenta cambios emocionales que lo llevan de la amabilidad a una cierta agresividad. Por último, observamos una acusada predilección por los aspectos materiales, tal como se puede comprobar en las zonas de la copa que caen hacia abajo.

Todo bajo control

a Completa el texto con las ocho preposiciones que faltan.

La parte superior del árbol se relaciona [1]______ la capacidad de comunicación con el exterior. La presencia de ramas está conectada con el tipo de interacción con el mundo, tiene que ver con la facilidad [2]______ relacionarse con los demás. La ausencia de ramas nos indica un comportamiento más reflexivo, más pausado, una comunicación más prudente. Las ramas finas caracterizan [3]______ los individuos sensibles y emotivos. Las gruesas, a personas más vanidosas y enérgicas. La ausencia total de copa o de ramas nos informa [4]______ una personalidad angustiada y frustrada, o quizá se debe a que no ha tenido tiempo para completar el dibujo (sé siempre diplomático).

La forma de la copa es muy importante. Si se presenta redonda, con rasgos definidos, el sujeto se expresa con sensibilidad y docilidad. Una forma [5]______ punta o con aristas, habla de individuos que se comportan con agresividad, violencia e insatisfacción. Recuerda que si la copa tiende hacia arriba, los aspectos emocionales e intelectuales están mucho más desarrollados. Y si tiende [6]______ abajo, la persona se inclina a lo material.

La presencia de hojas, flores o frutas caracteriza a las personalidades abiertas, comunicativas, [7]______ definitiva, personas no conflictivas en sus relaciones [8]______ los demás. Si encontramos pájaros, otros animales, nidos u objetos, podemos decir que el individuo da rienda suelta a su espontaneidad.

b ?Poblemas¿

1. Lo más ancho dibuja una persona el tronco, lo más es instintiva.
2. Nunca la olvidaré pasa lo que pasa.
3. A mí los tests divierten mucho.
4. El color rojo representa a alguien a que realmente amas.
5. El tronco del árbol está la imagen del yo.
6. Esta persona tiene dificultad por relacionarse con los demás.
7. Hay que pedir un deseo antes de empezando este test.
8. Es evidente que la forma de la copa sea muy grande.
9. El sacapuntas está un objeto que se usa para cortar árboles.
10. Muchos de estos tests parecen absurdos para su falta de rigor.

c ¿Te sientes "superior"? Elige la opción más adecuada.

1. **"Dar rienda suelta a la imaginación" significa...**
   a. dejarla volar. b. mantenerla oculta.
   c. pensar más de la cuenta. d. acordarse de algo con rencor.
2. **La inclinación del árbol a la derecha se puede relacionar ____ la precipitación.**
   a. Ø b. para
   c. con d. a
3. **Si tienes muchas inquietudes, tienes...**
   a. alergias. b. preocupaciones.
   c. instintos violentos. d. ira.
4. **Una de estas frases es la más correcta.**
   a. Contra más pienso en ella, más la quiero.
   b. Cuanto más pienso en ella, cuanto la quiero.
   c. Cuanto más pienso en ella, más la quiero.
   d. Más que pienso en ella, cuanto la quiero.
5. **____importante de este test no es su carácter científico (que no ____ tiene), sino ____ bien que lo hayas podido pasar.**
   a. lo / lo / lo b. le / le / le
   c. lo / le / lo d. le / lo / le
6. **Dile a tu compañero que ____ el título de dos canciones que le ___.**
   a. escribe / guste b. escribe / gustan
   c. escriba / gustan d. escriba / gustas
7. **Dile a tu compañero que pida un deseo que le ____ que se ____.**
   a. gusta / cumple b. guste / cumpla
   c. gustaría / cumpliese d. gustara / cumpliría
8. **Dale las siguientes instrucciones a tu compañero para que ____ nota en el espacio que ____.**
   a. haga / tenga b. tome / tiene
   c. hace / dispone d. toma / disponga
9. **Queremos que ____ familiarizándote con diferentes modelos de textos en español.**
   a. sigues b. seguimos
   c. sigamos d. sigas
10. **La disciplina que interpreta la personalidad a través de la escritura y los dibujos se llama...**
    a. grafología. b. quiromancia.
    c. garrafón. d. diburología.

De foca a foca

Jugamos en grupos de cuatro. El objetivo es llegar al final con el máximo de puntos (focas) posibles. Necesitamos un dado y una ficha. Vamos sumando o restando focas según lo que indique cada casilla (+ o -) y a la vez vamos hablando sobre los temas que se proponen. Recordemos que todo el mundo tiene que llegar hasta el final y gana el que haya obtenido más focas. Es pura suerte y un buen momento para seguir conversando en español.

SALIDA

1. ¿Dónde te habría gustado nacer? +
2. Algo de comida que aborreces. +
3. ¿Qué es lo que menos te gusta de la gente de tu país? +
4. En un minuto, cuenta el cuento de "Caperucita Roja". +
5. ¿Cuántos colores diferentes de ojos hay en esta clase? +
6. Un animal en el que te reencarnarías. Avanza a la casilla 18. +
7. ¿Qué piensas de quienes dicen haber sido abducidos por ovnis? -
8. Haz una pregunta indiscreta a tu profesor/a. +
9. Una ciudad que estás deseando conocer. -
10. Vuelve a la casilla 3. -
11. ¿Quién de vosotros ha visitado más veces España? -
12. Una ciudad que no te interesa visitar. +
13. ¿Cuál es el horóscopo de las personas de este grupo? -
14. La Nochevieja pasada la pasaste en... +
15. ¿Cuándo y cómo fue tu anterior curso de español? -
16. ¿De dónde vienen los nombres **jueves** y **viernes**? +
17. Cuenta un chiste o algo gracioso; si no, vuelve a la casilla 8. +
18. El regalo que te gustaría que te hicieran para tu cumpleaños. +
19. ¿Quién de la clase domina más lenguas? -
20. Cuenta la última boda a la que asististe. +
21. ¿Cuántos colores de calcetines diferentes hay en total en la clase? -
22. Un deporte que jamás practicarías. +
23. ¿Qué profesión habrías elegido de haber podido? -
24. La cosa más extraña que has comido en tu vida. +
25. Describe cómo se cocina tu plato favorito. -
26. ¿Alguna vez te has disfrazado? ¿De qué? +
27. Una asignatura que suspendiste alguna vez. -
28. ¿Cuál es tu punto débil en español? +
29. ¿Qué tres cosas nunca te llevarías a una isla desierta? -
30. ¿De dónde proviene tu nombre? ¿Qué significa? +
31. Nombra 3 mamíferos que viven en el agua. -
32. ¿Con qué famoso/a no te casarías nunca? ¿Por qué? +
33. ¿Tenías mascotas en tu infancia? ¿Cuáles? -
34. Cinco cosas que te refrescan cuando hace calor. +
35. ¿Quién de la clase tiene la familia más numerosa? -
36. Lo más interesante de tu ciudad o de tu pueblo natal es... +
37. Lo menos interesante de tu ciudad o de tu pueblo natal es... -
38. El monumento que más te ha impresionado. +
39. Avanza hasta la casilla 47. -
40. ¿Cuál es el horóscopo de tu profesor/a? +
41. ¿Prohibirías el tabaco y las drogas? -
42. ¿Cuál es la persona más alta de la clase? +
43. Una época de la Historia en la que no te hubiera gustado vivir. -
44. Una época en la que te hubiera gustado vivir. ¿Por qué? +
45. Un programa de televisión que no soportas. ¿Por qué? -
46. ¿Qué plato típico de tu país es tu preferido? +
47. ¿El acontecimiento más importante de la historia de tu país? -
48. Un tipo de ropa que nunca te pones. +
49. Canta una canción en español, o perderás 3 focas. +
50. Una película que te aburrió muchísimo. +
51. Vuelve a la casilla 43 y tienes 2 focas más. +
52. ¿Tienes cosquillas? ¿Dónde? +

FIN ¿Cuántos puntos tienes? Gana el que tenga más.

2 SABER HACER

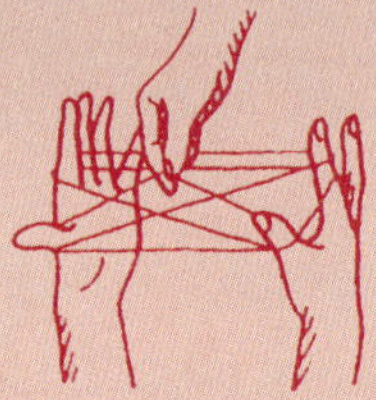

SESIÓN 2.1
Más alto, por favor
Analizar los recursos para dar énfasis a lo que decimos.

SESIÓN 2.2
Más bajo, por favor
Analizar los recursos para suavizar lo que decimos.

SESIÓN 2.3
Por cierto
Reflexionar sobre el uso de los marcadores discursivos.

OBJETIVO

Aprenderemos cómo ser más expresivos, cómo suavizar un enunciado, cómo matizar nuestros argumentos, etc.

SESIÓN 2.4
Por consiguiente
Reflexionar sobre el uso de los conectores discursivos.

SESIÓN 2.5
La cortesía
Analizar las estrategias para actuar con cortesía.

EVALUACIÓN
Indicios
Un juego para evaluar los contenidos de SABER HACER.

SESIÓN 2.1
Más alto, por favor

Escenario

1. Máximo y Plácido son muy diferentes. Plácido es comedido, justo en sus palabras, prudente, incluso un poco frío. Máximo, por el contrario, se toma todo muy a pecho, y es efusivo y desmesurado en sus juicios. Fíjate en cómo se expresan los dos en la misma situación; aluden a la misma realidad, pero lo hacen de distinta manera.

   Plácido: Hace un poco de frío, ¿no?
   Máximo: ¡Qué frío hace!

   Plácido: Y llevamos mucha ropa, ¿verdad?
   Máximo: ¡Y anda que no llevamos ropa!

2. Las siguientes situaciones requieren más expresividad de lo habitual. ¿Qué dirías tú si te encontraras en ellas?

   a. Vas por la calle en pleno verano, no hay sombra, hay 40 grados, vas medio muerto/a.

   b. Estás clavando un clavo en la pared y te golpeas el dedo. Te sangra muchísimo.

   c. Llegas a una fiesta y el apartamento está totalmente lleno. No puedes ni entrar.

   d. Te levantas en tu apartamento después de una fiesta y encuentras todo asqueroso.

   e. Le comentas a un amigo que no te apetece ver esa película porque la has visto muchas veces.

Objetivos

El objetivo de esta sesión es reflexionar sobre los recursos de intensificación: aquellos que usamos para realzar nuestros enunciados a fin de que sean más expresivos. Esperamos que al final de estas actividades seamos más conscientes de cuándo y de cómo usar las estrategias de intensificación. Aunque emplearlas de manera adecuada en la comunicación natural es difícil, es interesante comprender al menos el valor de esos enunciados para poder interpretar las intenciones de las personas con las que hablemos.

1. Máximo y Plácido

a En estos cuadros, encontrarás 10 estructuras que se usan en español para intensificar y un ejemplo de una frase que ha dicho Máximo usando esa estructura. Luego, tienes un comentario de Plácido sobre un gato bastante especial. Transfórmala usando la estructura propuesta para convertirla en una frase que podría decir Máximo.

1. **¡Qué/Vaya/Menudo(a)** + nombre + [(**que**) + verbo + (sujeto)]!
¡Menuda casa que tiene Ruth!

Plácido: Este gato deja un olor horrible, ¿no?
Máximo: ____________________

2. **¡Qué/Vaya** + adjetivo + (**que**) + verbo + (sujeto)!
¡Qué elegante que iba ayer tu hermana!

Plácido: Está un poco gordito, ¿no?
Máximo: ____________________

3. **¡Cómo/Cuánto** + verbo + (sujeto)!
¡Cómo corre (este coche)!

Plácido: Este gato ronca bastante, ¿verdad?
Máximo: ____________________

4. ¡Verbo + **más** + adjetivo/adverbio + (sujeto) + **(que todo/nada)!**
¡Es más travieso (este niño) (que nada)!

Plácido: Este animal es un poquito retraído.
Máximo: ____________________

5. ¡Verbo + **(de un)** + (adjetivo)/(adverbio)!
¡Está de un simpático mi jefe!

Plácido: Al menos, un poco rarillo sí que es.
Máximo: ____________________

6. **¡El/la/los/las** + nombre + **que** + verbo + (sujeto)!
¡La casa que se ha comprado Pablo!

Plácido: Este gato suelta mucho pelo, ¿no?
Máximo: ____________________

7. **¡Lo +** adjetivo **+ que** + verbo + (sujeto)!
¡Lo guapo que se ha puesto (este niño)!

Plácido: Es algo arisco este gato.
Máximo: ____________________

8. **¡Con + lo** + adjetivo / **¡Con el/la/los/las** + nombre / **¡Con la** + (**cantidad**) **de** + nombre /... **+ que +** verbo **+ (y)** (frase)
¡Con lo oscuro que está y tú quieres entrar!
¡Con el retraso que llevamos y tú con la tele!
¡Con la de gente que hay y quieres quedarte!

Plácido: Hay muchos animales abandonados y has tenido que recoger precisamente a este.
Máximo: ____________________

9. **¡Anda que no** + verbo + nombre/adjetivo + (sujeto) + **(ni nada)!**
¡Anda que no dice tonterías este artículo!

Plácido: Parece que araña un poco.
Máximo: ____________________

10. ¡Verbo + **super/pero que muy/ requete** + adjetivo/adverbio + (sujeto)
¡Suena superbien (este disco)!

Plácido: Creo que está un poco loquillo.
Máximo: ____________________

b Comprueba tus respuestas oyendo los comentarios y presta atención a la entonación: es importante.

2. La mar de fuerte

IMÁGENES Y PREGUNTAS RETÓRICAS

Imágenes expresivas
Este es uno de los recursos habituales para intensificar: construir imágenes expresivas.

Plácido es la mar de tranquilo.
Máximo está la mar de alterado.

Preguntas retóricas
Observa en qué dos situaciones podrías usar el mismo enunciado: **¿Te parece bonito?**

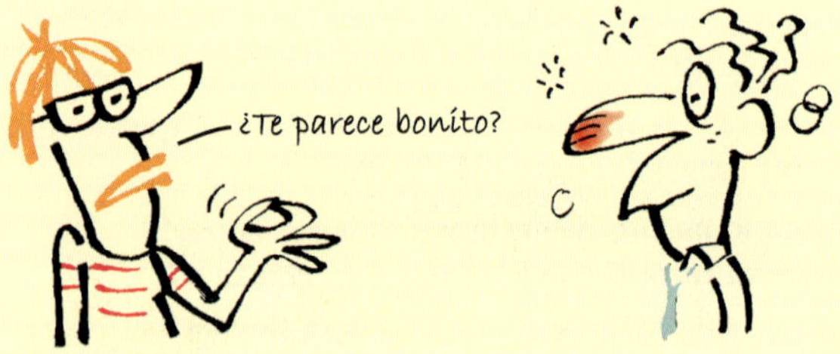

La misma pregunta se convierte en el segundo contexto en una pregunta retórica para intensificar un enunciado que quedaría demasiado neutro. **No me parece bien que llegues tarde** no habría expresado de igual modo el enfado de Lola.

Imagina, para cada una de las siguientes frases, dos contextos: un contexto en el que tenga su significado real y otro en el que sea una pregunta retórica.

1. ¿Tú sabes la hora que es?
2. ¿Estarás a gusto ahora?
3. ¿Tú estás tonto o qué?
4. ¿Es que no ves que lo vas a tirar?
5. ¿Quién te quiere a ti más?
6. ¿A que no sabes con quién sale Javi?
7. ¿Cuántas veces te tengo que decir que no pongas los pies ahí?
8. ¿Te quieres dormir?

INTENSIFICADORES

Las expresiones subrayadas en las frases anteriores son convencionalmente intensificadoras. Lo son, asimismo, el uso de pronombres personales redundantes y de estructuras en futuro, como **¿Será tonto?** o **Te mancharás la camisa nueva**, pronunciadas con una entonación "particular."

3. Hace mil años

EXAGERACIONES

¡Hace un siglo que no te veo!
¡Tiene una cara de perro ese chico!

Evidentemente no hace un siglo, ni el chico parece un perro, pero la persona que habla quiere ser muy expresiva. Por eso usa este recurso de intensificación.

a Aquí tienes otros casos de exageraciones. Busca en qué contexto se podrían usar, quién lo diría, cómo y para qué.

1. ¡Pues nada, que llevo tres horas aparcando!
2. ¡Esto pesa una tonelada!
3. ¡Di ochenta vueltas buscando el bar hasta que lo encontré!
4. ¡Espera un segundo que ahora vuelvo!
5. ¡Todo el mundo sabe cómo es Borja Mari!
6. ¡He visto esa película cientos de veces!

b ¿Se te ocurren otras expresiones similares?

4. Como una moto

COMPARACIONES

Estar + **como** + nombre

Estar como un tren. Se dice de alguien que tiene un cuerpo atractivo.
Estar como una moto. Se dice de alguien que tiene mucha energía.
Estar como una cabra/chota. Se dice de alguien que parece un loco.

Ser/estar + **más** + adjetivo + **que** ...

Ser más pesado/a que una vaca en brazos. Se dice cuando te cansas de alguien.
Estar más sordo/a que una tapia. Se dice de alguien que no oye bien.
Ser/estar más delgado/a que un palillo. Se dice de alguien que está demasiado delgado.
Estar/ser más bueno/a que el pan. Se dice de alguien que es muy deseable físicamente (estar) y de alguien que es muy buena persona (ser).

a Une los elementos de las dos columnas para hacer comparaciones.

frío/a	unas castañuelas
fresco/a	la boca de un lobo
oscuro/a	un tomate
contento/a	un muerto
callado/a	una lechuga
rojo/a	un témpano (de hielo)
blanco/a	la nieve

b Continúa tú: intenta crear comparaciones como las anteriores (te puedes basar en las que existen en tu lengua). Tu profesor te dirá si en español funcionan.

5. Está de miedo

En español puedes utilizar expresiones hechas para enfatizar lo que dices. Normalmente se utilizan en contextos informales o muy coloquiales.

EXPRESIONES ENFÁTICAS

de miedo: *¡Este disco suena de miedo!*
de maravilla: *¡Huele de maravilla este arroz!*
para parar un tren: (solo para hablar de cuerpos) *¡Vaya cuerpo! ¡Está para parar un tren este chico!*
para chuparse los dedos: para expresar que nos encanta una comida. *¡Ese asado está para chuparse los dedos!*
que te mueres: impresionantemente. *¡Baila que te mueres!*
que no veas: impresionantes. *¡Tiene unos ojos que no veas!*
que (te) echa para atrás: repulsivo. *¡Suelta un olor que te echa para atrás!*
de la hostia:** increíble, estupendo (muy vulgar aunque usual). *¡Yo soy un conductor de la hostia!*

Según las estructuras anteriores, ¿qué comentario harías de...

1. alguien que toca muy bien la trompeta?
2. alguien que tiene un pelo precioso?
3. un señor mayor muy grosero y desagradable?
4. un chico que anuncia ropa interior?
5. un sofá en el que se descansa muy bien?

6. No y no

a En español, una doble negación no solo afirma, sino que realza el valor del enunciado. Une los siguientes fragmentos de forma lógica.

1. No dije ni pío, te lo prometo, ...	**a.** ... estaba casi vacío.
2. No veo ni torta, ... e.	**b.** ... cuando estaba en Finlandia.
3. No entendía ni papa... b	**c.** ... de lo que habla.
4. No tiene ni idea... c.	**d.** ... ya sabes que no me gustan los cotilleos.
5. No había ni Dios en la fiesta... a.	**e.** ... enciende la luz.

b Piensa quién podría decirlos y con qué intención; es decir, por qué usa las estrategias de intensificación.

7. ¡Ay, mi madre!

a Fíjate en estas expresiones. ¿Para qué piensas que se utilizan?

¡Madre mía!

¡Dios santo!

¡Hay que ver!

¡Virgen Santa!

¡Por Dios!

¡La hostia!** (*muy vulgar*)

¡Hostia/s!** (*muy vulgar*)

b ¿Cuáles hay en tu lengua? Haz una lista de las que te vengan a la cabeza.

8. La hora de la radionovela

a En grupos de tres, imaginad que sois guionistas de una novela radiofónica llamada "Marionela, la fea". Elaborad el diálogo del episodio 765. Podéis elegir una de estas escenas o inventar otra.

- El niño que esperaba Marionela ha nacido y no tiene el mismo color de piel que su marido, ni que ella.
- Marionela conoce a su hermano, del que no sabía la existencia, a los 30 años.
- La "mala" está intentando chantajear a alguien para conseguir un potente veneno.

b Si queréis la podéis representar en clase, pero en principio es solo para leerla en voz alta. Incluid, al menos, dos o tres expresiones de cada uno de los apartados anteriores. Al leerla, tened cuidado con la entonación: debe ser significativa y tener el tono apropiado.

Radio Ventolera

Escucharás un programa de Radio Ventolera dedicado al actor Máximo Campillo. Oirás algunos de los momentos más recordados de su participación en la serie *Somos cuatro gatos*. Señala el orden en el que aparecen las escenas correspondientes a las viñetas que tienes abajo. Luego, escribe las palabras de Máximo.

Taller de escritura

Ya sabes que no se habla igual que se escribe y que no se escribe igual que se habla. Son registros diferentes. A continuación presentamos varios fragmentos de la audición anterior. Intenta explicarlos por escrito. El ejemplo te puede ayudar.

¡No, por favor, el pez no, el pez no, no te comas a Neptuno, te lo pido por lo que más quieras, el pez no, por tu madre! Vale, muy bien, gracias. Ven aquí, minino, así, así, muy bien, muy bien, ven, ven con tu amito... ¿Quién te quiere a ti más? ¿A que no sabes lo que te voy a dar de cenar, eh? (maullido) ¡Noooo! ¡El pez nooooo! (gritos y maullidos) ¡Anda que no araña este gato ni nada! (risas)

MÁXIMO LE ESTÁ PIDIENDO A SU GATO QUE NO SE COMA AL PEZ Y SE LO PIDE INSISTENTEMENTE POR FAVOR, PORQUE PARECE QUE ESTÁ A PUNTO DE HACERLO. CUANDO EL GATO DESISTE DE SU INTENTO, ENTONCES YA LE HABLA CON UN TONO MÁS SOSEGADO Y CARIÑOSO. AL FINAL, PARA PREMIAR A SU MASCOTA, MÁXIMO LE SUGIERE UNA POSIBLE CENA Y EL GATO, POR LO VISTO, INTERPRETA QUE LE PERMITE COMERSE EL PEZ, COSA QUE MÁXIMO VUELVE A NEGAR. POR ÚLTIMO, EL GATO ARAÑA A MÁXIMO Y ESTE SE QUEJA.

1. ¡Cómo ronca el condenado! Si parece que tiene un motor dentro. ¿Te quieres dormir de una vez? (maullido) Buenas noches. (música de nana, grito y maullido) (risas)
2. Pues no, al final no le pudieron sacar la paellera que se tragó. (sonido metálico y maullido) ¡Había más gente en el veterinario ayer! Aquello parecía la cola del médico (maullido) ¿No me digas que te has tragado ahora la plancha? ¿Pero tú estás tonto o qué? ¿Y ahora cómo plancho yo? (risas)
3. Pues sí, no pongas esa cara de víctima, ya no te quiero... (maullido) Me voy a comprar una iguana. ¡Con la de animales abandonados que hay en la calle, los pobres! Así que ve haciendo las maletas. (risas)

Todo bajo control

a Relaciona las siguientes situaciones con el comentario correspondiente.

1. Ves a una persona que te gusta y alabas su elegancia.
2. Te lamentas por no haber podido ir a un concierto, ya que te apetecía mucho.
3. Criticas a un conocido porque nunca paga nada cuando salís a tomar algo.
4. Estás paseando por un parque en primavera y te llega un aroma embriagador.
5. Haces un comentario sobre un vecino que no es muy guapo y que se va a casar con una chica guapísima.

   a. ¡Hay que ver cómo huele!

   b. ¡Vaya estilo!

   c. ¡Con las ganas que tenía de verlo!

   d. ¡Es más tacaño ese tío!

   e. ¡Anda que no ha tenido suerte!

b Encuentra situaciones donde poder dar sentido a los siguientes comentarios.

1. ¡El bocadillo que se tomó! ¡Dios Santo!
2. ¡Hay que ver lo duro que está esto!
3. ¡No pesa ni nada esto! ¡Madre mía!
4. ¡Tienen unas ciruelas aquí que te mueres!
5. ¡Con lo delgada que estás y quieres tomarte solo eso! ¿Tú estás loca o qué?
6. ¿Es que no entiendes lo que te estoy diciendo? ¡Te lo he dicho un millón de veces!
7. ¿A que no sabes con quién está saliendo Irene?
8. Si quieres que te diga la verdad, estás como una cabra.
9. ¡Esto huele de miedo!
10. Pues no, lo siento, no entiendo ni papa de lo que está pasando.

c ¿Te sientes "superior"? Elige la opción más adecuada

1. **¿Cuál de estos anunciados te parece más expresivo?**
   a. Esta casa está muy sucia.
   b. Esta casa está bastante sucia.
   c. Esta casa está supersucia.

2. **A Francisco le encantan las croquetas, pero hace un comentario que no dice eso.**
   a. ¡Con lo que a mí me gustan las croquetas!
   b. ¿Y a ti quién te ha dicho que a mí me gustan las croquetas?
   c. ¡Estas croquetas huelen que no veas!

3. **En uno de los enunciados se afirma que Eva es muy guapa.**
   a. ¡Anda que no es guapa Eva ni nada!
   b. ¡Hoy no está nada guapa Eva!
   c. ¡No parece que sea muy guapa Eva!

4. **Uno de estos enunciados es menos expresivo que los demás.**
   a. ¡Me duele este dedo!
   b. ¡Cómo me duele el dedo!
   c. ¡Hay que ver este dolor que no se me va!

5. **"No decir ni pío" significa...**
   a. hablar por los codos.
   b. no decir nada.
   c. no decir la verdad.

6. **Si comentamos que Javier está como un tren, queremos decir que...**
   a. conduce estupendamente.
   b. es muy guapo.
   c. siempre está estresado.

7. **Solo uno de estos enunciados no tiene un valor retórico.**
   a. ¿Qué le parecerá a él este vino?
   b. ¿Quién te ha dicho a ti que este vino es bueno?
   c. ¿Es que no ves que lo vas a tirar?

8. **"Estar como una cabra" significa...**
   a. estar cansado de dar vueltas buscando a alguien.
   b. estar despistado en una situación.
   c. estar loco de atar, loco perdido.

9. **El sonido que hacen los gatos se llama...**
   a. miauido.
   b. maullido.
   c. miaunquido.

10. **Un hablante usa los recursos de intensificación porque...**
    a. intenta hacerse el gracioso y hacer un chiste.
    b. ¡es andaluz o caribeño!
    c. decide con esta estrategia realzar su enunciado.

d ? Poblemas ¿

1. ¡Cómo alto está este piso!, ¿no?
2. ¡Está más loco como una cabra!
3. ¡Menudo moto lleva ese chico!
4. ¡Esta sopa está que te mueras!
5. ¡No hay Dios en esta casa! ¿Dónde están todos?
6. ¡Está más gordo que una cabra!
7. ¡Hay que ver tan lejos que vive Pablo!
8. ¡Con lo distraído es no se ha dado cuenta de que estoy embarazada!
9. ¡Mi Dios! ¿Qué haces con esos pelos?
10. No tengo ninguna idea de dónde se puede comer por aquí.

SESIÓN 2.2
Más bajo, por favor

Escenario

La dependienta se ha marchado a por una talla más y ella se ha quedado sola. Cuando se mira al espejo todavía siente la sonrisa en los labios. La sonrisa estaba dedicada al diminutivo que utilizó la dependienta. Dijo: "Una tallita más", y Eulalia bromeó con esos dos kilos de más como si no importaran [...] Piensa que la dependienta utilizó el diminutivo, una tallita, para no desanimar a una clienta que probablemente está dispuesta a gastarse un buen dinero, que es capaz de dejarse vencer por un capricho y comprar cosas inesperadas, que no le hacen falta, que puede que nunca se ponga. Ha utilizado el diminutivo con esa inteligencia que tienen las dependientas de los sitios caros para borrar los defectos evidentes de sus clientas. Pero Eulalia sabe bien que ese diminutivo no es más que una estrategia comercial [...]

(**Elvira Lindo**, *Algo más inesperado que la muerte*)

1. Como has podido comprobar en el texto anterior, la autora analiza con gran acierto estas situaciones en las que las personas, conscientemente, suavizan o atenúan su intervención, con frecuencia para no dañar la imagen de su interlocutor. ¿Qué dirías tú en estos casos?

a. Un amigo tuyo va a comprarse un perro. El que a él le gusta a ti te parece horroroso.

b. Le comentas a una amiga que no te apetece demasiado ir a esa fiesta a la que te acaba de invitar porque es un poco lejos.

c. No te atreves a comprar una chaqueta que te recomienda insistentemente el dependiente de una tienda porque te parece cara.

d. En una reunión de amigos, haces un comentario negativo sobre la actuación del Presidente del Gobierno. No quieres ser rotundo porque uno de los presentes es militante del partido que gobierna.

Objetivos

El objetivo de esta sesión es que llegues a ser más consciente de cuándo y cómo usar las estrategias de atenuación: una serie de recursos que utilizamos para suavizar y para presentar con más distancia nuestros mensajes, según lo requiere la situación. El propósito es que, al final de estas actividades, puedas manejar mejor los significados y las formas de esos recursos. Siempre es útil ampliar nuestro vocabulario y nuestra capacidad de describir la lengua. Además, los criterios que usaremos te permitirán analizar la comunicación en español desde otros puntos de vista.

1. Plácido y Máximo

a Plácido y Máximo se siguen llevando bastante bien, a pesar de que tienen maneras muy diferentes de ver la vida. Máximo es muy expresivo, siempre lo intensifica todo, mientras que Plácido es más comedido y suele decir las cosas con cuidado. Lee con atención esta conversación y toma nota de los 5 recursos con los que Plácido suaviza lo que dice.

Plácido: ¿Ya estás aquí? ¿Qué tal el día?

Máximo: Pues nada especial, ¿y tú?

Plácido: Pues eso, aquí tumbado, tranquilito.

Máximo: Sí, ya veo. Estás en la gloria, ¿eh?

Plácido: Bueno, la verdad es que no me encuentro muy bien.

Máximo: Oye, ahora que lo dices, tienes muy mal aspecto.

Plácido: ¿Sí? ¿Tú crees? No tengo muy buena cara, ¿verdad? Y me siento como cansado.

Máximo: Sí, se te ve cansadísimo.

Plácido: No me extraña. Estoy algo mareado y hace un rato, Jose me ha comentado que tenía una tez un poco verdosa.

Máximo: Pues la verdad es que ahora que lo dices, sí, sí que te has puesto verde.¿No será que has comido otra vez gambas?

Plácido: ¿Gambas? Qué va, lo que sí que he comido es la ensaladilla esa que sobró del fin de semana.

Máximo: ¿La de cangrejo? ¿La que tenía toda aquella mayonesa?

Plácido: Sí, ésa. Pero no he comido mucho, solo una cucharada o dos.

Máximo: Pues va a ser por eso. Acuérdate, la última vez que tuviste una alergia se te hincharon los pies. Y ya sabes que tú eres muy aprensivo con las comidas, vaya.

b Fíjate en que estos recursos atenúan la valoración que el hablante hace de una situación, modificando elementos internos de la frase: un adjetivo, un sustantivo, un verbo, un adverbio.

1. Nombre/adjetivo + sufijo (**-ito/-illo**)

Es un lugar tranquilito.

2. Verbo + **un poco** + adjetivo/adverbio

3. Verbo + **algo** + adjetivo/adverbio

4. No + verbo + **muy/demasiado** + adjetivo/adverbio

5. No + verbo + **mucho**

6. Verbo + **como** + adjetivo/adverbio

2. La verdad es que...

a Hay otras formas más complejas de atenuar lo que uno dice, formas que modifican todo el argumento. Las intenciones del hablante pueden ser variadas: no comprometerse, no ser demasiado rotundo, no herir al oyente, etc. Aquí tienes cinco estrategias de atenuación, cada una de ellas se puede expresar mediante varios recursos. Añade tú otros con el mismo valor.

Por lo visto...

Intención: no hacerse totalmente responsable de la información que se introduce.

Por lo que dicen,
Según dicen/cuentan,
Por lo visto — *esta película está muy bien.*
Parece ser que

Creo que...

Intención: reforzar el carácter subjetivo del comentario quitándole validez general.

A mí me parece que	
Creo que	
Yo pienso que	*este señor es un incompetente.*
A mi parecer,	
....	
....	

Quizá...

Intención: presentar el argumento como algo probable restando valor a la afirmación.

Quizá	
Tal vez	
Lo mismo	*se encuentra mal.*
Seguramente	
....	
....	

Se ***encontrará*** *mal.* (VERBO EN FUTURO)

Lo cierto es que...

Presentar el argumento como verdadero, con tono explicativo o justificativo.

Lo cierto es que	
Lo que pasa es que	*no me apetece salir.*
....	
....	

b ¿Cuál es la diferencia entre las respuestas B1 y B2 en los siguientes diálogos?

A: *¿Vamos a dar una vuelta?*
B1: *No me apetece.*
B2: *La verdad es que no me apetece.*

A: *¿Nos vamos?*
B1: *La verdad es que tengo que esperar a mi novio.*
B2: *Lo que pasa es que tengo que esperar al electricista.*

Casi que (no)...

Intención: presentar la información como un debate interior entre varias opciones.

● *¿Te vienes con nosotros?*
○ ***Casi que no****, prefiero quedarme. /* ***Casi que sí.***

● *¿Café, té, un coñac?*
○ ***Casi que*** *un coñac.*

c Imagina un contexto para estos diálogos y completa las intervenciones de la manera adecuada.

1
– Estaba pensando irme de vacaciones a Santo Domingo.
– Según dicen, ...

2
– ¿Has visto lo delgada que está Jessi?
– Por lo visto ....

3
– ¿Dónde se habrá metido este hombre?
– Lo mismo ....

4
– No sé qué hacer para mi cumpleaños.
– Yo casi ....

5
– ....
– Dicen que está fenomenal.

6
– ....
– A mí me parece que es un idiota.

7
– ....
– La verdad es que me encantaría, pero ahora mismo no puedo.

8
– ....
– Lo que pasa es que me viene muy mal.

3. No te preocupes

a Analicemos ahora cuestiones más complejas. Observa y marca en el siguiente diálogo cuáles son los mecanismos de atenuación que los interlocutores se sienten obligados a usar para cuidar la imagen propia y la ajena y discútelo con un compañero. Será más fácil si leéis la escena entre los dos.

Doctor: Marina, le tengo que hacer unas pruebas, además de los análisis, porque le he notado un pequeño quiste. Tranquila, tranquila, no se alarme, porque puede ser un simple quiste sin más. Lo más normal es que no sea más que eso... No he podido ponerme en contacto con su hermana, pero podemos intentarlo...

Marina: Casi prefiero que no le diga nada hasta que no me hagan los análisis.

Doctor: ¿Seguro?

Marina: No quiero crearle complicaciones a nadie.

Doctor: Era usted de un pueblo, ¿no? Entonces ¿se va a quedar con Pedro o conoce a alguien más en Bilbao? No se quede en un hotel... ¡Ya sé! ¿Por qué no se queda en mi casa? Tengo una habitación extra, yo la llamo la de los papás, es para cuando se les ocurre venir a ver a su hijo. (...) Bueno, pues, permítame un consejo y quédese con Pedro.

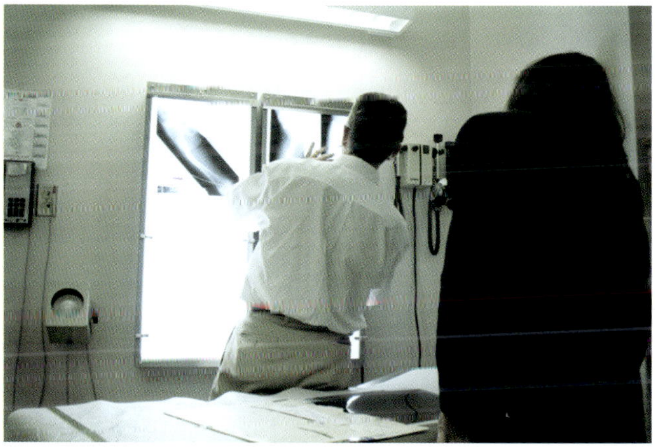

b ¿Qué idea inicial os hacéis de la situación y de los personajes? ¿Qué creéis que lleva al médico a atenuar su discurso?

c En este diálogo, los dos interlocutores realizan diversos actos de habla (informan, se justifican, tranquilizan al otro, etc). Encontrad en qué fragmentos de la conversación lo hacen y con qué palabras.

1. Informar. *El doctor informa a Marina cuando le dice que le tiene que hacer una prueba porque...*
2. Tranquilizar. ______
3. Justificar. ______
4. Explicar. ______
5. Sugerir una acción. ______
6. Expresar un deseo. ______
7. Pedir confirmación. ______
8. Pedir información. ______
9. Invitar. ______
10. Explicar/Justificar. ______
11. Aconsejar. ______

d Ahora, anotad, como en los ejemplos, todos los recursos que encontréis (de elección de información, de selección del vocabulario, de uso de formas verbales) dirigidos a atenuar los enunciados del médico y explicad cómo actúan.

En la primera intervención del médico:
- *El médico llama a la paciente por su nombre para que se sienta tratada como persona, no sólo como paciente.*
- ______

En la segunda intervención:
- *El médico muestra interés por ella. Le hace preguntas que no esperan respuesta en lugar de invitarla directamente a su casa.*
- ______

e ¿Qué nos dice todo esto sobre la imagen que el doctor quiere dar de sí mismo?

Radio Ventolera

a Un periodista entrevista a G. R. F., una mujer que se ha hecho famosa por ser la propietaria de una gata que, según parece, ha provocado una serie de destrozos en el palacio de una conocida duquesa. G. R. F. niega cualquier responsabilidad de su mascota en el suceso. Ante la delicada situación, el periodista no quiere ser muy agresivo. Escucha la conversación. Señala el orden en el que aparecen las siguientes intervenciones del periodista y completa sus comentarios.

- ◯ Igual le tenía mucho cariño a ....
- ◯ Pues la verdad es .... no tiene nada que ver con la duquesa.
- ◯ Lo que pasa es que muchos vecinos se .... de las andanzas de su gata.
- ◯ Por lo visto no era la primera vez que saltaba ....
- ◯ No se altere. ¿Por qué no me escucha un poquito? ....
- ◯ Casi mejor que .... entonces.
- ◯ La verdad es que está usted siendo un poco ....

b Identifica qué acto de habla realiza en cada ocasión (tranquilizar, quejarse, etc.).

Taller de escritura

Imagina que has recibido estos correos y que te han parecido un poco agresivos. El primero, de tu ex, y el segundo, de un amigo que tiene problemas con un amigo común. Contesta utilizando recursos de atenuación para suavizar tus respuestas.

Eliminar | Responder | Resp. a todos | Reenviar | Imprimir

De: decepcion@olvidada.com
Asunto: ten decencia
Para: alumnox@ventila.net

Hola:

He dudado mucho en escribirte, pero al final me he decidido. Y es que quiero que oigas un par de verdades. Tú siempre has pensado en ti, solo en ti. Así que no debería haberme sorprendido tu actitud con respecto a mí. Al fin y al cabo, ya soy una cosa de tu pasado, ¿no? Seguro que no sabes de qué te estoy hablando, ¿cómo se te iba a ocurrir que lo que haces repercute en los demás? Te hablo de lo de la noche de San Juan, la llevaste a ella/él allí con todos nuestros amigos. Bueno, eso ya no es de mi incumbencia, y puedes hacer con tu vida lo que te dé la gana, pero lo que no soporto es que te exhibas con ella/él delante de todo el mundo como si eso ya no me afectara. Borrón y cuenta nueva, ¿no? Y encima esperas que sea yo la/el que se quite de en medio. ¡Qué actitud tan civilizada!
Al menos ten la decencia de dejarme a mis amigos.

Eliminar | Responder | Resp. a todos | Reenviar | Imprimir

De: traicion@falsosamigos.com
Asunto: lo estoy pasando mal
Para: alumnox@ventila.net

Mira, te lo voy a contar claro: él se sigue considerando mi amigo. Pues no entiendo por qué. No sé si tú estás al tanto de todo, pero es que después de presentarse al puesto sabiendo que yo lo iba a pedir y que para mí era muy importante, ha ido diciendo por ahí que yo lo he tratado injustamente. Él, ¡que se ha buscado todos los enchufes posibles a mis espaldas! Eso no se hace con un amigo de toda la vida, no me digas tú.
En fin, que estoy pasando una mala racha. Pero, desde luego, a él no pienso volver a dirigirle la palabra. Si es una mala persona, pues que se arregle él solo. Si tú te enteras de cómo va la selección, me gustaría que me lo dijeras. Siento ponerte en esta situación, pero, como ves, no me queda más remedio.

Todo bajo control

a Identifica algún contexto en que sea oportuno utilizar estas frases.

1. Te pusiste un poco nervioso, ¿no?
2. No me suena mucho.
3. Por lo visto dicen que no.
4. Para mí que sí tiene.
5. Estará equivocado.
6. Lo mismo se encontraron a alguien.
7. La verdad es que no tengo ni idea.
8. Casi prefiero otro día.
9. ¿Tienes un momentito, por favor?
10. Lo que pasa es que ya hemos terminado de comer.

b ¿Te sientes "superior"? Elige la opción más adecuada.

1. **¿Cuál de estas expresiones no está atenuada?**
   a. Está algo enfermo.
   b. Está la mar de enfermo.
   c. No se siente muy bien.
2. **¿Quién de estas amigas es la más rotunda al decir su opinión?**
   a. Aurora: Te queda mejor la otra.
   b. María José: ¡Por favor, te queda mejor la otra!
   c. Ana: Casi te queda mejor la otra.
3. **Todo el mundo está inquieto porque Rosana no ha llamado para decir cuándo llegaba. Tú sales en su defensa. ¿Cuál de estos comentarios no podrías hacer?**
   a. No habrá tenido tiempo de llamar.
   b. La verdad es que siempre hace lo mismo.
   c. Lo que pasa es que no es fácil llamar desde un aeropuerto.
4. **El autobús no llega. Una de las formas no es posible.**
   a. La verdad es que podíamos coger un taxi.
   b. Lo que pasa es que podíamos coger un taxi.
   c. Casi que podíamos coger un taxi.
5. **"Por lo visto no es la primera vez que su gato se ha metido en problemas". ¿Qué está haciendo esta persona?**
   a. Negar algo.
   b. Disculpar.
   c. Acusar.
6. **Se puede atenuar un enunciado para...**
   a. no ser demasiado cortés.
   b. imponer una opinión.
   c. tranquilizar al interlocutor.
7. **"Borrón y cuenta nueva" quiere decir algo así como...**
   a. cuéntame otra historia.
   b. no te preocupes, ya se arreglará.
   c. olvida el pasado, la vida sigue.
8. **Dices "Por lo visto han echado a Laura" cuando...**
   a. sabes que la han echado porque lo has visto.
   b. has oído algo de que han echado a Laura, pero no lo sabes con seguridad.
   c. sabes que han echado a Laura, pero por alguna razón quieres atenuar el efecto de la frase.
9. **"No me queda más remedio que hacerlo" se utiliza para...**
   a. justificarse.
   b. negar algo.
   c. pedir disculpas.
10. **Miembros de un grupo discuten a quién deben elegir como representante. ¿Quién es más directo?**
   a. Guada: Pues a mí Christian.
   b. Pablo: Para mí que a Christian.
   c. Jose: Yo creo que a Christian.

c ?Poblemas¿

1. He leído la novela de Mario Somormujo que me recomendaste y es una poca aburrida. Es muy lenta y tiene bastantes descripciones para mi gusto.
2. El argumento no está mal, pero los personajes son demasiados simples. A mí, es una obra comercial, que no está bien escrita. La verdad es que me llaman más la atención otros tipos de novelas. Actualmente, no me interesa demasiado este autor.
3. Los más de los escritores actuales solo piensan en el mercado editorial y creo que tienen poco que decir.
4. ¿Sabes que le han dado el Precio Nacional de Literatura a Juan Condal? Imagino que Somormujo no tenga que estar muy contento.
5. Al público le encanta muchísimo la última obra de Condal, ha tenido mucho éxito, y a mí. Bueno, creo que todavía he escrito demasiado de esto.

SABER HACER

SESIÓN 2.3

Por cierto

Escenario

1. Analiza con atención el siguiente ejemplo. ¿Para qué crees que sirve la expresión en negrita?

   ● *¿No quieres uno?*
   ○ *No, ya no fumo. Y **a propósito**, ¿tú no te ibas a quitar?*

   Como ves, **a propósito** dirige el sentido de la información. Los marcadores son como señales de tráfico que mandan diferentes tipos de instrucciones. Hacen ver al oyente cómo tiene que interpretar el sentido de los argumentos. Así, la instrucción que transmite el marcador **a propósito** es: atención, el siguiente argumento es un comentario al margen del tema central de la conversación.

2. Indica para qué usamos estos otros marcadores. Escribe un ejemplo de uso con cada uno.
   – **total que**
   – **digo**
   – **o sea**
   – **pues bien**

Objetivos

Un gran paso para avanzar en el uso apropiado de una lengua es tomar conciencia de cómo funciona. Por eso, el objetivo de esta lección es doble: por un lado, pretendemos que aprendáis a usar con propiedad los marcadores discursivos para que podáis construir textos de forma más adecuada; por otro, que dispongáis de las nociones y del vocabulario necesarios para analizar y para comentar el funcionamiento de la lengua.

En adelante, trabajaremos en pequeños grupos, estudiando la información, intentando resolver los ejercicios de control y explicándoos entre vosotros lo que no entendáis. En cualquier caso, siempre estará el profesor para ayudaros.

1. Marcador 0-0

a Como es imposible presentar todos los marcadores discursivos del español, trabajaremos solamente con algunos de ellos. Para hacer más llevadero este tema, vamos a usar la imagen de un equipo de fútbol. Coloca el nombre de cada jugador al lado de su camiseta.

EQUIPO:

1. PUES
2. POR ÚLTIMO
3. POR CIERTO
4. ES DECIR
5. DIGO
6. DE TODAS MANERAS
7. EN DEFINITIVA
8. DE HECHO
9. EN CONCRETO
10. CONECTOR

b Leed las siguientes explicaciones: os ayudarán a entender la función que tiene en el equipo cada tipo de jugador (organizadores, reformuladores, argumentativos y conectores). Luego, escribid el nombre de los jugadores 1 a 9 en el espacio correspondiente de los cuadros.

Centrocampistas: los organizadores

Los jugadores de este tipo suelen iniciar las jugadas y dar continuidad al juego. Cuando estos marcadores aparecen en un texto no afectan al contenido de los argumentos; solo introducen nueva información.

1. Comentadores	....
2. Ordenadores	
2.1. de apertura	en primer lugar, por un lado, por una parte,
2.2. de continuidad	en segundo lugar, por otra parte, por otro lado, asimismo,
2.3. de cierre	finalmente, en ultimo lugar, ...
3. Digresores:	a propósito, ...

Delanteros centro: los conectores

Estos jugadores son los más importantes, porque marcan goles. Crean relaciones de significado mucho más complejas y los estudiaremos en otra lección.

Defensas: los reformuladores

Este tipo de jugadores rehacen las jugadas. Recogen pelotas perdidas, saben cómo reorganizar y empezar el ataque. Estos marcadores introducen nueva información modificando de alguna manera el sentido de la información anterior.

4. Explicativos	o sea, ...
5. Rectificativos	mejor dicho, más bien, ...
6. Distanciadores	de todos modos, de cualquier forma, en cualquier caso, ...
7. Recapitulativos	en fin, total, en resumen, después de todo, en resumidas cuentas, al fin y al cabo, ...

Delanteros: los argumentativos

Estos jugadores tienen funciones muy concretas: sacan faltas, tiran saques de esquina y penaltis. Los marcadores argumentativos no crean ninguna relación entre el argumento anterior y el argumento nuevo.

8. De refuerzo	en realidad, en el fondo, ...
9. De concreción	por ejemplo, ...

2. Organizadores

a Leed el diálogo: primero sin el marcador **pues** y, después, con él. ¿Qué diferencias observáis? ¿Qué cambia?

- *¿Sabes ya si te dan el permiso?*
- ❍ ***Pues** no, todavía no, a ver si la semana que viene me dicen algo.*
- ***Pues** ya han tenido tiempo para decírtelo, ¿no?*
- ❍ *Ya sabes cómo son con estas cosas...*
- ***Pues** yo que tú se lo volvía a pedir por escrito.*

COMENTADOR: PUES

El contenido de la información se mantiene si no usamos **pues**, pero el discurso queda sin continuidad, cortado. Por eso es tan común en la lengua oral.

b Seguro que en vuestra lengua tenéis un marcador o un recurso parecido. ¿Cuál es?

ORDENADORES

en primer lugar,	**por una parte,**	**por otra parte,**
por otro lado,	**asimismo,**	**igualmente,**
del mismo modo,	**en último lugar,**	**por último,**

c El tono de este mensaje es bastante tajante. Introducid algunos de los marcadores anteriores para suavizar el tono.

Quisiéramos recordar a los asistentes a este II Congreso de drogadicción que no está permitido fumar en el auditorio ni en las salas. Les rogamos que se abstengan del uso de teléfonos móviles. Tampoco está permitido tomar fotografías ni hacer ningún tipo de filmación. No olviden que cuando concluya la jornada de hoy podrán retirar los certificados de asistencia en las oficinas de la primera planta.

DIGRESORES: POR CIERTO, A PROPÓSITO

Con estos marcadores, expresamos que el siguiente argumento es un comentario al margen del tema central de la conversación. **Por cierto** es pertinente sea cual sea el argumento anterior, mientras que **a propósito** está más relacionado con el tema.

*No cabía ni un alfiler. Al final nos tuvimos que quedar de pie todo el concierto. **Por cierto**, que nos encontramos a Javier allí. ¿No te lo ha dicho?*

d Cada alumno hace un comentario que se le haya ocurrido en este instante. Puede elegir entre usar **por cierto** o **a propósito**.

3. Reformuladores

EXPLICATIVOS

o sea (que),	**es decir,**	**dicho de otro modo,**
en otras palabras,	**esto es,**	**a saber,**

Estos marcadores introducen nuevos argumentos que afectan a la información anterior, pues no solo explican, sino que comentan, corrigen, dan más o menos importancia o recapitulan.

- *¡Que no pienses más en él! Que a los hombres lo único que les interesa es que no les des problemas, y que sirvas para decorar, **es decir** (a), para quedar bien delante de sus amigos.*
- ❍ ***O sea** (b), que me quede con mis gatas y sin novio, me estás diciendo.*

O sea y **es decir** son los más frecuentes en la lengua hablada, especialmente el primero. El resto pertenece a un registro formal escrito:

*Desde pequeñas las mujeres encuentran que los papeles de autoridad son masculinos. **Esto es**, no tienen modelos femeninos dominantes y aprenden los papeles de servidoras. **A saber** (c), de madre, amante, limpiadora...*

Hay que señalar que la mayoría de los marcadores explicativos tienen un doble valor:
- introducen un argumento que dice exactamente lo mismo de otro modo, como en (a);
- introducen una consecuencia del argumento anterior, como en el caso (b).

Es decir, **esto es** y **a saber** (este de manera exclusiva) pueden igualmente introducir una serie de argumentos que son ejemplo de lo que se ha dicho con anterioridad, como en el caso (c).

a Continuad los siguientes comentarios, introduciendo un argumento explicativo.

1. No soporto más trabajar con él, ...
....
2. Hemos decidido no desvelar datos vitales para la seguridad nacional ....
....
3. Los síntomas no son graves, pero debe hacer una vida más sana, ...
....
4. A ver, vamos a empezar el examen. No deben tener nada sobre la mesa, ...
....

RECTIFICATIVOS

mejor dicho, más bien, digo

b Relacionad los siguientes ejemplos de uso de tres rectificativos (a, b y c) con su función (1, 2 ó 3).

a. *No tienes ni pizca de sensibilidad conmigo.* ***Mejor dicho****, no tienes sentimientos. ¡Decir que parezco un pollo!*

b. *No creo que este chico no te quiera.* ***Más bien*** *parece que no sabe cómo tratar a las mujeres.*

c. *Mujer, ahora no, cuando esté ya de seis meses...* ***digo****, de seis semanas o algo así, y ya lo sepa seguro, pues se lo comento.*

1. El hablante considera que ha cometido un error; a menudo se trata de modificar solo un dato.
2. Corrige de una manera suave y que quiere ser explicativa para el interlocutor.
3. El hablante considera que lo anterior no es exactamente lo que quiere decir (no recoge la intención, la intensidad, etc.) y quiere reformular lo dicho.

c Ahora, completad las frases siguientes con conectores rectificativos e inventad tres ejemplos más para que los completen vuestros compañeros.

a. Bueno, yo no diría que se trata de una novela existencialista. .... diría que es una novela de costumbres, pero lo podemos discutir.

b. No está nada mal el libro este, ..., está muy bien. La verdad es que me ha sorprendido.

c. Sí, la publicó Antonio Cardoso, ... Manuel Cardoso hace ya años.

DISTANCIADORES

de todos modos, de todas maneras,
de cualquier forma/manera, en cualquier caso,

- *¿Sabes que al final Rosa ya no hace la fiesta de cumpleanos?*
- *¿Ah, no? Bueno,* ***de todos modos*** *yo no pensaba ir. Quiero quedar con Mario, que mira que me gusta a mí el chico ese.*
- *¿Pero es que no sabes que pasa de las tías? Pareces tonta.*
- *Bueno, ¿y qué? ...* ***En cualquier caso****, es muy joven para mí.*

Con estos marcadores, se quita importancia al argumento anterior y se da importancia al argumento que sigue.

d Completad el diálogo con sentido.

1. • ....
   ○ *Bueno,* ***de todas maneras*** *no soporto el chocolate, ya sabes, soy alérgico.*

2. • ....
   ○ ***En cualquier caso****, yo voy a ir a su casa para ver si está.*

RECAPITULATIVOS

total, en fin, al fin y al cabo, en resumen,
después de todo, en resumidas cuentas, en definitiva,

El argumento que sigue a estos marcadores es una recapitulación o bien una conclusión de la exposición anterior. Puede servir de cierre.

Yo que tú, no lo llamaría más. ***Al fin y al cabo****, lo vuestro es solo una historia pasajera, y lo sabes.*

e **Al final** y **al fin y al cabo** son dos marcadores que suelen confundirse. Prestad atención a la diferencia de significado que conllevan y completad la segunda frase de cada par.

1. a. *No le hables así, te estás pasando un poco.* ***Al fin y al cabo****, es solo un niño.*
   b. *No le hables así, te estás pasando un poco.* ***Al final****,* no te entenderá

2. a. *Yo esperaría un poco más. Ya sabéis que* ***al final*** *siempre llega.*
   b. *Yo esperaría un poco más.* ***Al fin y al cabo****,* sólo pasaron cinco minutos

4. Argumentativos

DE REFUERZO

en realidad, en el fondo, de hecho,

Lo que hacen estos marcadores es aportar más argumentos y más detalles, pero no modifican el valor del argumento anterior.

Bueno, pues él insistió en que nos tomáramos otra cerveza. Yo, ***en realidad****, no quería tomar nada más, pero le dije que sí, claro.* ***En el fondo****, lo que quería era emborracharme, así que me tomé cuatro o cinco, ni me acuerdo.* ***De hecho****, casi veía doble.*

DE CONCRECIÓN

por ejemplo, en concreto,

La información que introducen estos marcadores ejemplifica o concreta el argumento general.

- *¿Pero a qué te refieres con eso de que te mimen?*
- *Pues que me lleve a casa,* ***por ejemplo****, después del trabajo.*
- *Hija, tú te conformas con cualquier cosa. Yo prefiero que a la hora de la verdad estén ahí, no solo con flores o detalles de esos.*
- *Pues a mí,* ***en concreto****, lo de las flores de vez en cuando, me encanta.*

Radio Ventolera

Escucha a estos profesores de español que comentan el significado de unos marcadores discursivos. ¿Sobre cuál habla cada uno? Da razones para justificar tu respuesta.

por cierto | asimismo | mejor dicho | de todas maneras | pues

1. José: .... 2. Sole: ....

3. Emilio: .... 4. Aurora: ....

5. Adolfo: ....

Taller de escritura

Supón que has hecho en España un curso de español que no te ha gustado nada. Lo que la escuela te ha ofrecido no coincide con lo que prometía la publicidad. Has decidido escribir una carta de queja a InterExpain, la agencia con la que hiciste el contrato. Aquí tienes la publicidad del curso, que te puede ayudar para exponer las razones de tu protesta, argumentar con ejemplos y aclarar qué pides exactamente.

InterExpain

Somos la más importante agencia internacional de promoción de la enseñanza del español en España y ofrecemos a nuestros estudiantes las mejores condiciones:

- Centros en Madrid, Barcelona, Santiago, Málaga, Granada y Alicante, ubicados en edificios históricos catalogados.
- Máximo de diez estudiantes en clases multilingües. Todos los niveles.
- Cursos de lengua, cultura, negocios, música, arte, cocina y baile.
- Cursos de preparación del D.E.L.E.
- Profesores nativos especialistas en segundas lenguas.
- Horarios flexibles, en cursos de 15, 30 ó 60 horas. Incorporación posible en cualquier fecha.
- Tutorías personales.
- Nuestros centros disponen de todos los medios técnicos: audiovisuales, multimedia y biblioteca.
- Visitas a la ciudad y a los alrededores incluidas en el precio de la matrícula.
- Gestionamos alojamiento en régimen de pensión completa incluido también en el precio de la matrícula (en familia u hotel).

Cursos de español

Todo bajo control

a Aquí tienes un fragmento de las declaraciones de un jugador sobre un incidente que se ha producido en el campo. Sustituye los marcadores que están en lila por otros equivalentes.

Periodista: *Ronaldete, ¿podrías contarnos qué pasó en el partido contra el Payo Vallecano?*

Jugador: *Bueno, de hecho, yo no vi nada. Estaba tapado por un compañero.* ***Más bien*** *por dos, porque cuando me senté en el banquillo me puse detrás de Alberto y Rodri.* ***O sea****, que yo no vi la agresión al árbitro directamente.*

Periodista: *Pero, ¿cuál es tu opinión como capitán del equipo?*

Jugador: *Yo lo que digo es que el árbitro se lo merecía. No pitó el penalti, que era clarísimo.* ***En fin, que*** *me parece que se ha exagerado el asunto. Esto pasa todos los días en los campos de fútbol.* ***En cualquier caso****, esperábamos que el presidente apoyara al entrenador.* ***Por cierto****, que hoy es su cumpleaños. Felicidades, presi.*

b A continuación, incluimos las declaraciones del entrenador. Están desordenadas. Ordénalas, utilizando los marcadores que creas convenientes para unir los fragmentos y ayudándote de las pistas que te damos a continuación.

(a) Yo tengo que hacer también unas declaraciones sobre lo ocurrido en el partido del domingo
(h) En primer lugar, quería disculparme ante los jugadores y la afición, porque perdí los nervios, la verdad…
(i) ________ que todavía tenemos posibilidades de evitar el descenso a segunda. Y yo me comprometo a intentarlo. Gracias.
( ) ________ quería decir que el resultado no fue tan malo.
( ) ________ soy un entrenador profesional con una larga experiencia en la competición. Mis disculpas nuevamente.
( ) ________ a Curro y a Jordi, que han estado ahí siempre, incluso en los momentos de tensión. Es cierto que hemos tenido algunos problemas en el vestuario, pero
( ) ________ no perdimos, empatamos en casa del líder,
( ) ________ querría agradecerle a toda la plantilla su apoyo en todo momento, ante el presidente del club y el comité disciplinar.
( ) ________ somos como una familia.

PISTAS:

- Hay dos organizadores además de **en primer lugar**.
- Hay un marcador para concretar de quién se habla.
- Hay un marcador para quitarle importancia a un hecho y distanciarlo.
- Hay dos marcadores para recapitular.
- Hay un marcador para reforzar la idea de que el equipo se lleva bien.

c ¿Te sientes "superior"? Elige la mejor opción en cada caso.

1. **"¿Te acuerdas del gato que estaba el otro día abajo en el portal? ________ ayer me lo encontré subido en el sofá y me lo he quedado."**
   a. Pues b. A propósito
   c. Igualmente

2. **"Ten cuidado con el gato. ________, no se vaya a comer al canario igual que al pez."**
   a. En general b. Del mismo modo
   c. Por cierto

3. **"Se te va a escapar el periquito. ________, es mejor cerrar las ventanas."**
   a. Por último b. O sea que
   c. De todas maneras

4. **"Me parece a mí que este conejo no tiene el rabo muy largo. ________, es que no tiene rabo."**
   a. Mejor dicho b. Ahora bien
   c. En resumen

5. **"Hoy parece que el perro esta bastante más tranquilo, ¿no te parece? ________, lleva todo el día dormido."**
   a. Más bien b. En resumidas cuentas
   c. De hecho

6. **"No le des más vueltas. Lleva al perro al veterinario. ________, no pierdes nada."**
   a. Totalmente b. Total
   c. En concreto

7. **"No es la primera vez que intenta entrar en otra casa. ________, ayer mismo lo vi en el balcón de enfrente."**
   a. En cualquier caso b. De hecho
   c. Digo

8. **El tigre hizo huir al domador. ________, destrozó los barrotes de la jaula.**
   a. Más bien b. En el fondo
   c. Asimismo

9. **Muchas culturas han considerado a los gatos seres sagrados. ________, los egipcios los adoraban como a dioses.**
   a. En concreto b. Esto es
   c. En definitiva

10. **No te preocupes si no estás seguro de todas las respuestas anteriores. Esto es solo una prueba. ________, hay cosas mucho más importantes en la vida.**
    a. En último lugar b. Total
    c. En resumen

SESIÓN 2.4
Por consiguiente

Escenario

¿Recordáis qué es un marcador discursivo? Podemos considerar que, dentro de la categoría general de los marcadores, hay un tipo particular que denominaremos marcadores discursivos o conectores.

Estos marcadores discursivos conectan lógicamente dos o más enunciados, por lo que tienen un papel fundamental en el proceso de argumentación.

1. Analiza este ejemplo. ¿Cuál es la función del conector **ahora bien**?

   No tengo la menor intención de ir a esa recepción...
   ***Ahora bien**, si Miguel viene conmigo,*
   ya la cosa cambia.

   Por un lado, quien habla comenta que no quiere ir. Por otro, añade una nueva información que parece contradecir la anterior.

2. Compara el ejemplo anterior con el siguiente.

   No tengo la menor intención de ir a esa recepción...
   Si Miguel viene conmigo, ya la cosa cambia.

   Como veis, aunque la interpretación es perfectamente posible sin una conexión entre los dos argumentos, entendemos mejor el texto si un conector hace explícita la relación.

3. ¿Se os ocurren otros conectores que tengan la misma función que estos?

   Además:
   De ahí que:
   No obstante:

Objetivos

Seguro que ya conocéis muchos conectores, por ejemplo: **aunque, por eso, pues, en cambio, por consiguiente**... Pero, ¿sabéis exactamente qué valor tienen? ¿Por qué hay formas tan variadas para funciones similares? ¿Cómo funcionan en los textos? Estas son las preguntas que queremos resolver a lo largo de las siguientes actividades.

Seguiremos trabajando en pequeños grupos, puesto que otro objetivo de esta unidad es entrenarnos en hablar de cuestiones relacionadas con la lengua y enriquecer nuestros recursos para ello.

1. Aditivos

ADITIVOS I

además encima incluso hasta

Estos cuatro conectores se usan para añadir más información, pero no actúan exactamente de la misma manera.

a Fíjate en estas dos versiones de la misma frase.

> *Hay que llevar medicinas, linterna, calzado apropiado y, además, una mosquitera.*

Un profesor explica a sus alumnos las cosas que tienen que llevar al campamento.

> *Hay que llevar medicinas, linterna, calzado apropiado y, encima, una mosquitera.*

Un estudiante explica a sus padres las cosas que tiene que llevar al campamento.

ENCIMA, ADEMÁS

El conector **encima** introduce una valoración subjetiva de carácter negativo que no tiene **además** (el alumno considera excesivo o molesto tener que llevar una mosquitera). Es más propio de la lengua hablada.

b Según lo anterior, ¿quién haría cada uno de estos comentarios: un estudiante o un funcionario? ¿Por qué?

① *Para solicitar esta beca se necesita estar en el último curso, tener buen expediente y, además, saber ruso.*

② *Para solicitar esta beca se necesita estar en el último curso, tener buen expediente y, encima, saber ruso.*

ADITIVOS II

por si fuera poco para colmo

Su significado es muy parecido al de los conectores anteriores. Aportan un valor subjetivo introduciendo un argumento inesperado y sobre el que se emite un juicio de manera enfática. Equivalen a "la gota que colma el vaso".

c Caperucita se lamenta de la suerte de su amiga Cenicienta. ¿Dónde se podría incluir uno de los conectores anteriores? ¿Por qué?

> *La pobre Cenicienta está fatal. Primero se tuerce el tobillo, luego lo de la gripe y le dicen que es alérgica al cristal...*

ADITIVOS III

incluso hasta ni siquiera

Usamos estos marcadores para añadir más información; en este caso, se trata de información muy precisa y relevante, que sigue la misma línea de argumentación.

Bueno, bueno, Caperucita... ¡qué bien me lo pasé! Mira, había de todo: canapés, un montón de aperitivos..., bebida, la que quisieras, ***incluso*** *un grupo de música en directo. Y* ***hasta*** *Pinocho, con lo tímido que es, se atrevió a salir a la pista.*

d Cenicienta dice "incluso un grupo de música en directo. Y hasta Pinocho...". ¿Qué quiere transmitirle a Caperucita?

NI SIQUIERA

Recordad que cuando el argumento que añadimos es negativo, no es apropiado usar la expresión **incluso no**. En esos casos, empleamos **ni siquiera**.

Yo pienso quedarme en mi casa. Tengo cosas más interesantes que hacer que ir a esa fiesta con esa gente. ***Ni siquiera*** *pienso llamar para disculparme.*

e Ahora, prueba tú.

No me gusta nada el estudiante nuevo. No presta atención, está siempre medio dormido. Ni siquiera...

f En parejas A y B. Cada alumno completa individualmente las frases que le corresponden. Luego, comprueba si sus hipótesis son posibles comparándolas con las soluciones que tiene su compañero.

ESTUDIANTE A

1. Cayó en una profunda depresión. Dormía poco y mal. **Incluso** ....
2. La casa estaba pintada de un verde muy llamativo, poco común. **Hasta** ....
3. La mayoría de los políticos de la oposición rechazaron la proposición de ley del ministro. **Ni siquiera** ....
4. .... **sino** porque, **además**, los editores lo presionaron.
5. ¡.............................. y, **por si fuera poco**, vas a un banco de semen sin consultarme!

ESTUDIANTE B

1. ______________________________. **Incluso** dejó de comer.
2. ______________________________. **Hasta** podía distinguirse de las otras viviendas desde lejos.
3. ______________________________. **Ni siquiera** todos los diputados del partido del gobierno la apoyaron.
4. Terminó la novela en menos de tres meses. No solo porque ya tuviera el manuscrito muy avanzado, **sino** porque, **además**, ______________________________
5. ¡Primero me dejas en ridículo diciéndole a todo el mundo que soy impotente y estéril y, **por si fuera poco**, ______________________________!

2. Consecutivos

a Completad el artículo con los fragmentos propuestos para dar sentido a la noticia. ¿Qué titular le pondríais?

En el caso del "gato intruso" no se encontraron pruebas que vincularan con los hechos a la acusada G.R.F., quien quedó, **por consiguiente**, [1]________. Tal como pudieron confirmar posteriormente los peritos, la rotura de los cristales del Palacio de la Duquesa fue provocada por una explosión de gas en la cocina y no por el gato. **De ahí** [2]________. No se pudo demostrar, **pues**, a ciencia cierta [3]________ que, según testigos presenciales, solía merodear por la zona. Tampoco se ha confirmado que G.R.F. sea la propietaria del animal. **Por lo que**, [4]________.

Recordemos que la Duquesa de Ajoblanco mostró a numerosos medios de comunicación el lamentable estado en que quedaron tres tapices flamencos, dos lienzos de Goya y una cristalería de Bohemia de incalculable valor. El gato fue encontrado posteriormente en la cocina del palacio, mientras daba buena cuenta de dos kilos de mazapanes. Fue, **por esa razón**, [5]________ A pesar de la inexistencia de pruebas, la Duquesa insiste en que la supuesta propietaria del gato G.R.F. permitía que el animal, conocido en el barrio por su agresividad, saltara desde su terraza. La Duquesa mantiene que su vecina es la única culpable, y que debería, **en consecuencia**, [6]________.

La historia no termina aquí. G.R.F. ha acusado al juez encargado del caso de corrupto y de estar protegiendo los intereses de "una señora aristócrata venida a menos que pretende conseguir millones con el seguro y las exclusivas en los medios de comunicación". **De modo que** G.R.F. [7]________.

a. tendrá que volver a declarar por sus acusaciones
b. libre de todo cargo
c. la culpabilidad del gato
d. el estado de la casa
e. fue dejada en libertad sin cargos
f. inmediatamente trasladado a la planta de observación de la protectora municipal
g. hacerse responsable de todos los daños

CONSECUTIVOS

por eso **por ello** **por esa razón** **así que**
de ahí que **de modo/manera que** **por lo que**
pues **por tanto** **por consiguiente**

Estos conectores introducen consecuencias, pero pueden ser de dos tipos: los que mantienen la conexión con la causa (como **por ello**, **de ahí que**) y los que no (como **pues**, **por consiguiente**).

b Completad el siguiente cuadro con la información de que dispongáis y la que podáis deducir de la noticia anterior.

	Oral / Escrito	Posición en la frase	Relación con la causa	Rasgo especial
Pues	escrito	no inicial		entre comas
Por tanto			no	-----
En consecuencia		libertad de movimiento		-----
Por eso Por ello			sí	-----
De ahí que				con Subjuntivo
Así que				valora

c ¿Cuál crees que es su función general?

3. Contraargumentativos

CONTRAARGUMENTATIVOS

aunque **a pesar de (que)** **pese a (que)** **si bien** **pero**
sin embargo **no obstante** **ahora bien** **aun así**
de todas formas **de todos modos** **mientras que**
en cambio **por el contrario** **al contrario**

Los conectores contraargumentativos se usan para introducir algún tipo de oposición o contraste entre las informaciones que relacionan. Pero no todos funcionan de la misma manera. Fijaos en este esquema.

Introducen un argumento débil. Solo es una objeción.	Introducen un argumento fuerte y definitivo.
AUNQUE a pesar de (que) pese a (que) si bien	SIN EMBARGO pero no obstante ahora bien aun así de todas formas

CONTRAARGUMENTATIVOS I

Registro formal

aunque **a pesar de (que)** **pese a (que)** **si bien**

Atención: mientras que **aunque** puede ir seguido de frases tanto en indicativo como en subjuntivo, **si bien** requiere siempre el modo indicativo.

__Si bien__ no le gusta el ajo, Drácula no dejó ni una gota del gazpacho.

Por otra parte, **a pesar de (que)** y **pese a (que)** pueden introducir sintagmas nominales, construcciones en infinitivo o, cuando van con **que**, construcciones con verbos conjugados.

__A pesar de__ saber/__que__ sabe que Drácula es alérgico, la Momia le preparó un gazpacho con mucho ajo.

__Pese a__ su alergia al ajo, Drácula no quiso hacerle un feo a la Momia y se lo tomó todo.

__Pese a que__ sabe que el ajo le sienta fatal, Drácula no quiso hacerle un feo a la Momia y se lo tomó todo.

CONTRAARGUMENTATIVOS II

aunque **sin embargo** **pero**
no obstante **ahora bien** **aun así**
de todas formas/modos

A excepción de **pero**, estos conectores no actúan en el nivel de la oración, sino que unen párrafos. Suelen ir precedidos de un punto, o aparecer en el inicio de un párrafo, introduciendo un argumento opuesto a todo lo anterior.

La Momia y Drácula no tienen los mismos gustos. __Sin embargo__, son buenos amigos, incluso han decidido compartir casa.

Estos marcadores discursivos tienen una peculiaridad: una gran libertad de movimiento dentro de la frase, a excepción de **pero** y **ahora bien**, que tienen fija su posición al principio.

El conde, __no obstante/aun así/de todas formas__, prefiere ser él el que cocine.

CONTRAARGUMENTATIVOS III

en cambio **por el contrario**

Estos conectores marcan el contraste entre argumentos (en tal caso, son intercambiables) o, en algunas ocasiones, la contradicción (en ese caso, solo es posible usar **por el contrario**).

[Caso 1]
Frankenstein no cuida su aspecto, __en cambio/por el contrario__, el conde suele dedicar mucha atención a su apariencia.

[Caso 2] — debe marcarse que es una idea de otros
Dicen las malas lenguas que Frankenstein es un bruto sin corazón pero, __por el contrario__, es un ser dulce y amable, a menos que se sienta en peligro.

a Leed este texto sobre el cine actual. Fijaos en los ejemplos de contraste [caso 1] y contradicción [caso 2].

b Seguid vosotros. Quizá puedan daros una idea estas palabras: **final feliz, actores, presupuesto, efectos especiales, guiones...**

No hay duda de que, incluso en la actualidad, el cine de Hollywood y el cine europeo presentan grandes diferencias. La inmensa mayoría de las películas americanas son de acción. En Europa, [1] **en cambio/por el contrario**, todavía se hacen películas intimistas. No hay que pensar que el cine europeo es anticomercial, [2] **por el contrario**, muchas películas europeas tienen gran éxito de taquilla. Parece cierto que el cine americano...

idea de otros o no compartida

c En parejas, dibujad estas viñetas con bocadillos para que hablen los personajes. Intercambiadlas con otra pareja y escribid un pequeño diálogo que incluya el conector al contrario.

viñeta 1: una mujer enseñándole a otra unas fotos.
viñeta 2: dos amigos mirando en el zoo la jaula de un animal.
viñeta 3: dos novios discutiendo.
viñeta 4: vendedor y cliente en un concesionario de coches.

al contrario

El significado del conector **al contrario** equivale a decir "no" ante una pregunta o afirmación formulada anteriormente, para después introducir el argumento opuesto al que dicha pregunta o afirmación implicaba.

- *¿Te molesta la luz?* ○ *__Al contrario__. Veo mucho mejor ahora.*

d Resumid ahora las características de los contraargumentativos en un cuadro similar al del apartado b de la actividad 2.

e Para comprobar que habéis entendido cómo funcionan los conectores contraargumentativos, completad el texto.

Noche de fiesta transbelli

Numerosas caras conocidas se dieron cita ayer en la macrofiesta de la bella ciudad de Transilvania: monstruos, personajes de cuento, actores y políticos, junto a la flor y nata de la sociedad transbelli, se reunieron con motivo del cumpleaños del Conde Drácula. ________ fueron muchas las personalidades que podían atraer los objetivos de nuestras cámaras, la atención se centró indiscutiblemente en la reciente pareja Pinocho y Cruella de Vil. ________ la diferencia de edad, se les veía felices de estar juntos. De hecho, apenas se separaron durante toda la noche. Pinocho, ________ a su fama de mentiroso y su inexplicable pantalón corto, se ha convertido en el soltero de oro de los últimos años. Tras sus escarceos sentimentales con Cenicienta, Blancanieves y la bruja Avería, parece haber encontrado la estabilidad con la madura Cruella. ________ no quieren hablar todavía de boda.

En la imagen, vemos al anfitrión, el conocido Conde Drácula, charlando animadamente con uno de nuestros compañeros: "Procuro que la fiesta sea muy animada y que dure hasta tarde. ________, sobre las seis de la mañana empiezo a preocuparme", nos dice con una elegante sonrisa.

A la caza siempre de sabrosos cotilleos con los que informar a nuestros lectores, nuestro indiscreto reportero sorprendió unas confidencias que Cenicienta estaba haciendo al Gato con Botas: "No puedo bailar con Franki.

Siempre me pisa. ________, el conde baila de miedo". Frankenstein es la actual pareja de la bella, lo que no sabemos aún es si se trata de un comentario inocente o, ________, son indicios de ruptura. Como correspondía al evento, ambos lucían sus mejores galas, pero ________ Cenicienta prefirió el cristal para la noche, Gato fue fiel al cuero.

Radio Ventolera

a Vas a escuchar el programa "Desayunos con Luisa Parra". Como de costumbre, la periodista lleva a las ondas temas polémicos de actualidad. Responde a las siguientes preguntas.

1. ¿Con motivo de qué acontecimiento invitan al señor Gutiérrez al programa?
2. ¿Qué es PRODEHO?
3. El señor Gutiérrez lamenta la situación de las mujeres, pero ¿qué dice sobre el derecho de los hombres?
4. ¿Cómo explica el señor Gutiérrez la paradoja de que sea una jueza la que haya concedido la custodia de los niños al padre?
5. ¿De qué se queja el primer oyente?
6. ¿Por qué la segunda oyente está en total desacuerdo con las afirmaciones del señor Gutiérrez?

b Toma notas y reproduce lo más fielmente posible las palabras de los entrevistados.

c ¿Qué conectores has reconocido en estas intervenciones?

Por este motivo, por eso...

Taller de escritura

Para hacer esta tarea, tienes que ser muy sincero/a y seguir estrictamente estas instrucciones:

- Piensa en lo peor que has hecho en tu vida (vale cualquier cosa, desde atracar un banco a robarle el Tippex a tu compañero).
- Supongamos que te han pillado: escribe tu pliego de descargo, es decir, explica tus razones, justifícate, pide perdón... Invéntate lo que sea para limpiar tu imagen y dirígelo a quien creas que tendría que leerlo: un juez, un cura, tu mejor amigo, un psiquiatra, etc.

Todo bajo control

a Imagina un contexto y completa las frases para que tengan sentido.

1. ________. Sin embargo, no quiero saber nada de ella
2. ________, de modo que no quiero saber nada de ella.
3. Maruja está ________, así que se va a casar.
4. Mari Pili está ________, aunque se va a casar.
5. ________, incluso, voy a tomar un poco.
6. ________, ni siquiera voy a tomar un poco.
7. Ramón ________, pese a que ha dejado de fumar.
8. Ramón, dicen ________, por el contrario, ha dejado de fumar.
9. ________, aun así no hay quien lo soporte.
10. ________, en cambio, no hay quien lo soporte.

b Lee este texto, en el que la Momia le comenta al Hombre Lobo lo que le pasó el día anterior, y elige una de las dos opciones.

Ayer fue una pesadilla. Primero estuve toda la tarde en la cocina porque había invitado a Drácula a cenar y luego resultó que el muy maleducado no probó nada. Es muy exquisito, ya sabes. **Ni siquiera/Ahora bien** se disculpó. **Sin embargo/Al contrario**, se estuvo quejando de todo. **Incluso/Aun así** yo no le dije nada. Me fui a dormir a mi sarcófago, lleno de agua, por cierto, porque llovía un montón, y **de ahí que/encima**, por si fuera poco, te oí gritando toda la noche llamando a Drácula. ¡Vaya día!

c ¿Te sientes "superior"?

1. **La existencia de grandes flujos de refugiados, perseguidos por causas políticas, por guerras, por hambrunas, ________ por la violación sistemática de los derechos humanos, se ha convertido en un problema de primer orden.**
   a. para colmo   b. incluso
   c. si bien
2. **________ se haya convertido en un objetivo prioritario al que tienen que hacer frente las organizaciones internacionales.**
   a. Pues   b. Por lo tanto
   c. De ahí que
3. **No parece haber, ________, el consenso deseable para que las medidas emprendidas sean en verdad efectivas.**
   a. sin embargo   b. por ello
   c. si bien
4. **La ayuda económica ofrecida hasta ahora no ha sido usada adecuadamente, ________ solo se ha dedicado a la asistencia a los refugiados.**
   a. ni siquiera   b. pues
   c. a pesar de que
5. **________, si ese dinero se canalizara en programas de desarrollo regional, estaríamos en la dirección adecuada para encontrar una solución duradera y digna.**
   a. Ahora bien   b. Por lo que
   c. Por si fuera poco
6. **La Unión Europea va a aumentar en un 0,1 % las ayudas a los países con grandes cifras de refugiados. Pero, ________, eso no es suficiente.**
   a. en cambio   b. de todas formas
   c. por lo tanto
7. **Lo que pasa es que en los campamentos no siempre tienen cubiertas las necesidades básicas. A veces ________ tienen agua potable.**
   a. ni siquiera   b. ni incluso
   c. no obstante
8. **Pasé un tiempo en un campamento de refugiados, pero no me sentí triste por la pobreza que vi; ________, te sientes bien cuando ves que puedes ayudar.**
   a. en cambio   b. aún así
   c. al contrario
9. **¿Cuál de estos conectores no es especialmente propio del registro escrito?**
   a. por ello   b. si bien
   c. así que
10. **________, salimos a dar un paseo.**
   a. Si bien lloviera   b. Sin embargo llovía
   c. Pese a que llovía

d ?Poblemas¿

He estado llamando al departamento toda la mañana y, al fin y al cabo, he conseguido hablar con el secretario. Me ha dicho que, porque no hay nadie para recogernos, lo mejor es que tomamos un taxi desde el aeropuerto y estaremos en la universidad por consiguiente. Parece que los profesores están todos en vacaciones, ni incluso está el que nos invitó. Me ha molestado mucho su actitud, en cambio no le he dicho nada. La verdad es que estoy un poco sorprendida. Bueno, no tengo hecho el equipaje, entonces me voy ver si lo termino. No me llames al móvil pero a casa. No te preocupes, llegaré en tiempo al avión.

SABER HACER

SESIÓN 2.5
La cortesía

Escenario

¿Qué es la cortesía? Cuando hablamos de cortesía no nos referimos a la buena educación o a la elegancia en nuestro comportamiento, sino a un principio que controla la comunicación humana y que hace que nos adecuemos a lo que la situación en la que nos encontramos requiere socialmente.

Solemos tener en cuenta varios aspectos: nos preocupamos de la imagen que proyectamos de nosotros mismos (queremos que los demás nos valoren positivamente) y de la imagen que damos de nuestro interlocutor (queremos que se sienta apreciado, y no mal tratado). Cuando queremos pedir algo a alguien, solemos suavizar la petición para poder conseguir lo que deseamos, sin que el otro se sienta demasiado forzado, pero de manera que nos salgamos con la nuestra. Este es un equilibrio bastante sutil y saber hacerlo en español requiere conocer los mecanismos que esta lengua tiene para ello.

1. Ahora, imagina que te encuentras en las siguientes situaciones. ¿Cómo te desenvolverías? ¿Qué dirías? Intenta ser natural.

   a. Estás en la cola del supermercado y una señora se te cuela, sin pedir permiso, claro.
   b. En la cocina, con un compañero de piso, quieres que te alargue un plato.
   c. En un bar. Quieres dejar tu abrigo en una silla que ya tiene ropa de otras personas.
   d. Te estás enfadando porque el perro de un señor te está rompiendo el periódico. El dueño, aunque lo ve, no parece darse por enterado.
   e. Estás en un lío, has perdido la cartera, vives muy lejos y no tienes dinero para coger un taxi. Tienes que pedírselo a alguien a quien apenas conoces.

Objetivos

El objetivo de esta unidad es reflexionar sobre las estrategias que nos permiten actuar de manera adecuada en las relaciones que establecemos con los demás, más en concreto sobre los actos exhortativos (peticiones, mandatos, etc.). Si no deseamos provocar reacciones desagradables y no queremos ser considerados maleducados o molestar, debemos ajustarnos a las convenciones que toda sociedad establece sobre la edad, las relaciones de jerarquía y el grado de familiaridad con nuestros interlocutores. En pocas palabras: debemos ser corteses. Para ello, no basta solo con saber cuándo tratar de tú y cuándo de usted.

1. Tutéame, por favor

a El siguiente texto habla de las formas de tratamiento en español. ¿Podrías situar en el mapa a qué zonas corresponde cada uno de los subsistemas?

Las fórmulas de tratamiento son relativamente poco complicadas en español si se compara con otras lenguas, como el japonés o el coreano por ejemplo. Estas fórmulas no solamente señalan los roles de los participantes, sino su estatus social y la relación que los une. En español tenemos un sistema de tratamientos que, según los dialectos, incluye tres, cuatro o cinco miembros, dos o tres para el singular y uno o dos para el plural:

Singular	Plural
1. tú - usted	ustedes
2. tú - usted	vosotros - ustedes
3. (tú) - vos - usted	(vosotros) - ustedes
4. tú - vos - usted	(vosotros) - ustedes

Los paréntesis encierran aquellos pronombres que no son miembros plenos del subsistema en que aparecen: los hablantes los reconocen, pero rara vez los emplean si hablan con hispanos de otros dialectos o con extranjeros. El subsistema más conocido y considerado estándar es el 2 que, sin embargo, pertenece a una minoría de los hablantes, situada en el centro y norte de España. Se caracteriza por la presencia de la forma *vosotros*, plural informal. Quizá los subsistemas más ampliamente usados sean el 3 y el 4, que incluyen el uso de *vos* para la segunda persona íntima. En el subsistema 3, *tú* es pasivo: perfectamente comprendido pero no empleado; este es el subsistema que corresponde al español de Argentina, Uruguay y Paraguay, entre otros. El subsistema 4 incluye el uso de *tú* y el desplazamiento de *vos* a situaciones de comunicación más restringidas; en Guatemala y El Salvador, por ejemplo, *vos* se utiliza entre hombres si se dan ciertas condiciones, pero no, aunque se den las mismas condiciones, entre mujeres. Las restricciones para el uso de *vos*, forma que puede llegar a estar estigmatizada, son muy complejas en Hispanoamérica, donde, por otra parte, el voseo, más o menos usado según la zona o usado exclusivamente (sin tuteo), es conocido por la mayoría de los hablantes. *Vos* exige formas verbales propias, que cambian según los dialectos voseantes. En cuanto a *vosotros*, en desuso en el español de toda América (y por eso entre paréntesis en nuestro cuadro), puede adquirir en esos dialectos valores retóricos ajenos a la informalidad.

(Gabriela Reyes, *Ejercicios de Pragmática*)

b Para ver si ha quedado claro, preparad en parejas 5 frases de verdadero (V) o falso (F) sobre el contenido del texto. Luego intercambiad vuestro ejercicio con otra pareja e intentad resolverlo.

2. ¿Me echas una mano?

a Acabas de llegar de un viaje, tienes que subir todos los bultos a tu casa y necesitas ayuda. ¿Cómo se la pedirías a un amigo? ¿Cómo se la pedirías a un conocido que coincide contigo en la puerta?

b Observa las siguientes estrategias para pedir un favor. ¿Qué diferencias ves entre unos enunciados y otros?

Estrategia	A un amigo	A un conocido
1. **Pides ayuda directamente**	Ayúdame a subir las maletas.	¿Me ayuda/s a subir las maletas?
2. **Suavizas la importancia de lo que deseas pedir**	¿Me ayudas a subir estas maletas? No pesan mucho, y en seguida nos vamos.	¿Podría/s hacerme un favor? ¿Podría/s ayudarme a subir estas maletas? Es que yo solo/a no puedo. No pesan mucho. Es un momento.
3. **Apelas a la imagen positiva de tu interlocutor**	Ayúdame a subir las maletas, anda. Sé bueno/a, ayúdame a ...	Don Antonio, ¿sería usted tan amable de...? Son solo dos pisos. Ya sabe usted, el 2A.
4. **Insinúas, de manera indirecta, que necesitas ayuda**	¡Cada día meto más cosas en las maletas! Creo que necesito un gimnasio.	¡Uf! (resoplando) ¡Esto de que no haya ascensor...!

c Siguiendo los modelos anteriores, es decir, usando las cuatro estrategias, imagina cómo le puedes pedir a alguien en un bar que quite los abrigos de un taburete y te deje sentarte.

PARA ATENUAR UNA PETICIÓN

- Perdona/e que te/le moleste.
- Siento molestarte/le.
- No quiero molestarte/le.
- Si no es mucha molestia...
- Si no te/le importa...

3. Sácame de esta y te debo una

a A veces la cosa no es tan sencilla y tienes que pedir un favor importante. Esto implica hacer uso de una gran capacidad de persuasión y de una serie de estrategias. Aquí tienes un buen ejemplo: esta semana, Plácido se ha visto obligado a pedir varios favores, por lo que ha tenido que escribir algunos mensajes. Responde a las siguientes preguntas señalando en los textos los elementos que te parezcan significativos.

1. ¿En qué notas el tipo de relación que tiene Plácido con cada una de las personas? ¿Cómo se manifiesta la cercanía o distancia con ellas?
2. ¿Cómo sabes qué importancia le otorga Plácido al favor que pide? ¿En qué grado cree que le van a hacer el favor?
3. ¿Qué estrategias usa para conseguir lo que quiere?

a

Eliminar | Responder | Resp. a todos | Reenviar | Imprimir

De: Plácido

Estimada profesora:
Estoy solicitando una beca para pasar unos meses en Senegal. El plazo termina mañana y me acaban de decir que necesito una carta de recomendación. ¿Podría usted escribírmela? Sé que usted está muy ocupada, y más al final del semestre, pero le agradecería enormemente si pudiera hacerme ese favor. Mi correo es placidog@universidad.zz. Siento tener que molestarla y más con estas prisas. Muchas gracias de nuevo.

b

Eliminar | Responder | Resp. a todos | Reenviar | Imprimir

De: Plácido

Hola Wadda,
¿Tú podrías prestarme tu coche el sábado? Es que no he podido alquilar ninguno y, como te conté, vienen los padres de Ulah, para que les enseñe los alrededores de Providence. En otras circunstancias no te lo pediría, un coche es algo muy personal, pero la verdad es que me sacarías de un apuro. Te lo devolvería por la tarde.

c

Eliminar | Responder | Resp. a todos | Reenviar | Imprimir

De: Plácido

Hola, Javier:
Le escribo para ver si puede hacerme un favor. Me preguntaba si habría algún problema en que le pagara el alquiler de este mes unos días más tarde. Me han surgido unos problemillas con la cuenta corriente. Si no es mucha molestia, le agradecería que me contestara lo antes posible. Un saludo.

d

Eliminar | Responder | Resp. a todos | Reenviar | Imprimir

De: Plácido

Querida Pepa:
¿Te importaría juntar a los dos grupos en tu clase el lunes que viene? Voy a estar fuera el fin de semana y el avión no sale hasta el mismo lunes. Mil gracias. Te debo una.

e

Eliminar | Responder | Resp. a todos | Reenviar | Imprimir

De: Plácido

Rosanita:
I need you. ¿Tú podrías recoger a los padres de Ulah en el aeropuerto y entretenerlos un par de horas? Es el viernes por la mañana. Hay un acto en el departamento y no me queda más remedio que ir. Los pobres no hablan una palabra de español. Sé buena y dime que sí. (¡No me dejes tirado!) Te compensaré.

b ¿A qué mensaje corresponde el siguiente análisis?

1. Relación: es una relación jerárquica. Por eso, su carta responde a un modelo bastante codificado, sin complicidad o proximidad. Tratamiento de usted, uso de formas verbales de cortesía neutras: Condicional (*podría, le agradecería*), Imperfecto de subjuntivo (*si pudiera*).

2. Tipo de favor: considera que se trata de un favor que puede ser molesto (vemos que se disculpa por la urgencia y relaciona esto con la época del curso escolar) pero rutinario, ya que ambos interlocutores conocen el funcionamiento universitario. Plácido casi da por sentado que no va a recibir una negativa (se puede ver en el *muchas gracias* final y en la inclusión de su dirección electrónica).

3. Estrategias: Plácido busca dar la imagen de una persona considerada (se disculpa por molestar y da las gracias reiteradamente), a la vez que proyecta una imagen positiva de su interlocutor y reconoce su labor profesional (*sé que usted está muy ocupada, y más*...). Por otra parte, se presenta a sí mismo como víctima de las circunstancias (*el plazo termina mañana; me acaban de decir que*... –él no es, pues, responsable de la urgencia–) enfatizando su necesidad de ser ayudado.

c En parejas. Analizad dos de los otros mensajes siguiendo el modelo de análisis anterior.

d Aquí tienes varias posibles respuestas a los correos de Plácido. Piensa cuál o cuáles de las cinco personas podrían haber escrito cada una y completa la frase para que se ajuste a cada caso.

1. Cuenta conmigo. ...
2. Cuenta con ello, ...
3. De acuerdo. Hoy por ti mañana por mí. ...
4. No me hace ni pizca de gracia, pero qué le vamos a hacer. ...
5. No hay/tengo inconveniente en ...
6. Por supuesto que ... Faltaría más.
7. Vale, pero me debes una. ...

Radio Ventolera

a Mira la foto de la derecha y responde a las preguntas.

1. ¿Qué tipo de relación crees que hay entre estas personas?
2. ¿Cómo crees que se hablan: de **tú** o de **usted**?

b Vas a escuchar tres anécdotas relacionadas con algunas diferencias de uso de **tú** y **usted** en el mundo hispánico. Antes de empezar, lee los siguientes fragmentos, extraídos de esas anécdotas. ¿Cuál crees que es el contexto de cada uno de ellos?

A Ella pensó que pasaba algo, que debía de haber hecho algo mal y que por eso la madre la estaba tratando con distancia.

B Ya es hora de que usted y yo empecemos a "ustedearnos".

C Nos quedamos más sorprendidas cuando vimos que salía (...) un niño de tres o cuatro años ajustándose el cinturón.

c Ahora vas a escuchar las tres anécdotas. ¿Se corresponden con los contextos que habías imaginado? ¿A cuál de ellas podría corresponder la foto? ¿Conocías estas peculiaridades del uso de las formas de tratamiento?

Taller de escritura

a Aquí se te presentan dos situaciones. A partir de ellas, construye dos mensajes de correo electrónico que podrías enviar a estas dos personas.

Situación 1

Contexto. Vas a visitar una ciudad en la que tienes un/a conocido/a (alguien de tu edad, pero al que conoces poco, fuisteis compañeros/as en un curso de verano).

Relación. De conocidos, cordial pero no de mucha confianza. Esperas que te haga un favor y sabes que no es excesivamente difícil.

Favor. Quieres que él/ella te acompañe a conocer la ciudad y que te busque algún hotel barato en el que quedarte porque, como es temporada alta, quizás tengas problemas para encontrar alojamiento.

Estrategias: ... (Decide tú cuáles)

Situación 2

Contexto. Te vas un par de semanas de vacaciones y quieres pedirle un favor a uno de tus mejores amigos.

Relación. Amistad de mucha confianza. Esperas que te haga el favor, pero sabes que le pides algo engorroso y pesado.

Favor. Quieres que te cuide las plantas y los gatos mientras estás de vacaciones. La única pega es que vives en las afueras, a una media hora de la ciudad.

Estrategias: ...

b Imagina tú ahora un escenario relacionado con una necesidad concreta, algo que puedas tener que escribir en español. Solamente debes tener en cuenta dos cosas: que debe tratarse de una relación formal y que esperas que la persona te haga el favor.

Todo bajo control

a ¿Qué dirías en estas situaciones? Busca cuatro posibilidades para cada situación, una para cada una de las cuatro opciones que vimos en la actividad 2.

1. Estás en clase. Necesitas un bolígrafo y se lo pides a una chica que tienes al lado.
2. Trabajas en una tienda. Fuera hace un frío que pela. Un señor entra en la tienda dejando la puerta abierta.
3. Estás en la barra de un bar. Quieres que un desconocido te pase las servilletas.
4. Quieres que un amigo tuyo te deje unos discos. Sabes que no le gusta prestar nada relacionado con su música.
5. Sales de clase y está lloviendo a mares. Ves a tu profesor, un hombre muy serio, montándose en su coche. Le pides que te lleve.

b Identifica en este correo electrónico los rasgos de complicidad y distancia que muestran el tipo de relación que tiene el autor con el destinatario.

Querido Ben:

Tengo que ir a una conferencia a Barcelona en Mayo, y voy con un amigo. Quería saber si podíamos quedarnos en tu casa un par de días. Si por lo que sea no te viene bien, ya nos buscaremos algo, así que no te preocupes. No quiero que te sientas obligado, ¿vale? Llámame cuando puedas.

Lola

c ¿Te sientes "superior"? Elige la opción más adecuada.

1. **En España, ¿cómo le dices a alguien que te puede tratar de manera informal?**
   a. Háblame de usted. **b.** Háblame de vosotros.
   c. Tutéame.
2. **Cuando alguien te trata de usted, significa...**
   a. que te considera mayor.
   b. que quiere mantener la distancia.
   c. depende de las circunstancias y de en qué lugar del mundo hispánico estés.
3. **"¿Me ayudas, Juan?" es una...**
   a. petición directa. **b.** petición suavizada.
   c. insinuación.
4. **¿Cuál es la forma más adecuada para pedirle a un amigo íntimo que te sujete un bolso?**
   a. Tenme el bolso un momento (entonación suave).
   b. Por favor, tenme el bolso un momento.
   c. ¿Te importaría tenerme el bolso?
5. **¿Cuál es la forma más adecuada para pedirle a un vecino, al que tratas poco, que te espere en la puerta del ascensor?**
   a. ¿Le importaría esperarme? Ande, sea bueno.
   b. ¿Puede esperarme un momento?
   c. Si no es molestia, ¿me espera un momento?
6. **Imagina que alguien te pide un favor y aceptas. ¿Cuál de las siguientes formas expresa mayor complicidad y cercanía?**
   a. Sí, claro. **b.** Me debes una.
   c. Faltaría más.
7. **En un bar, ¿cómo no podrías pedir una cerveza?**
   a. ¿Me pone una cerveza?
   b. ¿Me ofrece una cerveza?
   c. Póngame una cerveza.
8. **"Sácame de esta" significa...**
   a. échame una mano. **b.** dame una mano.
   c. estoy a mano.
9. **Cuando alguien te presta una chaqueta...**
   a. es suya y tú, luego, se la devuelves.
   b. es suya, pero no tienes que devolvérsela.
   c. es tuya y esa persona te la devuelve a ti.
10. **¿Qué formas se utilizan normalmente en Argentina y Uruguay para referirse a las segundas personas?**
    a. tú – usted – vosotros – ustedes.
    b. vos – usted – ustedes.
    c. tú – vos – usted – ustedes.

d ?Poblemas¿ Corrige los errores.

1. (En un correo de un estudiante a su profesora) Hola, señora, ¿podrías decirme dónde está tu oficina?
2. (Una señora que pide ayuda desde el balcón de su casa en llamas) Perdona, señor, ¿sería usted tan amable de llamar a los bomberos?
3. (En las instrucciones de un sobre de sopa) ¿Por qué no vierte el contenido en un cazo con agua hirviendo?
4. (Al camarero) Me gustaría otra ración de morcilla, por favor.
5. (En una entrevista de trabajo, pidiendo permiso para entrar) ¿Me toca ya?
6. (Un cartel en un hospital) ¿Le importa no fumar?
7. (Una amiga consuela a otra) ¿Te importa no preocuparte?
8. (Un ciclista a otro, viendo venir un camión a gran velocidad) ¿Puedes ponerte a la derecha?
9. (Una persona con mucha prisa pregunta la hora a alguien en la calle) Dígame la hora.
10. (En una cena de trabajo) Lo siento, Jacinto, ¿me pasas los callos?

Indicios

a Cada una de estas cuatro tarjetas da pistas para adivinar una expresión intensificadora, una expresión atenuante o un conector. Intentad adivinarlas.

1

1. Es un mal amigo. Yo estaba enfermo en el hospital y .... vino a verme.
2. No digas que no sabes hacerlo; .... lo has intentado.
3. Si quieres un poco, lo adivinarás.
4. La segunda palabra es pariente de un psiquiatra.
5. No conozco a este chico; .... sé cómo se llama.
6. Dos palabras: una corta y una larga.
7. El gato está muy enfermito. .... se toma su leche.
8. Na, ne, no, nu. ¿Cuál falta? Pues con eso y algo más, ya está.

2

1. En España, si preguntas por los aseos, siempre están ahí y a la derecha.
2. En el de un bolsillo se puede encontrar de todo.
3. En el del mar no se ve nada.
4. En atletismo se llaman así las carreras de más de 1500 m.
5. Lo que le pasa es que, ..., no sabe lo que quiere.
6. Si cambias la última letra, es una forma estupenda de comer queso en Suiza.
7. Si no sabes nadar, te vas allí.
8. Lo contrario de "en la superficie".

3

1. Suele ir entre admiraciones.
2. Lo oyes por la calle cuando pasa una mujer escultural.
3. Lo oyes por la calle cuando pasa un hombre escultural.
4. También oyes algo parecido cuando preguntas una dirección.
5. Te doy una pista si te digo que es un Subjuntivo.
6. Se dice cuando uno admira mucho algo.
7. ¡.................... escándalo que montaron los vecinos anoche!
8. Lo puedes intercambiar por la primera parte de *queso*, pero con acento, eso sí.

4

1. Si te invitan a cenar, no lo es para ti.
2. Invitar tú en tu casa a 10 personas sí lo es.
3. Dejarle un boli a alguien no lo es.
4. Dejarle a alguien tu asiento en un vuelo transoceánico, sí lo es, y mucha.
5. Más claro: la clave está en la última palabra de las 5 que son.
6. Si quieres ser muy, muy cortés, usarás esta frase.
7. Las moscas y los niños pueden ser una m...
8. Empieza por "si".

b Dividid la clase en dos equipos. Dentro de cada equipo, cada pareja prepara 3 tarjetas como las anteriores. Un equipo lee las pistas despacio para que el otro equipo adivine la expresión utilizando el menor número de indicios, ya que cada pista gastada representa un punto menos (si se acierta a la primera, son 10 puntos). Además, solo se pueden dar tres respuestas por tarjeta. Si un equipo falla, el otro (excepto los autores) tiene la oportunidad de contestar y llevarse 3 puntos. Gana el equipo que llega antes a los 50 puntos.

10	20	30	40	50

0	1	2	3	4	5	6	7	8	9

10	20	30	40	50

0	1	2	3	4	5	6	7	8	9

3 SABER CULTURA

SESIÓN 3.1
Entre ritos y tradiciones
Diferentes hábitos sociales entre culturas y los malentendidos que se producen.

SESIÓN 3.2
A flor de piel
Las emociones que sentimos cuando entramos en contacto con otra cultura.

SESIÓN 3.3
Fiestas: lo sagrado y lo profano
Cómo se reflejan las creencias y costumbres en la lengua.

OBJETIVO

En estas unidades vamos a intentar analizar los posibles malentendidos que surgen cuando una o más culturas entran en contacto, a expresar nuestras experiencias en otro ambiente cultural y a comprobar como el pasado histórico y las festividades han contribuido a la visión del mundo de los hablantes de español.

SESIÓN 3.4
Al-Andalus
El legado cultural y lingüístico de un período original de la historia de España.

SESIÓN 3.5
Lenguaje no verbal
Un aspecto específico de nuestro estilo comunicativo.

EVALUACIÓN
Los ratones coloraos
Un juego de preguntas y respuestas para repasar las sesiones de SABER CULTURA.

SABER CULTURA

SESIÓN 3.1

Entre ritos y tradiciones

Escenario

Verónica le escribe a una amiga un correo electrónico contándole algunos detalles sobre su boda. Lee este fragmento. ¿A qué cultura crees que pertenecen los rituales que describe?

Relee el texto. Luego, entre todos, comparad este ritual con la preparación de una boda en vuestra cultura: ¿hay similitudes o es todo muy diferente?

Todo comenzó cuando me pintaron la cara de blanco... yo no entendía nada pero luego supe que eso simbolizaba la muerte de los vínculos que me unían a mis padres y que aquí el ritual de la boda considera a la novia como una "doncella" al servicio de los dioses, y que por eso la pintan de blanco de la cabeza a los pies.

Luego me pusieron una peluca muy graciosa, con unos adornos que simbolizan la fortuna, y después una especie de "cubrecabeza", que sirve para ocultar los celos. En fin, que poco a poco me fueron transformando de tal manera que ni yo misma podía reconocerme.

Terminamos con lo que para mí fue la peor parte: entraron a la habitación tres mujeres (¡no exagero!) y me vistieron con tres trajes; me los iban poniendo y atándolos uno a uno, y al final tiraron del cinturón hasta atarlos todos juntos. Estaba tan apretado que casi no podía respirar. ¡Cómo te habrías reído de mí si me hubieras visto vestida de aquella guisa!

Después, los novios tomamos tres veces un licor, en tres copas de distinto tamaño. ¿Sabías que aquí el tres es el número de la felicidad?

Al final, celebramos la ceremonia, que para mi familia y para mí fue muy complicada, así que ya te la explicaré mejor con las fotos, estas Navidades.

(...)

Objetivos

En esta unidad vamos a reflexionar sobre lo que sucede cuando entramos en contacto con otra cultura y otras costumbres. En algunos casos se dan situaciones de incomprensión, o incluso de choque cultural. Pero, en general, con el tiempo, los individuos consiguen incluir estas vivencias de manera positiva en su experiencia vital. Las estrategias interculturales nos ayudan a resolver esos conflictos que surgen cuando nos encontramos en un nuevo contexto lingüístico y cultural.

1. De mí para ti: los novios

a Nacho conoció a Mikiko, una guía turística japonesa, en un chat. El flechazo fue tan rápido que ahora, tres meses después, ya viven juntos. Lee las fichas y toma nota sobre los aspectos que te parecen positivos para el buen funcionamiento de su relación. Después, entre todos, pensad en otros posibles factores positivos que no estén incluidos en las fichas

FICHA **NACHO LÓPEZ**

FECHA DE NACIMIENTO: 22/09/1966
LUGAR DE NACIMIENTO: Melilla (España)
NICK: Aceitunito

- Ella es su tercera novia, y la primera chica extranjera con la que sale.
- Está dispuesto a compartir con ella sus experiencias personales y a ayudarla a comprender las costumbres y las maneras de hacer de los españoles con el objetivo de que lleguen a entenderse; aunque confiesa que su conocimiento sobre la cultura japonesa es casi nulo.

FICHA **MIKIKO KIURA**

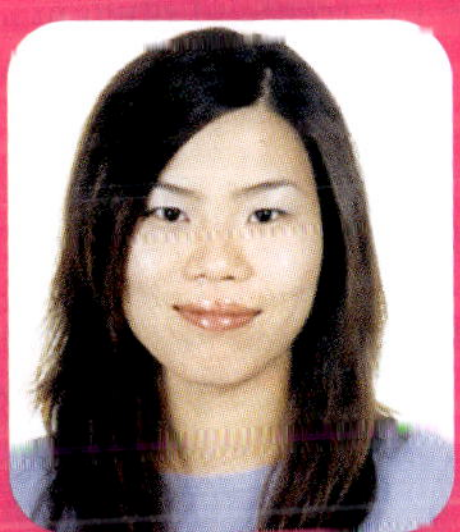

FECHA DE NACIMIENTO: 19/03/1977
LUGAR DE NACIMIENTO: Nagasaki (Japón)
NICK: Sushi-tour

- Él es su cuarto novio, y el segundo chico español con el que sale.
- Ha estudiado en España cinco años y habla español muy bien. Le encanta la cultura española (el cine, la literatura, el flamenco...) pero no llega a entender del todo a los chicos españoles, por lo que a veces no sabe muy bien cómo actuar.

b En parejas. ¿Qué problemas crees que Nacho y Mikiko pueden tener en el futuro con...

- sus respectivas familias?
- sus amigos y compañeros de trabajo?
- los hábitos alimenticios?
- la decoración y distribución de la casa?
- la educación de los hijos?

2. Mundos en contacto

a Ha pasado un tiempo y Nacho y Mikiko siguen juntos, aunque no todo es perfecto. Lee estos textos, en los que cuentan cómo ven al otro y cuáles son los puntos de conflicto. ¿Puedes explicar porque existen estos malentendidos entre ellos?

NACHO HABLA SOBRE MIKIKO

LO BUENO

- Creo que en general tiene un gran poder de adaptación a nuestra cultura.
- Siempre he alucinado con el manejo que tiene de los aparatos electrónicos. Antes de conocerla, yo no sabía para que servían la mitad de los botones.
- Me encanta como cocina y decora los platos.
- Casi nunca me ha preguntado por mis relaciones anteriores.

LO QUE AÚN LE CHOCA

- No le gusta enseñarme japonés. La verdad, soy bastante torpe para aprender lenguas.
- Duerme muchísimo; no sé si es para desconectar o si es una característica típica de los japoneses.
- Le cuesta relajarse cuando vienen mis amigos a ver el fútbol.
- Todavía le parece surrealista la estrecha relación que continúo teniendo con mis padres.

MIKIKO HABLA SOBRE NACHO

LO BUENO

- Gracias a él comprendo más las costumbres españolas, aunque a veces no logre entender algunas de sus argumentaciones.
- Es más expresivo que yo y eso me encanta.
- No ha tenido muchos prejuicios para enamorarse de una chica extranjera a pesar de haberle ocasionado algún que otro enfrentamiento familiar.
- Prepara unos platos hispanojaponeses muy originales.

LO QUE AÚN LE CHOCA

- La idea de vivir en Japón le aterra, pero nunca se ha negado en redondo.
- No se lo he dicho, pero estoy harta de comer con el señor de las noticias todos los días.
- La paella de todos los domingos en casa de sus padres es muy aburrida y nos roba mucho tiempo de nuestra intimidad.
- Cuando estoy en casa, tranquila, relajada, sin hablar, siempre piensa que estoy enfadada, triste o enferma.

b ¿Tú has pasado por experiencias similares? ¿Qué consejos les darías? ¿Crees que existe alguna solución a este tipo de problemas?

3. ¿Quieres casarte conmigo?

a *Jai-chikaimasu* es una fórmula que se repite en todas las bodas en Japón. ¿Qué crees que puede significar? ¿Cómo se dice en tu lengua?

b Mikiko y Nacho explican, cada uno, el ritual de casamiento en su país. ¿Podéis hacer una lista de los aspectos en los que coinciden y/o de las diferencias entre ambos rituales?

c Algunas secciones están en blanco. Complétalas con los conocimientos que tengas o da rienda a tu imaginación.

La novia
Una semana antes de la ceremonia, la novia suele hacerse pruebas de peinado y maquillaje. El día de la boda, es típico que se vista en casa de sus padres. Una vez vestida, sale hacia el juzgado (boda civil) o la iglesia (boda religiosa) con el padrino, que es normalmente su padre.

El novio
(...)

La familia
Algunas semanas o meses antes de la boda, las dos familias suelen celebrar juntas un almuerzo o una cena para conocerse mejor. Si no lo han hecho anteriormente, en este encuentro los padres suelen hacer un presupuesto de lo que costará la celebración y acuerdan la participación económica de cada parte. Novios y padres se ponen de acuerdo en el número de invitados.

El vestido de la novia
La novia es, en España, la gran protagonista de la fiesta: será reina por un día y su vestido, la sorpresa más esperada. El traje se puede comprar ya confeccionado o bien hacerse a medida. Lo normal es que sea de color blanco o marfil. Las otras mujeres que asisten a la boda no suelen vestir de ese color para no restarle protagonismo a la novia.

Las novias españolas suelen usar velo, medias de seda, liga y zapatos de tacón, y llevan siempre un ramo de flores. La tradición dice que la novia debe llevar algo prestado (que le dará suerte), algo regalado (símbolo de optimismo), algo usado (la continuidad) y algo azul (la felicidad). Además, dicen que si se pone una moneda en el zapato, tendrá fortuna. La novia nunca llevará perlas, pues estas representan el llanto.

Los invitados
Es habitual regalar alguno de los objetos que los novios han elegido para su "lista de bodas" y que están disponibles en unos grandes almacenes o en varias tiendas. Otra opción es que les den dinero en metálico; aunque no hay una cuota fija, normalmente se suele dar, al menos, lo equivalente a la comida en el restaurante. Al final de la fiesta, los invitados suelen estar bastante alegres, ya que es típico celebrar largamente el enlace; beber y bailar "hasta que el cuerpo aguante".

La ceremonia
Las parejas pueden elegir casarse por la iglesia (matrimonio religioso) o ante un juez (matrimonio civil que se celebra en un juzgado o en un ayuntamiento). Ambas ceremonias tienen en España el mismo valor legal.

Es tradicional que la novia llegue un poco tarde. En el momento de la ceremonia, la madrina se coloca a la izquierda del novio, la novia suele estar al otro lado del novio, y a su derecha, se coloca el padrino. Todos se sitúan de pie frente al oficiante. Al salir de la ceremonia, los invitados tiran arroz a los recién casados.

El banquete de bodas se celebra por lo general en un restaurante y, mientras los invitados se acomodan o toman un aperitivo, los novios se hacen fotos en algún sitio bonito. Una vez que llegan los novios, empieza el banquete, que consta de entrantes y varios platos; la tarta nupcial llega al final, en medio de una gran expectación. Después del convite, es normal que se lleven a cabo varias tradiciones: la novia se pone de espaldas delante de las chicas solteras y lanza el ramo (la tradición dice que aquella que lo coja será la próxima en casarse); los amigos del novio le quitan la corbata y la cortan en trozos que irán vendiendo a los invitados por una cantidad no fija. Ese dinero irá directamente a los novios.

La novia, y en ocasiones también la madrina, reparte recuerdos del enlace a las invitadas. El novio o el padrino, por su parte, regala cigarrillos y puros a los hombres. La novia lleva el dobladillo del vestido lleno de alfileres que irá repartiendo entre las chicas; estas se los colocarán boca abajo en la ropa para que, al caerse, les traigan buena suerte.

Una boda en Japón

La novia

Antes de la boda, la novia acude a un salón de belleza (gasto que se añade al presupuesto general de la boda). Cuando abandona el hogar familiar, se despide de sus padres en una ceremonia muy solemne que sirve para agradecerles el cariño y los cuidados que le han dispensado hasta ese día.

El novio

(...)

La familia

Tradicionalmente era el padre de la novia el que corría con todos los gastos de la celebración, mientras que el padre del novio se ocupaba de la casa de los recién casados. Hoy día, son los novios los que pagan los gastos, ayudados por sus padres. Amigas y familiares van a vestir a la novia y decoran el coche y el lugar de celebración con flores y lazos.

El vestido de la novia

Como en casi todo el mundo, la novia es la reina de la fiesta en las bodas japonesas. Puede llevar un traje tradicional (kimono) y un complicado peinado típico (una peluca, en caso de que no tenga el pelo largo) o un vestido de corte occidental.

El kimono puede ser herencia familiar, aunque la mayoría de novias lo alquila. Consta de una parte interior (*uchikake*) a la que se añade una bata estampada de seda (*sotokake*) y se remata con un lazo y un cojín que se lo ciñen al cuerpo. En los pies es típico llevar unas sandalias con tacón.

Es normal que la novia se cambie hasta cuatro veces durante la celebración. Primero luce el kimono o un traje de novia occidental, luego un traje de cóctel y después uno o incluso dos trajes de noche. Si la novia tiene más de 30 años, no se considera adecuado que vista de color rosa, sobre todo si alquila los trajes, pues se considera que este es el color de la juventud.

Los invitados

(...)

La ceremonia

Si la boda se celebra por el rito sintoísta, tiene lugar en un templo. El sacerdote pregunta al novio si desea desposarse con la novia y después le preguntará lo mismo a ella. Si ambos aceptan, intercambian los anillos o firman en público el contrato familiar. Luego, dan tres tragos a una copa de sake para confirmar la unión y tanto la familia como los demás invitados aplauden el enlace.

El banquete nupcial se suele celebrar en hoteles especiales. Los novios (o sus representantes) hacen una presentación de sí mismos, poniendo a los invitados al corriente de la biografía de la pareja. Después, los familiares y amigos hablan de su experiencias comunes con los novios. Tras cada intervención, los invitados aplauden de forma respetuosa.

El representante del novio suele proponer un brindis (*kampai*), que da paso a la comida. Los mejores amigos de los recién casados cuentan las biografías de los novios, y después cantan y bailan. Después de unas dos horas de celebración, llega la tarta y los novios tienen que cortarla, pues es la primera cosa que harán en común. Este es el gran momento de las fotos.

Al final del banquete, los novios y sus padres se despiden de los invitados. Estos permanecen en su sitio: se les entrega un catálogo de regalos y eligen el que prefieren.

4. Una gran boda

a En parejas. Imaginad que trabajáis en una empresa que organiza bodas. Primero, vais a decidir quiénes se van a casar: tienen que ser dos personas de vuestra clase. Luego, vais a elaborar, para la feliz pareja, un programa detallado de la celebración: desde la preparación de los novios hasta la luna de miel.

b Explicad al resto de la clase el programa que habéis elaborado. ¿Qué les parece? ¿Y a la pareja interesada? ¿Habéis acertado con sus gustos?

Taller de escritura

a Esta es una de las páginas del tradicional álbum de fotos, pero nuestros novios han olvidado los pies de fotos. ¿Puedes ayudarlos?

b Ahora, puedes escribir la crónica social de la boda de Nacho y Mikiko para una revista del corazón o, si lo prefieres, redactar la invitación de boda. Te puede servir el modelo de la página 35 de la boda de Beatriz y Karl.

Todo bajo control

a En Japón, las bodas de estilo cristiano están desplazando las de rito sintoísta. Lee el siguiente texto, que hemos adaptado de un diario en español, sobre este fenómeno cultural y elige la preposición adecuada entre las tres que se proponen en cada caso.

Casarse en Japón, una cuestión de moda

De/Para/En Japón, la pasión por las bodas occidentales ha hecho que muchas novias opten por lucir bellos vestidos al estilo europeo y por abandonar la tradicional ceremonia sintoísta. Esta moda ha propiciado la aparición **de/para/en** los denominados *gaijin*, actores que hacen de sacerdotes. Y aunque solo un 1,4 % **de/para/en** los 124 millones de japoneses profesan la fe católica, las bodas según este ritual celebradas por uno de estos curas **de/para/en** pacotilla suponen ahora las tres cuartas partes **de/para/en** los enlaces. Esto demuestra el deseo **de/para/en** buena parte de la población por ser diferentes y su preocupación por guardar las apariencias **de/para/en** un país donde parece que comienzan a convivir distintos rituales y costumbres religiosas.

A menudo, los japoneses escogen el sintoísmo **de/para/en** las ceremonias infantiles, el cristianismo **de/para/en** las bodas y el budismo **de/para/en** los entierros. "Por supuesto, las palabras son importantes, pero lo que más cuenta **de/para/en** una ceremonia es la imagen" explica M. Sakamoto después **de/para/en** ver al señor Nelson oficiar una boda **de/para/en** una feria de novias organizada **de/para/en** un hotel.

b ?Poblemas¿ En las 10 frases siguientes, hay un error de tipo lingüístico y un malentendido cultural. Corrige, en primer lugar, el error lingüístico que hay en cada una. Luego, elige entre las opciones la mejor explicación del malentendido cultural.

1. **Cuando alguien fallezca en España se dice a la familia "Enhorabuena".**
   ■ **El problema es que...**
   a. saluda en vez de dar el pésame.
   b. felicita en vez de dar el pésame
   c. se excusa en vez de dar el pésame.

2. **El año pasado había estado en Gijón por Navidad y la gente me deseó "Próspera Navidad y Feliz Año Nuevo".**
   ■ **El problema es que...**
   a. no se desea a la vez una buena Navidad y un buen año.
   b. primero se felicita el año y después la Navidad.
   c. se felicita con "Feliz Navidad y Próspero Año Nuevo".

3. **Todavía me costa comprender que pueda quedar con amigos de 10 a 12 de la noche para salir.**
   ■ **El problema es que...**
   a. desconoce los hábitos horarios para el ocio.
   b. piensa que es pronto para salir.
   c. no es buen horario para quedar con amigos.

4. **No me sale en la cabeza que muchas tiendas en España cierren de 3 a 6 de la tarde.**
   ■ **El problema es que...**
   a. los horarios de los comercios pueden ser diferentes entre culturas.
   b. la forma de fraccionar el tiempo en España es muy difícil.
   c. se desconoce que en España las tiendas solo abren por las noches.

5. **Es horrible que siempre tengue que esperar más de media hora cuando qiuedo con mis amigos para salir.**
   ■ **El problema es que...**
   a. no sabe que esperar no está bien visto.
   b. desconoce que los españoles no suelen ser muy puntuales en citas informales.
   c. desconoce que ser puntual está penalizado por la ley en España.

6. **Para mí es sorprendente que me digan "está usted en suya casa."**
   ■ **El problema es que...**
   a. no sabe a qué casa se refiere.
   b. las personas en España son poco hospitalarias.
   c. no comprende el uso habitual de esta expresión cuando se recibe una visita.

7. **No comprendo porque me dice que se marcha cada 10 minutos.**
   ■ **El problema es que...**
   a. se desconoce que las despedidas se negocian.
   b. el hablante que se va es muy pesado.
   c. el hablante no dice a dónde se va.

8. **Un otro día mi amiga me regaló una maceta muy grande para mi balcón. Yo le di las gracias pero ella me respondió que era una pequeñez.**
   ■ **El problema es que...**
   a. cree que la maceta no es lo suficientemente grande.
   b. no sabe que, cuando regalan algo, los españoles restan importancia a la acción.
   c. piensa que su amiga tiene problemas con los tamaños.

9. **Me invitó a almorzar y me dijo que llevara algo para la sobremesa, por eso compré un bonito jarrón de cerámica.**
   ■ **El problema es que...**
   a. no comprende que la sobremesa es alargar la reunión después de la comida.
   b. piensa que es tradicional en España llevar algo para poner en la mesa cuando te invitan a comer.
   c. cree que es obligatorio si te invitan a comer llevar siempre un jarrón para poner flores.

10. **Le dije a Verónica que me gustaba su bolso y de vez de darme las gracias por el elogio, me explicó dónde lo había comprado y cuánto le había costado.**
    ■ **El problema es que...**
    a. Verónica quiere venderle el bolso.
    b. el interlocutor desconoce cómo se responde a un elogio en la nueva cultura.
    c. Verónica presupuso que quería uno igual.

SESIÓN 3.2
A flor de piel

Escenario

Ante los diferentes estímulos que recibimos en la vida, todos experimentamos sentimientos y emociones. Existen algunas emociones básicas universales, pero su expresión y la manera de vivirlas son moduladas por las diferentes culturas.

1. ¿Sabéis cuáles son esas emociones básicas que compartimos todos los humanos?
2. Los siguientes textos cuentan experiencias vividas por cinco estudiantes de español durante su estancia en España. En grupos, debatid qué emociones experimentaron.
   a. Junko es una estudiante japonesa que vive en Madrid. Poco a poco, va adaptándose a su nueva vida y una noche decide salir con sus compañeras de piso. Al cabo de un momento, se encuentra un poco mareada y decide volver a casa pero no encuentra el camino. Al día siguiente cuenta a sus amigas: "Estaba muerta de ....".
   b. Abdul, un estudiante jordano, lleva varios meses en Sevilla estudiando español y preparando el examen de selectividad. Un día, al volver a su casa, encuentra una carta en el buzón, la abre y comienza a dar saltos de ....: ¡por fin le han concedido el visado de estudiante!
   c. Trevor lleva estudiando un semestre en Granada. Sus amigos han venido a visitarlo y han pasado quince días con él; lo han pasado estupendamente. Después de despedirlos en el aeropuerto, Trevor vuelve a casa y siente una profunda ....
   d. Taka, un joven de China, va un día a comer a casa de su profesora de español. Una vez en el salón, mientras están tomando el aperitivo, Taka se lleva una gran .... cuando oye un disco del grupo chino de pop que más le gusta.
   e. Mary es una chica americana. Un día está desayunando en una cafetería y ve en la televisión un programa donde unos periodistas hablan bastante mal de su país, rápidamente pide la cuenta y se marcha muy ....
   f. Ingrid, una chica alemana, va con sus compañeros de curso a cenar a un restaurante del paseo marítimo de Málaga. Piden sardinas, pero ella no come. Su profesor le pregunta si no le gusta el pescado; Ingrid le responde que le da mucho .... comerse un pez con cabeza.

Objetivos

El objetivo de esta unidad es reflexionar sobre una serie de recursos que posee el español para expresar emociones y sentimientos. Nuestras emociones pueden verse fomentadas, influenciadas o incluso bloqueadas por la cultura a la que pertenecemos. En esta unidad, intentaremos conocer nuestros sentimientos como ejercitación eficaz para la buena convivencia y con el fin de ampliar nuestro bagaje cultural y predisponernos positivamente al aprendizaje.

1. Las emociones del mundo

a Aunque todos somos humanos, parece ser que no todos los grupos culturales sienten de la misma manera ni con la misma intensidad; y, por supuesto, no lo expresan con las mismas palabras. ¿Sabes qué es la morriña? Lee estos dos fragmentos aparecidos en la prensa española. Intenta, por el contexto, entender qué significa esta palabra de origen gallego.

El goleador gallego del Glasgow Rangers, Nacho Novo, podría regresar en breve a Galicia para jugar en uno de los dos clubes de Primera División de la comunidad. Al parecer, existe una oferta en firme y es posible que el ferrolano la estudie con detenimiento. La morriña es la morriña.

Cuando el periodista le pregunta si no siente cierta nostalgia, la misma que definía Castelao hablando de los emigrantes gallegos, deja escapar una risita. «La morriña la tenemos todos», afirma. La morriña es la esencia que nos define, la segunda piel que se nos pega cuando ya lo hemos perdido todo.

b Pero, evidentemente, no solo la lengua española tiene palabras especiales o típicas para describir emociones o sentimientos propios de su cultura. Lee la explicación de cuatro de esas palabras. ¿A qué cultura crees que pueden pertenecer? Luego, intenta relacionar cada concepto con una de las palabras que tienes más abajo.

1 Para la gente de este inmenso país, esta palabra significa tristeza, melancolía, angustia, añoranza.

2 Significa, más o menos, "El mundo está tranquilo", es decir: "Hay que dejar el mundo como está y no alterarlo". Los habitantes de este país vecino al nuestro suelen usar esta expresión para contrarrestar sentimientos y situaciones negativas.

3 El frío hace que esta gente se agrupe para obtener calor humano; por eso, esta palabra significa algo así como "agradable sensación de estar junto a alguien bajo la misma manta".

4 Esta palabra designa un tipo de dependencia de los demás, pero una dependencia deseada, relacionada con la sensación de contar con la benevolencia del otro, con el sentimiento de seguridad que da pertenecer al grupo. La población de esta cultura se debate hoy entre la tradición y la modernidad.

amae	toska
iva	dunia-hania

c ¿Qué palabra hay en tu lengua para describir el sentimiento más nacional? ¿Qué contexto usarías para que la comprendiera un español? Busca ejemplos de cuándo la usáis y contextos en los que es frecuente.

2. Emociones capitales

ABURRIMIENTO

Para designar la ausencia de estímulos relevantes, solemos usar la palabra **aburrimiento**, que podríamos definir como la vivencia de algo repetitivo, sin interés, molesto. Este sentimiento provoca una sensación negativa acompañada de una sensación de alargamiento del tiempo, de pasividad, de falta de estímulo. Algunos sinónimos pueden ser: **fastidio, hartura, hastío, tedio**.

a Los sentimientos más "generales" pueden matizarse o dividirse en otros más particulares dependiendo de la situación. Primero, define las seis emociones que están en negrita. Luego, escribe tres sinónimos más en cada apartado.

1. Tristeza	**2. Alegría**
melancolía	excitación

3. Amor	**4. Miedo**
cariño	susto

5. Intranquilidad	**6. Bienestar**
ansiedad	tranquilidad

b Elige una emoción negativa y otra positiva del cuadro anterior. En parejas, descríbelas a tu compañero sin nombrarlas. Tu compañero debe adivinar de qué emoción se trata y proporcionar posibles antónimos.

3. Pena, penita, pena

a Como en otras lenguas y culturas, en español se utilizan a menudo frases hechas e imágenes para expresar de manera más gráfica los sentimientos y las emociones. Fíjate en estas dos expresiones e intenta explicar su significado.

tener una espina clavada en el corazón

sentir vergüenza ajena

b A continuación, te presentamos una lista de metáforas relacionadas con las emociones. Léelas e intenta relacionar cada grupo con una emoción de las que aparecen en el recuadro.

enfado | **nerviosismo** | **desesperación** | **alegría** | **tristeza** | **impresión** | **vergüenza**

1. Estoy...
   que trino.
   a punto de explotar.
   que echo chispas.
   que muerdo.
2. Mi hermana está...
   mordiéndose las uñas.
   tirándose de los pelos.
3. Juan está...
   que se tira de los pelos.
   que se sube por las paredes. desesperación
4. Acaba de ponerse...
   de mil colores.
   como un tomate.
5. Estamos...
   más contentos que unas pascuas.
   que nos salimos.
6. Ana se quedó...
   helada.
   blanca.
7. Ángel está...
   de capa caída.
   llorando por los rincones.

c ¿Existen estas metáforas u otras parecidas en tu lengua?

d Observa cómo se expresan los sentimientos en estas frases. ¿Puedes cambiar las palabras que están en negrita por una de las metáforas anteriores?

1. Ha terminado con su novio y lleva una semana **que no para de llorar a todas horas**.
2. Es muy tímido, cada vez que tiene que hablar de cosas íntimas **se ruboriza**.
3. Cuando se enteró de la noticia del accidente **no podía ni hablar**.
4. Los cinco minutos antes de que el jurado dijera quién había ganado, **estaba nerviosísimo**.
5. Acabo de tener una reunión con gerencia y como siempre, ¡vaya desastre! Luego hablamos que ahora **estoy muy muy enfadado**.

e Describe a tu compañero una situación que hayas vivido donde hayas sentido alegría o tristeza, nerviosismo o calma, miedo o paz interior; luego él hará lo mismo.

4. Las emociones en la Historia

a Aquí tienes algunos fragmentos autobiográficos de las apasionadas vidas de tres mujeres carismáticas de la cultura hispana. Lee los textos y, con la ayuda de las fotos, intenta descubrir quiénes son sus protagonistas. ¿Sabes algo más de ellas?

1 *Terminé queriéndolo más que a mi propia vida. Su belleza y la fuerza de sus ojos cautivadores hacían que me sintiera la mujer más feliz del mundo. Tal era mi pasión por él que incluso llegué a tener celos del aire que respiraba. Acabé con la cabeza ida pero nunca supieron que fue por amor.*

2 *En mi vida tuve dos pasiones, el amor por mi marido y por mi país al que lloré tanto como él luego lloraría por mí. Hubo muchos que no soportaron que tuvieran la dignidad que se merecían y fue por ellos por los que luché hasta el día de mi muerte.*

3 *Aquel nefasto día cambió mi vida. Tras mucho tiempo inmovilizada no me quedó más remedio que proyectar todo lo que sentía (mi mundo interior agitado por la pasión política, por la pasión amorosa que me caracterizó, por el cariño de mi padre y la incomprensión de mi madre) en ese mundo irreal y fantástico morada de mis miedos y emociones.*

Juana la loca

Eva Perón

Frida Kahlo

Imperio Argentina

Laura Esquivel

Carmen Amaya

b Estas otras cinco expresiones populares tienen su origen en momentos remotos de la historia de España. ¿Qué tienen en común? ¿Te suena alguna? ¿Podrías explicarla?

1. Estar (alguien) en Babia.
2. Ser (algo) Jauja.
3. Poner una pica en Flandes.
4. (No) haber moros en la costa.
5. Irse por los cerros de Úbeda.

c Relaciona cada una de ellas con uno de los textos siguientes y subraya cuál es su significado actual.

1

Parece ser que en tiempos del rey Fernando III el Santo, cuando este se disponía a conquistar Úbeda arrebatándosela a los musulmanes, uno de sus capitanes desapareció antes de entrar en combate. Se presentó en la ciudad después de que esta fuera tomada (en el año 1234) diciendo que se había perdido por los cerros. Al principio, la frase fue tomada irónicamente por los cortesanos y soldados y se usaba como sinónimo de cobardía; después, su significado se amplió y suavizó, y ahora se usa para dar a entender que alguien se pierde al hablar en divagaciones innecesarias, se sale del argumento, cambia de conversación o responde a lo que se le pregunta con cosas que nada tienen que ver con la cuestión.

2

Jauja es una ciudad peruana fundada por Pizarro que se convirtió en una especie de mito de la placidez y la abundancia. Se decía que allí el clima curaba las enfermedades, que había toda clase de frutos imaginables y que los ríos eran de plata (en realidad se trataba de las vetas de este mineral que afloraban a la superficie). La expresión se emplea hoy en día para calificar todo aquello que aparentemente es abundante, próspero y fácil, pero que, en realidad, es solo ilusión y fantasía.

3

En tiempos de Felipe IV (1621-1665), al ejército español le era casi imposible alistar soldados para los Tercios de Flandes, sobre todo soldados de a pie (armados con una pica o lanza) que combatieran en primera línea. Esto se debía, entre otras cosas, al hecho de que, para evitar atravesar Francia, debían recorrer un largo y complicado camino hasta llegar a Flandes. Hoy, esta expresión significa concluir con éxito una empresa complicada y, en general, se usa cuando algo resulta muy difícil de lograr.

4

Actualmente, equivale a estar despistado o a estar pensando en otra cosa. La comarca leonesa de Babia era el lugar al que iban los reyes de León a descansar y a cazar. En aquella época, cuando el rey era requerido por algún asunto de Estado, los cortesanos contestaban: "el rey está en Babia", dando a entender que no quería saber nada de la corte.

5

Popularizaron esta expresión las milicias que se dedicaban a vigilar y a frenar los ataques de los piratas berberiscos. Equivalía a decir que había o que no había peligro. Hoy en día, se usa para señalar si hay (o no) alguna persona no deseada en el lugar donde nos encontramos.

Radio Ventolera

a Radio Ventolera ha entrevistado a tres extranjeros que están actualmente viviendo en España. Escucha lo que nos cuentan y rellena el cuadro.

NOMBRE	NACIONALIDAD	EN ESPAÑA DESDE...	SE VA A QUEDAR HASTA...

b Ahora, responde a estas preguntas.

1. ¿Te parece que están adaptándose bien a la vida en España?
2. ¿Qué te parecen sus afirmaciones sobre lo que les gusta y lo que no les gusta de la vida en España? ¿Interesantes? ¿Crees que son sinceros?
3. ¿De qué sentimientos hablan? ¿De qué sensaciones?

Taller de escritura

a ¿Has vivido alguna vez fuera de tu país? ¿Cómo te sentiste? Escribe un breve texto explicando tu experiencia. No escribas tu nombre.

b El profesor recogerá todas las redacciones y las repartirá a personas distintas. Trata de adivinar a qué persona pertenece la hoja que has recibido.

Todo bajo control

a **Completa este texto sobre la esperanza, adaptado de P. Valera, con las palabras que tienes más abajo.**

LA ESPERANZA

Cuenta la mitología griega que Pandora, desoyendo el consejo de Prometeo, abrió la [1]________ que le había regalado Júpiter. Al hacerlo, salieron de su interior todos los [2]________ que pueden afligir a los humanos y se propagaron por la tierra. Horrorizada, Pandora cerró la caja, pero era tarde y solo se quedó dentro la [3]________, que se conservó para siempre". Este mito viene a decir lo mismo que un conocido refrán español "la esperanza es lo último que se [4]________". Podríamos definirla como "[5]________ a lo peor, pero [6]________ de lo mejor"; pero ¿es siempre así? ¿Se vincula siempre a connotaciones negativas? La verdad es que esta emoción es un tanto confusa, parece más un modo de manejar las cosas que un sentimiento.

Lo que la alimenta es la [7]________. Si todas las opciones, negativas o positivas, se descartaran, se desvanecería y aparecerían otras emociones, pero mientras no suceda, es un [8]________ ardiendo al que aferrarse. Aunque suele surgir del deseo de que no aparezcan los males imaginados (*¡Que no me expulsen del trabajo!*) también aparece cuando tenemos anhelos positivos (*¡Que hoy me diga que le gusto!*).

Todos hacemos anticipaciones deseables sobre el hecho de que las alegrías van a verificarse y las penas a [9]________. Esta es la faceta más brillante de la esperanza, la que genera las ganas de vivir y la alegría. Los optimistas son así, [10]________, ven el mundo con benevolencia. Esperanza no es lo mismo que optimismo pero no podemos ser optimistas si nos faltara aquella. Muchas veces es una emoción que tiene en cuenta la razón. Así, ante la adversidad, se tiene esperanza en el trabajo de los médicos, en los equipos de rescate, en las reacciones del organismo a la enfermedad, en la eficacia policial, en la justicia, en que alguien cambie su actitud, en la solidaridad con uno mismo.

Pilar Valera (Muy Especial)

esperanza clavo desaparecer caja temor males
anhelo incertidumbre esperanzados pierde

b ¿Te sientes "superior"?

1. **La palabra "morriña" es de origen...**
   a. ruso. **b.** catalán.
   c. vasco. **d.** gallego.

2. **La tristeza es como una espina .... en el corazón.**
   a. apuesta **b.** hundida
   c. clavada **d.** constatada

3. **¿Cuál de estas palabras es sinónimo de aburrimiento?**
   a. nostalgia. **b.** ansiedad.
   c. hastío. **d.** deseo.

4. **¿Qué significa "estoy que trino"?**
   a. Que canto bien. **b.** Que estoy contento.
   c. Que hago gárgaras. **d.** Que estoy enfadado.

5. **¡Uf! Lo hemos pasado fatal. Conseguir el contrato de distribución ha sido como...**
   a. ser en Jauja. **b.** poner una pica en Flandes
   c. estar en Babia. **d.** irse por los cerrros de Úbeda.

6. **Las emociones básicas de los humanos son...**
   a. miedo, alegría, tristeza, sorpresa, asco y furia.
   b. miedo, tristeza, asco, vergüenza, alegría y furia.
   c. alegría, tristeza, asco, desprecio, miedo y furia.
   d. asco, enfado, alegría, miedo, tristeza y furia.

7. **Cuando alguien está muy triste e inconsolable decimos que está...**
   a. barriendo los rincones.
   b. llorando por los rincones.
   c. subiéndose por los rincones.
   d. escondido por los rincones.

8. **Juana la Loca acabó sus días con...**
   a. la cabeza comida. **b.** la cabeza ida.
   c. la cabeza perdida. **d.** la cabeza dolorida.

9. **Cuando tienes vergüenza de otro, tienes vergüenza...**
   a. lejana. **b.** añeja.
   c. secundaria. **d.** ajena.

10. **La esperanza es lo último que uno...**
    a. pierda. **b.** perde.
    c. pierde. **d.** pirde.

c ?Poblemas¿

1. Me dan pena la historia de Juana la loca.
2. Después de oír sus explicaciones la pobre se quedó congelada.
3. Estuvo más de 30 minutos aparcando; cuando llegó a la cena estaba que muerde.
4. Hijo mío, mientras haiga esperanza, esta nunca se pierde.
5. Si tendría que asignar una emoción a mi país, esta sería la culpabilidad.
6. Después de la separación, el pobre va por ahí con la cabeza como fugada.
7. Y se puso a bailar en la barra, así puesto que me fui muerto de vergüenza.
8. Estaba tan enfadado con su casero, que estaba que se subía de las paredes.
9. Le pregunté si le gustaría que fuéramos a cenar una noche de estas y se puso de cien colores.
10. Se tiró mucho bastante de los pelos cuando se enteró de que había tocado la lotería en el barrio.

SESIÓN 3.3

Fiestas: lo sagrado y lo profano

Escenario

La religión católica, tan presente en la vida cotidiana de Hispanoamérica y España, se refleja tanto en lo sociocultural (nombres, estructura familiar, arte, fiestas…) como en la lengua.

1. Es fácil oír con frecuencia invocaciones como:

   ¡Adiós!
   Dios dirá.
   Si Dios quiere.
   Dios me perdone.
   ¡Dios mío!
   Dios te lo pague.
   Dios te bendiga.
   Dios te oiga.

   ¿En qué situaciones de comunicación creéis que suelen usarse?

2. La tradición cristiana se sustenta, por un lado, en los protagonistas de la Historia sagrada (Jesús, José, la Virgen, el Demonio…) y, por otro, en las fiestas y festividades, que representan una gran riqueza cultural con su enorme diversidad. Pensad en estas tres celebraciones del calendario católico:

   – el Día de Todos los Santos y Difuntos (1 de noviembre)
   – la Semana Santa
   – la Noche de San Juan (24 de junio)

3. ¿Se celebran de alguna manera en tu país? ¿Sabes cómo se celebran en España, México, Argentina o algún otro país hispano? ¿Qué origen te parece que tienen estas fiestas?

Objetivos

En esta unidad vamos a analizar algunos aspectos culturales y lingüísticos relacionados con la religión, aspectos que reflejan la visión del mundo propia de una cultura y que tienen también expresión en sus fiestas. De ese modo, los alumnos ampliarán sus conocimientos y podrán actuar de forma coherente tanto desde el punto de vista lingüístico como desde el sociocultural.

1. Hablar en cristiano

a A veces, popularmente, se le pide a alguien que hable "en cristiano" cuando no se comprende al interlocutor o cuando este habla en un registro muy especializado. Lee estas otras expresiones. ¿Cuál es el origen de la mayoría? ¿Conoces el significado de alguna de ellas?

Vivir en el quinto infierno
¡Virgen Santa!
Hacer un pacto con el Diablo
Angelical
¡Que Santa Lucía te conserve la vista!
Santa Rita, Rita Rita, lo que se da no se quita
Por esos mundos de Dios
Dios aprieta pero no ahoga
Pasar un ángel
Dar el santo y seña
Donde Cristo dio las tres voces
Llorar como una Magdalena
Ir hecho un Ecce Homo
Vivir un calvario
Desangelado
Por los clavos de Cristo
Más bonito que un San Luis
Llevar la cruz a cuestas
Llegar y besar el santo
Una y no más, Santo Tomás
Estar como unas Pascuas
Aparecérsele a alguien la Virgen
Desnudar a un santo para vestir a otro
Ser más falso que Judas
En un santiamén
De Pascuas a Ramos
Ser un pobre diablo
Tener manos de santo
Lavarse las manos como Pilatos

b Vuelve a leer las expresiones y clasifícalas, en la medida de lo posible, en las siguientes categorías.

EL ESPACIO

LA VIRGEN

EL TIEMPO

LOS ÁNGELES

LOS SANTOS

DIOS

EL DIABLO

c Entre todos, y con la ayuda de vuestro profesor, discutid lo que pueden significar.

2. Ande, ande, ande, la Marimorena

a Para los españoles, oír la frase del título es pensar automáticamente en la Navidad. ¿Sabes cómo continúa?

b ¿Conoces las señas de identidad de la Navidad española? Contesta a las siguientes preguntas.

1. *La estrella de ________*
   ¿Cuál era su función?

2. *¿A quiénes pertenecen estas tres coronas? ¿Sabes cómo se llaman sus dueños? ¿Puedes describirlos?*

3. *¿Quiénes viven en esta casita? ¿Qué tradición se relaciona con ella?*

4. *¿Cómo se llama este instrumento musical tan típico de las Navidades españolas? ¿De qué materiales está hecho? ¿Sabes cómo funciona?*

5. *Las fechas más señaladas de las fiestas navideñas: ¿qué se celebra? ¿Qué cosas se suelen hacer en cada uno de estos días?*

22 diciembre	28 diciembre
24 diciembre	1 enero
25 diciembre	6 enero

6. *Otra corona, pero esta... ¿de quién puede ser?*

3. Navidad, Navidades

a En parejas, contestad a estas preguntas sobre cómo celebráis las Navidades (u otra fiesta religiosa típica de vuestra cultura). Luego, podéis escribir un pequeño artículo explicando a un lector español las características de esta fiesta en vuestro país.

1. ¿Cantáis canciones típicas? ¿Cuál es la primera frase de la más conocida de esas canciones? Si es posible, traducidla al español.
2. ¿Cuáles son las señas de identidad, los elementos característicos de la Navidad (o de la fiesta que habéis elegido) en vuestro país?
3. ¿Hay aspectos que hayáis adoptado de otras culturas?

b Estos son fragmentos de tres villancicos: canciones populares de Navidad que se cantan en España. ¿Los entiendes? ¿Puedes explicarlos? Tranquilo: ¡no son fáciles!

Hacia Belén

Hacia Belén va una burra, rin, rin.
Yo me remendaba, yo me remendé,
yo me eché un remiendo, yo me lo quité.
Cargada de chocolate,
lleva su chocolatera, rin, rin.
Yo me remendaba, yo me remendé,
yo me eché un remiendo, yo me lo quité
...

Los peces en el río

Pero mira cómo beben
los peces en el río,
pero miran cómo beben
por ver a Dios nacido.
Beben y beben
y vuelven a beber
los peces en el río
por ver a Dios nacer.

La Marimorena

Ande, ande, ande, la Marimorena,
ande, ande, ande, que es la
Nochebuena.
En el portal de Belén,
hay estrellas, sol y luna:
la Virgen y San José
y el Niño que está en la cuna.

4. La Nochevieja en el mundo

a Fin de Año y Año Nuevo son fiestas que suelen celebrarse en todos los países, pero de forma distinta atendiendo a tradiciones paganas y a hechos religiosos. Lee estos textos sobre cómo se celebra la llegada del nuevo año en culturas de tradición no católica: ¿tienen algo en común?

COREA

Los coreanos suelen felicitar el "Solnal" o primer día de la primera luna del año nuevo con la fórmula "Seh heh bok mani bat uh seyo". Según la leyenda, quien se queda dormido esa noche amanece con las cejas blancas, así que todo el país permanece despierto y con las luces encendidas para pasar la noche en vela. Al día siguiente, limpian la casa y queman ramas de bambú para ahuyentar los malos espíritus.

TAILANDIA

"Sawatdii pimaï" es la felicitación típica del "Sagkran" o Año Nuevo, que dura tres días (del 13 al 15 de abril). La gente se lanza cubos de agua unos a los otros con el deseo de atraer las lluvias abundantes. También se lavan las imágenes de Buda para atraer la suerte. Con el mismo fin, se liberan pájaros enjaulados y se sueltan en los ríos del país peces criados en peceras.

INDIA

En este país, se felicita el "Dawli" o fiesta de la Luz con la fórmula "Nau varsh ki subhkamna". Esta fiesta tiene lugar entre octubre y noviembre y dura cinco días. La luz es el elemento principal de esta celebración, por lo que se encienden miles de lamparitas de aceite para decorar casas, templos, jardines y terrazas como representación de la victoria del bien sobre el mal.

b La fórmula que se usa en el mundo hispano para felicitar el año entrante es ¡Feliz Año Nuevo! ¿Alguien de la clase ha pasado un fin de año en España o en otro lugar de habla española? ¿Cómo fue la celebración?

c Estas personas de diferentes lugares de América Latina nos relatan las costumbres típicas de su país el último día del año. Pero ojo: uno ha olvidado las preposiciones; otro, los artículos y el último, algunas palabras. Completa los textos.

La tradición manda despedir el año ___ fuego. ___ un lado, la pirotecnia y ___ el otro, los muñecos ___ tela y papel que se construyen ___ quemarlos. Se trata de un rito purificador ___ deshacerse ___ todo lo malo que trajo el año anterior.

Luciana
(Argentina)

Sebastián
(Colombia)

Los ___ se divierten esta noche hasta altas horas de la ___. Hay muchas tradiciones ___, como barrer la casa esa noche para que el nuevo año ___ suerte; pasearse con una maleta para favorecer los viajes durante el año que comienza o llevar ___ interior roja para hallar el ___.

Alejandro
(México)

___ protagonistas son ___ "agüeros"; es decir, recetas populares para cargar ___ pilas con energía positiva para ___ año que empieza. Los hay para todos ___ gustos: recibir ___ media noche de pie para tener buena salud, dar un portazo cuando suenan ___ doce para alejar ___ malos espíritus; besar a ___ persona del sexo opuesto para tener buena fortuna…"

5. Pesadilla de Navidad

a Lee esta historia de Navidad protagonizada por Nachito Pérez, un niño muy peculiar. ¿Cuál de las dos versiones de carta a los Reyes te parece mejor? ¿Cuál te parece más típica?

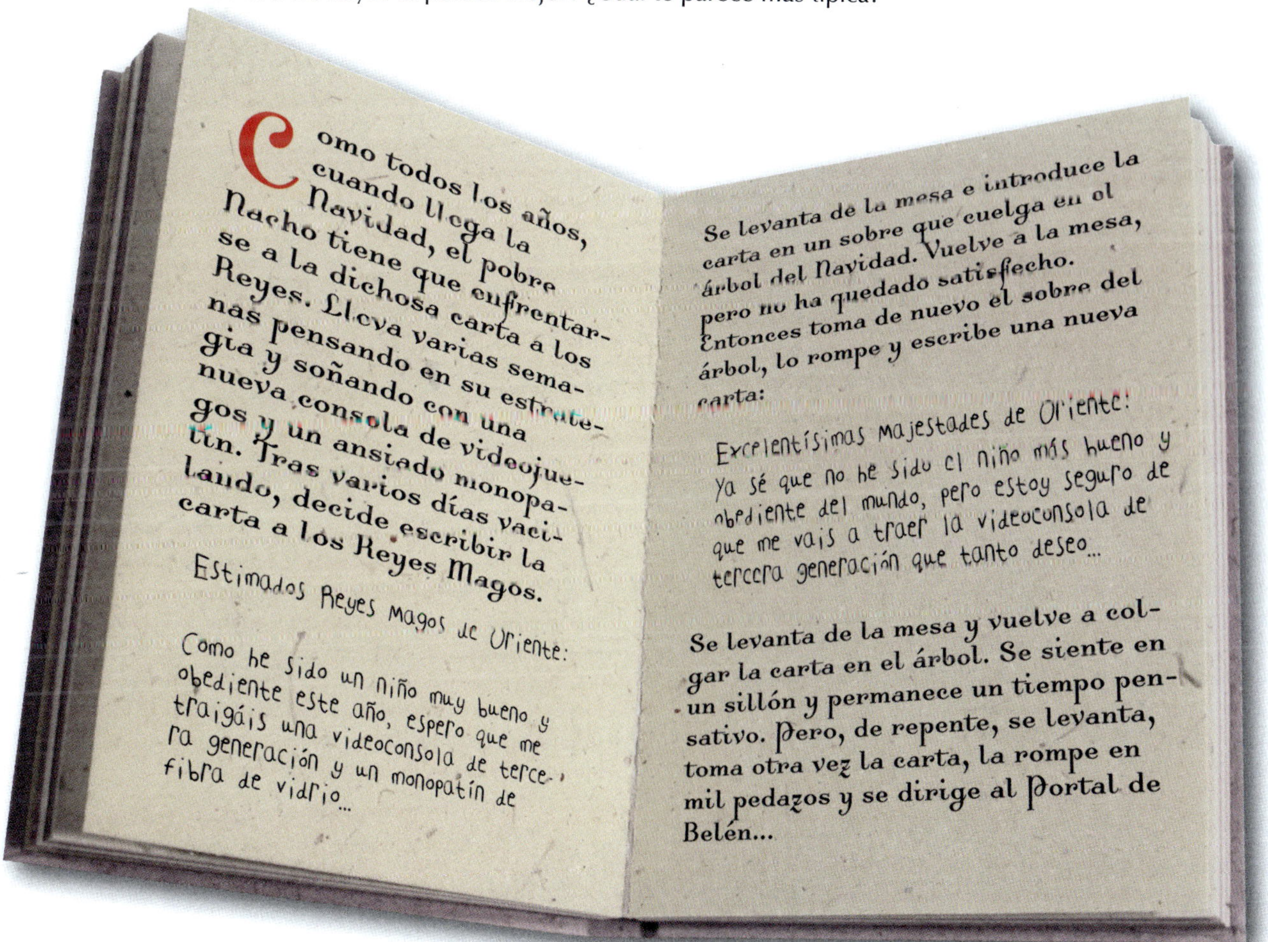

b ¿Qué escribirá Nacho a los Reyes en esta tercera carta? Piénsalo con tu compañero. Juntos, intentad encontrar un final para esta historia (¡tened en cuenta el título de la actividad!).

Radio Ventolera

a Vas a oír a dos personas que participan por teléfono en un programa nocturno de Radio Ventolera. Los participantes hablan de su ciudad, pero no pueden decir el nombre. Lo único en lo que coinciden estas ciudades ocultas es que tienen un nombre de santo o de santa, como por ejemplo San Juan de Costa Rica o San Francisco. Pero antes de escuchar la audición, intenta descubrir el nombre de las dos ciudades ayudándote de la información que tienes en el cuadro siguiente. Luego podrás anotar en él las otras informaciones que escucharás.

	Nombre de la ciudad
1. En esta ciudad vasca se celebra un conocido festival de cine.	
2. No está en la costa, pero su país está bañado por un océano y por un mar muy conocido.	Santiago de...

b Ahora, en grupos, podéis hacer descripciones parecidas de otras ciudades "ocultas". Vuestros compañeros deberán adivinar su nombre.

Taller de escritura

FIESTAS Y DULCES

Los dulces son un elemento característico de muchas fiestas y tradiciones en diversas culturas. En España, las tradiciones vinculadas a estos alimentos están muy arraigadas, parece ser que desde la Edad Media.

Los conventos, especialmente los de monjas, mantuvieron las recetas de los dulces tradicionales durante siglos, con métodos de producción que posteriormente desarrollaron confiteros y pequeñas empresas familiares, famosas hoy en día en muchos países.

Probablemente habrás oído alguna vez hablar de mantecados, polvorones, alfajores, turrones y mazapanes. Pues bien, sobre estos últimos podríamos decir que la primera noticia que tenemos de ellos aparece en *Las mil y una noches*, donde se citan como manjar para soportar el ayuno del ramadán y como afrodisíaco. En España, los secretos de su elaboración fueron guardados por las monjas del convento de San Clemente de Toledo, lugar donde todavía se conservan los moldes más antiguos.

¿Cómo son los dulces típicos de las fiestas de tu país? Descríbelos y, si la conoces, escribe la receta para elaborarlos. Aquí tienes la receta del mazapán, que puedes usar como modelo (¡o para hacer estos antiquísimos dulces en tu casa!).

Ingredientes
250 gramos de almendras crudas
250 gramos de azúcar glas
1 yema de huevo
1 clara de huevo

Elaboración
Machacar las almendras en un mortero hasta conseguir que estén muy molidas. Colocarlas en un recipiente con el azúcar glas y una clara de huevo. Después, procederemos a mezclarlo todo y terminaremos de amasar cuando hayamos conseguido una pasta homogénea. Luego, hay que dejar reposar la masa en un sitio fresco durante unas horas y, cuando se vaya a utilizar, se espolvorea por encima azúcar glas, se amasa otra vez y se le da la forma deseada. Para las figuritas podemos adquirir moldes diferentes y, una vez obtenida la figura, pintarla con yema de huevo usando un pincel. Finalmente, se colocan las figuritas de mazapán en una bandeja y se meten en el horno. Retirar cuando estén doradas.

Todo bajo control

a Explica el significado de las siguientes expresiones. Utiliza el diccionario si es necesario.

1. Vivir en el quinto infierno.
2. Dios los cría y ellos se juntan.
3. ¡Virgen santa!
4. Hacer un pacto con el diablo.
5. Ser angelical.
6. Dios aprieta pero no ahoga.
7. Llorar como una Magdalena.
8. Pasar por un calvario.
9. Ser más falso que Judas.
10. Pasar algo de Pascuas a Ramos.
11. Ser un pobre diablo.
12. Tener mano de santo.
13. Lavarse las manos (como Pilatos).

b ¿Te sientes "superior"?

1. **El instrumento musical típico en las Navidades españolas se llama...**
   a. zampoña.
   b. zambomba.
   c. rimbomba.
   d. zambota.

2. **¿Qué tiene que conservarte Santa Lucía?**
   a. El oído. b. El tacto.
   c. La vista d. El gusto.

3. **La noche de San Juan coincide con...**
   a. el equinoccio de primavera.
   b. el solsticio de invierno.
   c. el solsticio de verano.
   d. el equinoccio de verano.

4. **¿Qué celebramos los españoles cada 28 de diciembre?**
   a. El sorteo de lotería.
   b. El día de los Santos Inocentes.
   c. El día de los Reyes Magos.
   d. El Año Nuevo.

5. **"Anda, anda, no prometas tanto que eres más falso que..."**
   a. San Pedro. b. San Luis.
   c. Pilatos. d. Judas.

6. **Las canciones típicas de Navidad en España se llaman...**
   a. villaricos. b. villanitos.
   c. villancicos. d. vilancicos.

7. **La fórmula de tratamiento usada para referirse a los Reyes Magos es...**
   a. Señores. b. Señorías.
   c. Majestades. d. Ilustrísimas.

8. **Si tienes un golpe de suerte inesperado es que se te ha aparecido....**
   a. el Niño Jesús b. el ángel de la guarda
   c. la Virgen d. el apóstol Santiago

9. **Cuando alguien te dice que hables en cristiano te está pidiendo que hables...**
   a. en castellano perfecto.
   b. con invocaciones religiosas.
   c. más alto.
   d. hables más claro, de manera menos compleja.

10. **Otra tradición navideña muy arraigada en España es...**
    a. la casita de Belén. b. el portal de Belén.
    c. el castillo de Belén. d. el huerto de Belén.

c ?Poblemas¿

1. Cada vez que viene su novia, es un Pascua, ¡vaya cambio que da!
2. El cristianismo es una religión que están siguiendo casi unos 1800 millones de fieles.
3. En los países cristianos todo el día corresponde a un santo del santoral.
4. Las mazapanes son hechas con almendras.
5. Tengo una nueva sobrinita que es bonita tanto como un San Luis.
6. No sabía que contestar pero me apareció la Virgen.
7. Que sepas que he venido porque está cerca, no lo habría hecho si vivirías en el quinto infierno.
8. ¡Qué lejos está el dichoso restaurante! Está en donde Cristo gritó las tres voces.
9. Al final dijo que no podía ayudarme y lavó sus manos como Pilatos.
10. Jesucristo se murió en la cruz para redimirnos de los pecados.

SESIÓN 3.4
Al-Andalus

Escenario

Lee este texto sobre el Islam en la Península Ibérica. Pero presta atención: hay tres datos falsos que debes descubrir. Puedes ayudarte de estas pistas: época, préstamo lingüístico, zona geográfica... Después, entre todos, tendréis que discutir cuáles son. Prepara tus argumentos.

Al-Andalus. En la Edad Media, tuvo lugar en la Península Ibérica un hecho histórico que la diferencia del resto del continente europeo: la llegada del islam. Desde el siglo VIII hasta el XVI, una parte de la Península –variable en dimensiones pero siempre importante– estuvo integrada en la cultura islámica. En esos territorios, la mayoría de los habitantes eran musulmanes (árabes y beréberes del norte de África que tenían el árabe como lengua), pero también había europeos cristianos y judíos. El país se denominó Andalucía; su final supuso la salida del islam de Europa Occidental y la culminación de un largo periodo de guerras entre reinos cristianos e islámicos conocido como la Reconquista.

En Al-Andalus, como en otras regiones del mundo islámico, se establecieron la religión y la cultura musulmanas, pero este fenómeno se produjo sobre los sustratos culturales cristianos preexistentes. Los puntos de fusión entre los ámbitos culturales cristiano e islámico son diversos y muy ricos, y se reflejan en islamismos de la lengua castellana, en canciones mestizas como las jarchas, en el arte mudéjar y en los legados gastronómico y científico, entre otros.

Objetivos

El objetivo de esta unidad es acercarnos al pasado islámico de la Península Ibérica y empezar a conocer así este período de la historia española, más allá de consideraciones políticas o del interés turístico del legado árabe.

1. Claves para entender Al-Andalus

a En cada definición faltan las consonantes. Intenta completarlas.

1. **Es cómo llamaron los romanos a la Península Ibérica:**
   __ __ A __ I A
2. **Y así, los judíos que se establecieron en época romana:**
   __ E __ A __ A __
3. **Y de esta forma, los nuevos conquistadores musulmanes:**
   A__-A __ __ A __ U __

b Ahora, comprueba tus respuestas leyendo este texto sobre la historia de España. ¿Qué cosas te parecen más sorprendentes?

Mucho se ha discutido sobre el origen del nombre Al-Andalus. Esta denominación apareció por primera vez cinco años después de la conquista, en una moneda bilingüe que tenía dos inscripciones: una latina con la palabra *Spania*, y una árabe con el nombre *Al-Andalus*.

Actualmente, la etimología más aceptada es la que considera que se trata de una arabización del nombre visigodo de la provincia romana de la Bética. Los visigodos, al igual que sus antecesores germánicos, se repartían las tierras conquistadas mediante sorteos. Según esta teoría, la designación goda *Landahlauts* (tierra de sorteo) se transformó en *Landa-hloz* (tierra de lotes, de herencia o suertes), que para los oídos árabes sonaría como "Al-Andalus", mientras la población judía continuó usando la palabra hebrea *Sefarad*.

Una de las claves para entender la historia de Al-Andalus es que los trasvases interculturales se dieron en la literatura, las artes, las ciencias y en aspectos de la vida cotidiana, mientras que las estructuras sociales e ideológicas de las diferentes etnias y grupos religiosos se influyeron mutuamente mucho menos.

(Fuente: P. Guichard, *La España Musulmana*)

2. Arabismos en español

ARABISMOS

La presencia árabe en la Península Ibérica ha dejado muchos vestigios en la cultura española, como se percibe en los préstamos lingüísticos: más del 20 % del léxico español proviene del árabe, es decir, alrededor de 4000 palabras, de las cuales la mayoría son sustantivos, si bien hay algunos adjetivos y unos pocos verbos. El 65 % de los arabismos se introdujeron en el español entre los siglos XIII y XVI y una buena parte de ellos empieza por la vocal **a**, debido a que esta es la letra por la que comienza el artículo en árabe.

Al-Muhadda (la mejilla)	almohada
Al-Buhaira (el lago)	albufera
Al-Qubba (la cámara cerrada)	alcoba
Al-Hazena (el armario)	alacena
Al-Birka (el estanque)	alberca
Al-Qadi (el juez)	alcalde
Al-Qaid (el capitán)	alcaide
Al-Amir (el jefe)	almirante
Al-haja (la joya)	alhaja

Las palabras marcadas en negrita en las siguientes frases son de origen árabe. Intenta reescribirlas usando sinónimos o definiciones, como en el ejemplo (quizás sea un buen momento para usar el diccionario).

1. Junto a la **alberca** había **alhelíes**, **azucenas**, **jazmines** y **amapolas**, por eso se sentía aquel **perfume** en la **alcoba**.
   Junto al depósito de agua para el riego había muchos tipos de flores y por eso olía tan bien el dormitorio.
2. Tengo una **jaqueca** horrible, por favor tráeme una aspirina del **anaquel** de la **alacena**.
3. Gracia es una mujer de **alcurnia**, tiene el pelo de color **azafrán** y los ojos negros como el **azabache**.
4. Guadalupe ha roto la **alcancía** para hacer un curso de submarinismo en el **Guadalquivir**.
5. Aurelio preparó para la fiesta **albóndigas**, una ensalada de tomate con **albahaca** y **aceite** y, de postre, unas frutas en **almíbar**.

3. Personajes de la sociedad andalusí

a En Al-Andalus se forjó una sociedad multiétnica y multirreligiosa en la que convivieron musulmanes (árabes de origen oriental y beréberes norteafricanos), judíos y mozárabes (cristianos que vivían en la parte islámica de la península). Para saber más sobre este período os proponemos leer estos cuatro textos sobre algunas personalidades de los principales grupos que formaron esta sociedad.

Judíos andalusíes

Maimonides (1135-1204)
Nació en Córdoba y se instaló de forma definitiva en el Cairo, donde fue médico del sultán Saladino. Es la gran personalidad judía de la Edad Media. Destacó en astronomía, terreno en el que escribió el *Tratado sobre el calendario judío* (1158). Escribió también sobre filosofía (*Guía de los descarriados* de 1190) y medicina (*Tratado sobre el asma*, de 1190, y *Sobre el coito*, de 1191). Sus obras, escritas en árabe, fueron traducidas al hebreo por Ben Tibbón (1230) y al latín por Edward Pococke (1691), profesor de árabe de la Universidad de Oxford.

Abraham Zacuto (1450-1522?)
Nació en Salamanca, donde estudió medicina, astrología y matemáticas. Ocupó la cátedra de astronomía en la universidad de esta ciudad. En 1492, debido al decreto de expulsión, buscó refugio en Portugal, donde en 1497 colaboró, gracias a sus conocimientos astronómicos y náuticos, con la expedición de Vasco de Gama, a quien proporcionó un astrolabio. Entre sus obras destacan *Compilación magna* (1478) y *Almanaque perpetuo* (1496).

Ibn Nagrella (993-1056)
Nació en Córdoba pero vivió casi siempre en Granada. Ejerció actividades literarias, diplomáticas y militares como ministro de los reyes de esta ciudad. Destacó como especialista en filosofía griega, matemáticas y astronomía y fue mecenas de sabios y poetas. Las tertulias de su palacio, junto a la alcazaba de lo que después será la Alhambra, fueron famosas en el siglo XI. De este palacio queda un único vestigio: la famosa fuente de los leones, que podrían ser en realidad los doce toros que se mencionan en *El libro de los Reyes*, sobre el trono de Salomón.

Beréberes

Abd Allah (1075-1090)
Último rey de la dinastía zirí de Granada, accedió al trono muy joven. Durante su reinado tuvo que enfrentarse a los deseos de Al-Mutamid, rey de Sevilla, de anexionar Granada a su reino y a las pretensiones por parte de Castilla (en época de Alfonso VI), lo que le obligó a mantener costosas guerras con el primero y a pagar altos impuestos al segundo. Ante el avance cristiano, tuvo que pedir ayuda a los Almorávides. Terminó sus días exiliado en Agamat (Marruecos) y su reino pasó a formar parte del de los Almorávides, que establecieron su capital en Granada.

Tariq Ibn Ziyad (?-720)
Lugarteniente de Musa, gobernador de Qairawán, fue quien inauguró la conquista de la península en el año 711. Desembarcó con unos 7000 hombres, en su mayoría beréberes, en la costa de Gibraltar. Gracias a que su ejército estaba formado por jinetes, a la existencia de calzadas romanas que unían las principales ciudades de la Península y a la débil resistencia que presentaron hispanorromanos y judíos, se adueñó de Toledo en menos de un año. Allí tuvo que esperar la llegada de Musa, que desembarcó con unos 12 000 hombres, en su mayoría árabes, para completar la conquista de Hispania.

Yusuf Ibn Tachfin (1009-1106)
Este emir almorávid fundó en el año 1070 la ciudad de Marrakech. En 1085, el rey Alfonso VI de Castilla conquistó Toledo, la antigua capital visigoda, que nunca más volvería a ser islámica. Ante este avance, que dejaba al descubierto el valle del Guadalquivir, fue llamado a la guerra santa por los reyes de Badajoz, Sevilla y Granada y derrotó al ejército castellano en Zallaqa (cerca de Badajoz); se apoderó así de Al-Andalus, de modo que este territorio quedó integrado en su imperio.

Árabes

Ziryab (788-852)
El emir Abd Arahmán II fundó el primer conservatorio de música de Córdoba. En el año 822 llegó a su corte, procedente de Bagdad, el músico y poeta Ziryab (el pájaro negro) que introdujo en las escuelas musicales de Al-Andalus el sistema arábigo pérsico de pentagramas. Se dice que sabía de memoria las letras y melodías de 10 000 canciones. Dio a conocer en Córdoba el laúd, al que añadió una quinta cuerda, lo que mejoró su musicalidad. Sus ritmos y sonidos pasarían en siglos posteriores a América con los moriscos y se transformaron en danzas como la zamba y la milonga en Argentina, y la guajira y el danzón en Cuba.

Wallada (994-1091)
Princesa cordobesa de la familia real Omeya, fue una de las principales poetisas de Al-Andalus. Tras la muerte de su padre y con la herencia que obtuvo, abrió un palacio y un salón literario en Córdoba, donde ofrecía a las hijas de la aristocracia una educación esmerada y donde también instruía a las esclavas en poesía, canto, música y en el arte del amor. Pronto llegó a ser una mujer culta, rica y escandalosa, que se paseba por la calle sin velo y a la moda de los harenes de Bagdad. Murió a la edad de 80 años sin haberse casado.

Al-Mutamid (1126-1198)
Rey de la dinastía Abbadí de Sevilla, gobernó durante veintidós años, durante los cuales expandió sus territorios. Pero sus enfrentamientos con los reyes de Toledo y Granada le hicieron depender de Alfonso VI de Castilla, al que tuvo que pagar tributos y rendir vasallaje. Fue un gran poeta y creó una brillante corte literaria, en la que llevaba una vida de lujo con su favorita Rumaikiya. Estos años esplendorosos contrastan con el trágico final de su vida, resumido en la célebre frase que se le atribuye: "Prefiero cuidar camellos en África que cerdos en Castilla".

Mozárabes

Omar Ibn Hafsun (?-917)
Caudillo muladí, en el año 880 se instaló con un grupo de bandoleros en Bobastro y se sublevó contra el emir de Córdoba agrupando en torno suyo a los descontentos de la zona, poblada por muladíes (descendientes de hispanorromanos convertidos al Islam en el S.VIII) y beréberes. Fue uno de los personajes más mitificados de la historia de Al-Andalus. Nació en una acomodada familia de la región de Málaga, pero tuvo que refugiarse en las montañas por culpa de un asesinato. Aprovechando las revueltas que estallaban por todo el país, se hizo cabecilla de una de ellas y, desde su castillo, se alzó como defensor de los indígenas ante la opresión de los árabes. Renegó del islam y volvió al cristianismo de sus antepasados.

Zaida / Isabel de Castilla (1066-1120)
Era hija de Al-Mutamid, rey de Sevilla. Siendo muy joven (1078) fue prometida en matrimonio al rey Don Alfonso VI de Castilla y León, con lo que su padre se aseguró la amistad de este, que había adoptado el papel de mediador entre musulmanes y cristianos que antaño habían desempeñado los califas de Córdoba. El rey castellano se había desposado antes con varias damas castellanas pero, al no tener descendencia masculina, optó por casarse con Zaida, que le dio un hijo varón, el Infante Don Sancho.

Alfonso X El Sabio (1221-1284)
Nació en Toledo y pronto sobresalió más en su faceta literaria que en la política, ya que su producción representa una de las cimas culturales de la Edad Media europea. Su figura no podemos apartarla de la escuela de traductores de Toledo que, gracias a su impulso, pasó a denominarse escuela Alfonsina. Esta se convirtió en el primer centro europeo de investigación científica y literaria y en él se agruparon numerosos sabios, que fundieron las tradiciones culturales hebrea, clásica y cristiana y vertieron sus principales obras al castellano.

b Ahora, os proponemos un juego. Tenéis que formar grupos de cuatro. Leed bien las instrucciones.

1. Un miembro de cada grupo elige entre judíos andalusíes, beréberes, árabes y mozárabes.
2. Cada jugador coge una hoja de papel y la divide en seis partes, para hacer seis tarjetas.
3. Lee detenidamente el contenido del texto de tu grupo social.
4. Escribe seis preguntas de comprensión sobre el grupo que hayas elegido, una en cada tarjeta:
   - 3 preguntas de dificultad baja (1 punto por respuesta acertada)
   - 2 preguntas de dificultad media (2 puntos por respuesta acertada)
   - 1 pregunta de dificultad alta (3 puntos por respuesta acertada)
5. Cada jugador lee los textos de los otros grupos sociales que no haya elegido como propio.

c Las cuatro personas del grupo sitúan sus tarjetas boca abajo en un mismo montón, revueltas. El juego comienza y el primer estudiante lee una pregunta. Si un contrincante acierta, gana los puntos que indica la tarjeta; si nadie acierta, la pone al final del montón y pasa el turno al siguiente jugador.

Radio Ventolera

Radio Ventolera ha retransmitido una conferencia pronunciada por un especialista en historia de Al-Andalus. Estas son las notas que un estudiante ha tomado durante la conferencia. Escucha tú ahora los fragmentos más importantes de la conferencia y corrige los datos erróneos. Si quieres, puedes escribir la definición correcta de cada denominación.

	MUSULMANES (misma religión y distintas etnias)
1	MULADÍES
2	MUDÉJARES / MORISCOS
3	ÁRABES

NO MUSULMANES (distintas etnias y distinta religión)
DIMMÍES (Judíos)
BERÉBERES

↓

A partir del siglo XIII	MOZÁRABES

Taller de escritura

¿Cuáles son las claves para entender tu país? Escribe un texto que fotocopiarás para toda la clase. En él, deberás informar sobre la etimología de su nombre, tratar aspectos culturales relevantes, describir la estructuración de la sociedad y hablar sobre algún personaje famoso. Después, deberás contestar a las posibles preguntas de tus compañeros.

Todo bajo control

a ¿Sabes a qué monumento se refiere el texto? Puedes consultar una guía turística o buscar en internet. Para su comprensión, completa con las preposiciones que faltan.

"Aunque ______ Sevilla el monumento islámico más famoso es la Giralda, antiguo alminar de la Mezquita y hoy campanario ______ la Catedral, destaca también otro conocido monumento que se encuentra ______ orillas ______ Guadalquivir, y que es considerado una significativa muestra ______ la arquitectura militar almohade. Se construyó ______ 1220 y actualmente alberga el museo ______ la Marina. Este monumento debe su nombre popular ______ los baldosines ______ cerámica vidriada que lo decoran y que brillan resplandecientes ______ el sol."

b ¿Te sientes "superior"? Elige la mejor opción.

1. **¿Qué significa árabo-beréber?**
   a. Árabes de origen beréber.
   b. Árabes mezclados con soldados beréberes.
   c. Beréberes y árabes.
   d. Un reino árabe en zona beréber.
2. **Wallada era un princesa que pertenecía a la dinastía...**
   a. Abbasí b. Alawí.
   c. Omeya. d. Saudí.
3. **La famosa fuente de los leones de la Alhambra pertencía al palacio de...**
   a. Aba Al-Rahman III. b. Ibn Nagrella.
   c. Abraham Zacuto. d. Alfonso X El Sabio.
4. **Una de estas palabras no es un arabismo:**
   a. aceite. b. oliva.
   c. anaquel. d. alcancía.
5. **Los mozárabes eran cristianos que vivían en...**
   a. Al-Andalus. b. los reinos del norte.
   c. Europa. d. el norte de África.
6. **¿Cómo llamaron los judíos a la Península Ibérica?**
   a. Hispania. b. Sefarad.
   c. Sefariland. d. Judea-Bética.
7. **Los mudéjares son musulmanes...**
   a. de Oriente Medio. b. que emigraron.
   c. en los reinos cristianos. d. de Al-Andalus.
8. **¿Cómo se llamaron los mudéjares después de la conquista de Granada?**
   a. Moros b. Arabescos
   c. Moriscos d. Mudejariscos
9. **La segunda torre más famosa de Sevilla se conoce como Torre...**
   a. del mármol. b. dorada.
   c. del oro. d. de marfil.
10. **Los muladíes eran...**
    a. cristianos convertidos al islam.
    b. cristianos arabizados pero no islamizados.
    c. musulmanes que hablaban latín.
    d. musulmanes en los reinos cristianos.

c ?Poblemas¿ Corrige los errores.

1. En el islam es necesario rezar cinco veces para el día.
2. Al-Andalus es el nombre dado a la Península Iberia por los árabes.
3. Más del veinte ciento de palabras en español son árabes.
4. Me ha encantado muchísimo la vida de la princesa Wallada
5. Es increíble lo que pasó en España en la Edad Mediana.
6. Después de conquistando Granada, se acabó el islam.
7. La sociedad andalusí era moltocultural.
8. La Escuela de traductores de Toledo fue el primero centro europeo de investigación científica y literaria.
9. España árabe se llamaba Al Andalus.
10. La Alambra estuvo construida por los árabes.

SESIÓN 3.5
Lenguaje no verbal

Escenario

"Las palabras pueden ser lo que empleamos cuando nos falla todo lo demás."
(Flora Davis, *La comunicación no verbal*)

1. ¿Cómo se llaman los dedos de la mano en tu lengua? ¿Y en español, lo sabes?
2. Fíjate en las cuatro manos de la derecha. ¿Sabes qué significan estos gestos en España? ¿Y en tu cultura?

   Pues esto es lo que significan en diferentes culturas:

   a. En Estados Unidos este gesto significa "vale", "muy bien"; en Francia o España, también "cero"; en Japón quiere decir "dinero" y, en Túnez, "te mataré".
   b. En España y en Alemania, por ejemplo, significa "dos" o "victoria"; en cambio, en el Reino Unido, con la palma hacia dentro, es un gesto obsceno.
   c. En Grecia e Italia significa "adiós"; en España y Estados Unidos, "ven aquí".
   d. En muchos países significa "de acuerdo", "vale"; en cambio, en Australia y en Nigeria es un gesto obsceno.

Objetivos

A veces, aun teniendo una competencia lingüística bastante elevada en español, la comunicación no es totalmente efectiva porque no sabemos descodificar algunas claves no verbales. En esta sesión, vamos a tomar conciencia de la importancia de este componente y vamos a analizar el aspecto sensorial de la comunicación en español.

1. Un gesto vale más que mil palabras

a Cada vez existe una mayor conciencia sobre la importancia de la comunicación no verbal. Eso se refleja, por ejemplo, en el cuidado que ponemos al elegir cómo nos presentamos ante los demás o al escoger nuestro tono al hablar y en la preocupación por nuestra apariencia. Mira el cuadro siguiente: ¿qué gesto harías en cada caso? Por ejemplo, para gestualizar "allí", mucha gente indica el lugar con el dedo índice.

	Gestos innatos (origen genético y heredado)	**Gestos adquiridos** (origen social)
Vale		✗
Se acabó		
Más o menos		
Muy sabroso		
Estoy lleno		
Ven aquí		
Allí		
Hacer una foto		
Hacer burla		
Cállate		
Pequeño		
Abrir		
Cerrar		

b Ahora, observa la foto. ¿Qué puede estar expresando esta persona?

c Hay gestos innatos cuyo origen es genético y heredado y otros que son adquiridos o de origen social. En parejas, intentad clasificar los gestos del cuadro en un tipo u otro. Puede ser difícil; por eso, discutidlo buscando argumentos; después, comprobad vuestras hipótesis en el solucionario.

2. Algo más que un gesto

a El efecto de lo no verbal suele operar en el nivel de la inconsciencia y por eso se tiende a malinterpretarlo. Lee estos comentarios que han hecho profesores de español. Explican algunas malas interpretaciones que hicieron cuando comenzaron a dar clases. ¿A qué creéis que pudieron deberse?

INÉS

"El primer día, en mi grupo los chicos se sentaron a un lado y las chicas en otro y no comprendía por qué."

ANTONIO

"Pues recuerdo que a mí lo que más me chocó de mi primer grupo fue que hablaban tan bajo que cuando les preguntaba no se les oía nada."

MERCEDES

"Yo, cuando empecé a trabajar, pensaba que si un alumno estaba callado era porque no comprendía nada, y no era consciente de que la que debía callarse a veces era yo."

b Junto a los gestos, el espacio (distancia física entre las personas en lugares públicos y privados), el paralenguaje (claves auditivas que acompañan a las señales lingüísticas) y el silencio (que puede significar temor, si es prolongado, o una comunicación satisfactoria en otras situaciones) son aspectos que debemos tener en cuenta cuando hablamos con los otros. Piensa en alguna anécdota que hayas vivido tú, que hayas presenciado o que te hayan contado en la que estos factores no verbales (el espacio y la distancia, el paralenguaje, el silencio u otros) hayan sido la causa de un malentendido.

3. Malentendidos culturales

a Cuando entramos en contacto con otras sociedades, hay momentos en que nos sentimos "marcianos" y no comprendemos determinadas situaciones, actitudes o comportamientos. En parejas, leed estos comentarios hechos por personas que han vivido o están viviendo en otro país y elegid la frase que creáis más adecuada a cada uno, ya que os ayudará a comprender y explicar qué les está pasando.

El tono no significa lo mismo.

¿Me está atendiendo a mí?

Contactos, pocos.

Mirar a los ojos es...

1

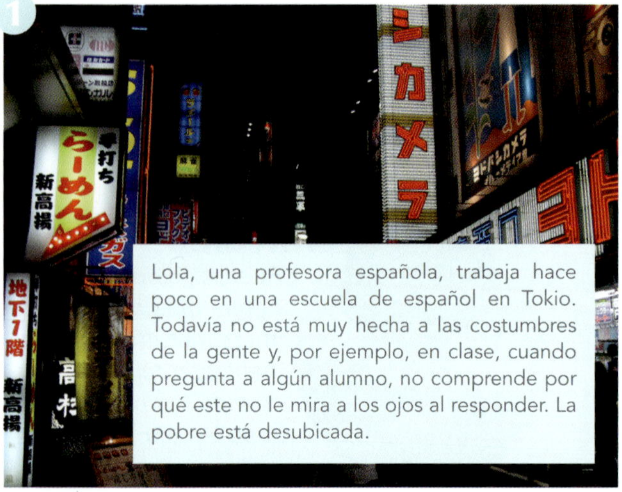

Lola, una profesora española, trabaja hace poco en una escuela de español en Tokio. Todavía no está muy hecha a las costumbres de la gente y, por ejemplo, en clase, cuando pregunta a algún alumno, no comprende por qué este no le mira a los ojos al responder. La pobre está desubicada.

2

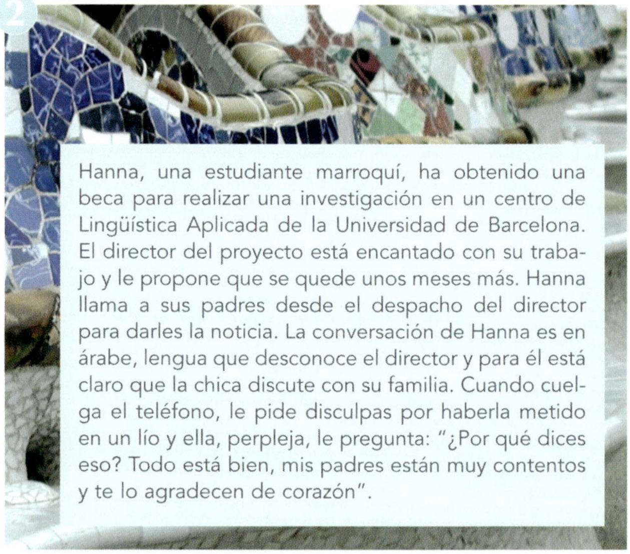

Hanna, una estudiante marroquí, ha obtenido una beca para realizar una investigación en un centro de Lingüística Aplicada de la Universidad de Barcelona. El director del proyecto está encantado con su trabajo y le propone que se quede unos meses más. Hanna llama a sus padres desde el despacho del director para darles la noticia. La conversación de Hanna es en árabe, lengua que desconoce el director y para él está claro que la chica discute con su familia. Cuando cuelga el teléfono, le pide disculpas por haberla metido en un lío y ella, perpleja, le pregunta: "¿Por qué dices eso? Todo está bien, mis padres están muy contentos y te lo agradecen de corazón".

3

Paco, un estudiante español, ha conseguido una beca para pasar un trimestre en Londres y hacer un curso de inglés. A menudo, al final de la clase, espera a su profesora para preguntarle algunas dudas. Cuando se acerca, ella lo mira de arriba abajo y se queda inmóvil. Paco se pregunta si no le cae bien a la profesora, si le está haciendo muchas preguntas o si en Inglaterra es de mala educación preguntar después de clase.

4

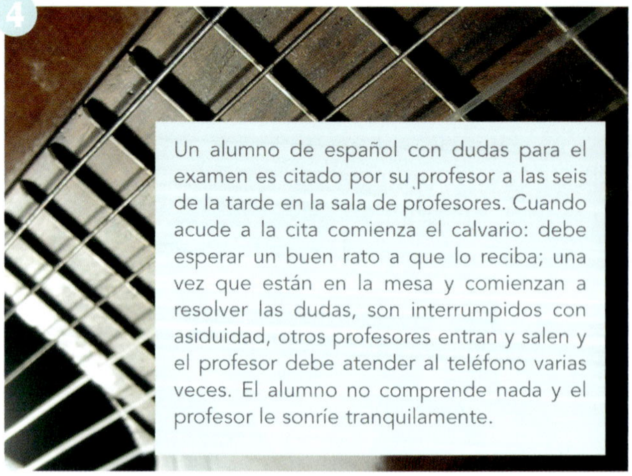

Un alumno de español con dudas para el examen es citado por su profesor a las seis de la tarde en la sala de profesores. Cuando acude a la cita comienza el calvario: debe esperar un buen rato a que lo reciba; una vez que están en la mesa y comienzan a resolver las dudas, son interrumpidos con asiduidad, otros profesores entran y salen y el profesor debe atender al teléfono varias veces. El alumno no comprende nada y el profesor le sonríe tranquilamente.

b ¿Sabes lo que significa la expresión "Tierra trágame"? ¿Y "meter la pata"? Pues son dos sensaciones que se suele tener cuando se vive en otro país o cultura. Probablemente te has visto en alguna situación como las anteriores o incluso en alguna peor. ¿Por qué no se lo cuentas a la clase? Intenta recordar malentendidos en clase (si has estudiado en el extranjero), en casa (si has convivido con personas de otra cultura), en fiestas, compras, viajes... Un ejemplo: "Pues cuando estudiaba en Alicante, me invitó un amigo a una fiesta y llevé una botellita de vino y alguien se sirvió de mi botella sin pedirme permiso. Entonces...".

4. Gestos y palabras

a Algunos gestos españoles no tienen equivalencia en otras culturas o, si existen, no significan lo mismo. Os proponemos que los escenifiquéis. Leed las descripciones con atención, representad los gestos y buscad un significado: cuándo se hacen, para qué, con qué intención, etc.

1. El dorso de los dedos de la mano golpea repetidamente la propia mejilla para expresar el mal comportamiento de alguien.
2. Se orientan los dedos de una o de las dos manos hacia arriba y se unen y separan varias veces.
3. Se cierra el puño de una mano para criticar el comportamiento de alguien respecto al dinero.
4. Se llevan las puntas de los dedos de una mano unidas hacia la boca y, al llegar a esta, se da un beso y la mano se abre como una flor, muy rápidamente, volviendo la mano a la postura inicial.
5. Se besa una cruz hecha con el dedo índice y el pulgar. A veces, se añade la expresión "por estas".

b ¿Existen estos gestos en tu cultura? ¿Y sus equivalentes? ¿Hay otros genuinos?

Radio Ventolera

a Hoy, en el programa de Pepa Tocón de Radio Ventolera, esta dará respuesta y consuelo a una oyente. Se trata de Verena, una chica alemana que se siente sola, confusa y algo "marciana" en ciertas situaciones cotidianas que vive en un país llamado... España. Escucha la carta que ha escrito al programa y contesta a estas preguntas.

1. ¿Qué le hace sentirse mal? ¿A qué puede deberse su ansiedad?
2. ¿Qué es lo que más le ha impresionado?

b Escucha ahora la respuesta que le da Pepa. Marca si las siguientes afirmaciones se corresponden o no a sus consejos.

	Sí	No
La situación que vive es poco común.		
Debe observar a los españoles.		
Debe olvidar sus experiencias anteriores.		
El área personal en Alemania es menor que en España.		

Taller de escritura

De los aspectos no verbales comentados en esta unidad, elige los que te hayan llamado más la atención: tono de voz, velocidad y ritmo del discurso, pausas, silencios, expresiones del rostro y la mirada, gestos con las manos o con la cabeza, contacto corporal, proximidad física, concepto del tiempo, etc. Imagina que un amigo tuyo español va a vivir en tu país durante un tiempo: explícale si esos fenómenos son iguales en tu país, si son diferentes o si tienen alguna particularidad. Si lo crees oportuno, describe las diferencias que se producen según los distintos contextos sociales, la edad y el sexo de los participantes, etc.

Todo bajo control

a Lee este fragmento de *El collar de la paloma del alma*, un tratado sobre el amor escrito por Ibn Hamz de Córdoba (944-1064) y decide cuál de las dos formas que están en cursiva es la más adecuada.

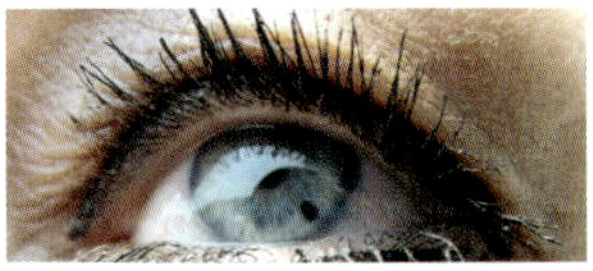

Con la mirada se aleja y *se atrae/se pierde*, se promete y se rechaza, se reprende y se da aliento, se ordena y se veda, se fulmina a los criados, se previene contra los espías, se ríe y se llora, se pregunta y se responde, se concede y *se niega/se termina*. Cada una de estas situaciones tiene un signo especial en la *mirada/sonrisa*, pero estos signos no pueden ser definidos, de no verlos, ni pueden ser pintados ni descritos si no es una pequeña parte.Voy tan solo a declarar aquellas cosas que son más fáciles: una señal con *el rabillo/la esquina* de un solo ojo denota veto de la cosa *pedida/perdida*. Una mirada lánguida es prueba de aceptación. La persistencia de la mirada es *indicio/verdad* de pesar y tristeza. La mirada de refilón es signo de alegría. El *mover/retornar* los ojos da a entender amenaza. El volver la pupila a una parte cualquiera y retirarla al punto es para llamar la atención sobre lo que se ha mirado. La seña furtiva con el rabillo de los dos ojos denota súplica. El mover la pupila con rapidez desde el centro del ojo hacia la comisura interna indica imposibilidad. Mover ambas *pestañas/pupilas* desde el centro de los ojos es prohibición absoluta. Las demás no pueden comprenderse sino viéndolas.

b ¿Te sientes "superior"? Elige la opción más adecuada.

1. **¿Cómo se llama el dedo pequeño de la mano?**
   a. corazón. **b.** angular.
   c. enano. **d.** meñique.

2. **Metemos la pata cuando...**
   a. tropezamos. **b.** nos equivocamos.
   c. la proxémica. **d.** saltamos.

3. **Llevaba un vestido tan corto que todos la miraban de...**
   a. un lado a otro. **b.** arriba.
   c. arriba abajo. **d.** abajo arriba.

4. **Los gestos adquiridos son aquellos que tienen un origen...**
   a. histórico. **b.** sexual.
   c. social. **d.** circunstancial.

5. **No comprender ciertas situaciones, actitudes o comportamientos puede producir...**
   a. maldichos. **b.** malas intenciones.
   c. malas leches. **d.** malentendidos.

6. **¿Qué tipo de ave aparece en el título de la obra de Ibn Hamz?**
   a. palomino. **b.** palomo.
   c. paloma. **d.** palometa.

7. **Queremos que nos trague la tierra cuando...**
   a. no queremos algo.
   b. cometemos un error leve.
   c. cometemos un error grave.
   d. lo comprendemos todo.

8. **Llevarse la punta de los dedos unidos a la boca es un gesto que en España significa...**
   a. cara dura. **b.** hay mucha gente.
   c. persona tacaña. **d.** algo sabroso.

9. **Besar los dedos en forma de cruz significa...**
   a. lo juro. **b.** estoy saturado.
   c. es muy fácil. **d.** te mataré.

10. **Si alguien te agradece algo de veras, lo hace de...**
    a. pulmón. **b.** riñón.
    c. muñón. **d.** corazón.

c ?Poblemas¿ Corrige los errores.

1. Niño, no señales al dedo que es de mala educación.
2. En mi cultura si se acerca un chico usualmente deja más espacio entre los dos.
3. El mover las manos y los hombros son gestos muy españoles y los japoneses no hacen nunca.
4. La cultura americana y española son diferentes pero ambas tienen su importancia.
5. En España mucha gente habla duro y mucho sobre ellos mismos.
6. Cuando estás en otro lugar siempre te ves en situaciones controversarias
7. En Egipto las gentes mueve mucho las manos cuando habla como aquí.
8. Mucha gente que he conocido aquí en las conversaciones siempre suben las cejas para dar énfasis de sus sentimientos.
9. Mi familia española actuaba en una manera muy diferente a la mía.
10. Hablaban todos a la vez y se oía de vez en cuanto muchas risas.

Los ratones coloraos

a La expresión "Saber más que los ratones coloraos" se usa en español para hablar de alguien que sabe mucho. Ahora, para evaluar de una manera lúdica lo que habéis aprendido, vamos a hacer un repaso de los contenidos de las cinco sesiones de **SABER CULTURA**. La clase se divide en grupos. Cada grupo se ocupará de una o dos sesiones y escribirá diez preguntas sobre su contenido. Recordad que en la unidad 3.1 se ha trabajado el choque cultural; en la 3.2, las emociones en español; en la 3.3, expresiones y fiestas religiosas; en la 3.4, una parte original del pasado histórico español; y en la 3.5, gestos y malentendidos culturales.

3.1 Entre ritos y tradiciones

1. ....
2. ....
3. ....
4. ....
5. ....
6. ....
7. ....
8. ....
9. ....
10. ....

3.2 A flor de piel

1. ....
2. ....
3. ....
4. ....
5. ....
6. ....
7. ....
8. ....
9. ....
10. ....

3.3 Fiestas: lo sagrado y lo profano

1. ....
2. ....
3. ....
4. ....
5. ....
6. ....
7. ....
8. ....
9. ....
10. ....

3.4 Al-Andalus

1. ....
2. ....
3. ....
4. ....
5. ....
6. ....
7. ....
8. ....
9. ....
10. ....

3.5 Lenguaje no verbal

1. ....
2. ....
3. ....
4. ....
5. ....
6. ....
7. ....
8. ....
9. ....
10. ....

b Cada grupo hace sus preguntas a los demás. Gana el grupo que más respuestas correctas obtenga.

4 SABER ENTENDER

SESIÓN 4.1
Hable con ella
Comprender una película de Almodóvar y realizar un debate.

SESIÓN 4.2
Turistas
Acercarse al mundo del turismo. Realizar entrevistas de trabajo.

SESIÓN 4.3
Las caras de Bélmez
Ver un programa de televisión sobre fenómenos extraños y reconstruir una historia.

OBJETIVO

En las sesiones de este apartado vamos a entrenar nuestra comprensión del español a través de diferentes extractos audiovisuales auténticos: una película, un programa de televisión, un anuncio y varias entrevistas.

SESIÓN 4.4
Viajes de ida y vuelta
Escuchar entrevistas a inmigrantes que viven en España, realizar un informe y dar un discurso para una audiencia.

SESIÓN 4.5
Ni contigo, ni sin ti
Reflexionar sobre la gramática y cómo solucionar los problemas más comunes.

EVALUACIÓN
Rodando... ¡Acción!
Grabar un vídeo en el que se hable de uno mismo.

SESIÓN 4.1
Hable con ella

Escenario

En esta sesión vamos a trabajar con una película. Es prácticamente un clásico, y muy internacional, pues obtuvo el Oscar al mejor guión original en 2003. Por ella, Almodóvar estuvo también nominado al mejor director.

Esta es su ficha técnica.

Dirección y guión: Pedro Almodóvar

País: España

Año: 2001

Interpretación: Javier Cámara (Benigno), Leonor Watling (Alicia), Darío Grandinetti (Marco), Rosario Flores (Lydia), Geraldine Chaplin (Catarina Bilova), Mariola Fuentes (Rosa), Roberto Álvarez (Doctor), Chus Lampreave (Portera), Fele Martínez (Alfredo), Elena Anaya (Ángela), Lola Dueñas (Matilde), Ana Fernández (Hermana de Lydia), Marisa Paredes (Huma Rojo), Paz Vega (Amparo)

Música: Alberto Iglesias

Fotografía: Javier Aguirresarobe

Montaje: José Salcedo

Dirección artística: Antxon Gómez

Vestuario: Sonia Grande

Estreno en España: 15 de marzo de 2002

Objetivos

Trabajar en clase con una película tiene varios objetivos. El primero es el de entrenarnos para una de las actividades favoritas de mucha gente, ver cine, y para hacerlo en español. El segundo es acercarnos a una cinematografía enormemente rica, que parte en los años 30 del director surrealista Luis Buñuel, maestro del cine experimental.
El tercero es el de aproximarnos a través del cine a una manera de entender el mundo y la vida que se corresponde con la cultura hispana (cultura con minúscula) y que este arte refleja como ninguno. Por último, hacerlo con una película de Pedro Almodóvar es hacerlo con la garantía de acceder a una lengua vívida y real que este director sabe llevar a la pantalla mejor que nadie.

1. Antes de ver la película

a En parejas A y B. El alumno A va a ver con atención la primera escena. Mientras tanto, B lee el siguiente texto (sin ver la escena). Después, A explicará a B, con detalle, todo lo que ha visto, y B hará preguntas para completar el texto y comprender qué pasa.

El escenario está lleno de (1) .... de madera. Salen dos (2) ...., en camisón, y con los ojos (3).................., como dos sonámbulas. ¡Te da un miedo que las pobres se choquen con todo! Pero de repente, aparece (4) ...., con la cara tristísima, la cara más triste que he visto yo en mi vida. Y les va quitando a manotazo limpio las sillas y las mesas para que (5) .... ¡No te puedes imaginar cómo era de emocionante! A mi lado había (6) ...., de más de cuarenta años, guapo, que (7) .... varias veces de emoción. La verdad que no era para menos, ¿eh? ¡Qué bonito! ¡Uff!

b Ahora, vamos a leer un texto de Almodóvar en el que él mismo nos descifra muchas de las claves de esta primera escena y de la película. Nos servirá para entrar en contacto con la historia. Si alguien ya la ha visto, puede explicar a los demás el porqué del título Hable con ella (pero sin contar toda la historia). Si nadie la ha visto, no importa, el siguiente texto también os puede dar pistas.

El telón de rosas color salmón y grandes flecos dorados se abre para ver un espectáculo de Pina Bausch: *Café Müller*. Entre los espectadores, dos hombres están sentados juntos por casualidad, no se conocen. Son Benigno (un joven enfermero) y Marco (un escritor de cuarenta y pocos años). En el escenario, completamente lleno de sillas y mesas de madera, dos mujeres con los ojos cerrados y los brazos extendidos se mueven al compás de *The Fairy Queen* de Henry Purcell. La pieza provoca tal emoción que Marco rompe a llorar. Benigno puede ver el brillo de las lágrimas de su casual compañero en la oscuridad del patio de butacas. Le gustaría decirle que a él también le emociona el espectáculo, pero no se atreve. (...) *Todo sobre mi madre* terminaba con el telón de un teatro abriéndose sobre un oscuro escenario. *Hable con ella* empieza con el mismo telón, también abriéndose. (...) *Hable con ella* va de narradores, narradores de sí mismos, hombres que hablan a quien les pueda oír y sobre todo a quien no puede oírles.

c Ahora, todos vemos la primera escena y leemos el texto del apartado a: se trata de las primeras palabras de Benigno (uno de los dos hombres que asistieron al espectáculo de danza) contando a otra persona lo que vio. ¿Qué emociones piensas que quiere transmitirnos el director con el baile y la música al presentar así la historia?

2. Más escenas

ESTRATEGIA

Es difícil entender una película entera en otra lengua, pero hay trucos que pueden ayudarte. Lo mejor es inferir lo que no entiendes a partir de lo que sí entiendes. Para ello, el contexto ayuda mucho. La actividad siguiente tiene como objetivo entrenarte en esta estrategia tan útil.

a Vamos a ver unas escenas sin sonido e intentaremos obtener el máximo de información que pide la siguiente tabla a partir exclusivamente de las imágenes.

Lydia **Marco** **Alicia** **Benigno**

	escena 2 Benigno y Alicia	escena 3 Lydia y Marco	escena 4 Benigno y Marco
1 ¿Dónde hablan, en qué lugar y en qué circunstancias, en qué momento, en qué ambiente?			
2 ¿Quiénes hablan? ¿Cuál es su edad, sexo, posición social, jerarquía? ¿Qué relación tienen entre ellos?			
3 ¿Cuál es el objetivo de la conversación, para qué se habla?			
4 ¿La conversación es formal o informal, qué tono tiene: más o menos íntima, más o menos pública?			
5 ¿Qué elementos no verbales –movimientos del cuerpo, gestos, etc.– te parecen interesantes?			
6 ¿Qué pudo pasar antes de esta conversación? ¿Qué imaginas que pasará después?			

b Ahora, leeremos las transcripciones de los diálogos y volveremos a la tabla para intentar completarla.

c Finalmente vemos y escuchamos las escenas y completamos el análisis del escenario.

d Algo que quizá pueda ayudarte a entender mejor a estos personajes es saber qué evocan sus nombres. Primero, piensa en ello individualmente; después, busca información. Anota lo que averigües. Tienes algunas pistas en las escenas anteriores...

Benigno	Alicia

Lydia	Marco

ESTRATEGIA

Si tenéis acceso a internet, podéis visitar alguna de las páginas dedicadas a la película y a su director. Si, con el tiempo, estas que os proponemos aquí han desaparecido, podéis buscar otras.

La página de la película:
http://www.clubcultura.com/clubcine/clubcineastas/almodovar/hableconella/hableconella.htm

La página del director:
http://www.clubcultura.com/clubcine/clubcineastas/almodovar/

La página de la productora:
http://www.eldeseo.es/

e Lo mejor sería ver a continuación toda la película y, después, hacer las actividades que siguen en el apartado 3. Si no tenéis esa oportunidad, os proponemos otro tipo de trabajo. Os ofrecemos todos los escenarios en los que ocurre la historia. Eso sí, están desordenados. Con la información que ya tenéis y con vuestra imaginación, podéis inventar una trama coherente que se desarrolle en estos escenarios. Si en la clase hay quien haya visto la película, alumnos o profesor, podemos jugar a adivinar lo que pasa. Los que no saben nada irán haciendo afirmaciones y los que sí, respondiendo "frío" (si se acerca), o "caliente" (si se aleja).

Lydia y Marco son pareja. Caliente, caliente...

Alicia se enamora de Benigno. Frío...

3. Si habéis visto la película

a Este texto es un comentario sobre la película. Léelo. Después, reflexiona sobre las cuestiones que te planteamos más abajo.

Hable con ella es una historia sobre la amistad de dos hombres, sobre la soledad, y la larga convalecencia de las heridas provocadas por la pasión. Es también una película sobre la incomunicación de las parejas, y sobre la comunicación. Sobre el cine como tema de conversación. Sobre cómo los monólogos ante una persona silente pueden ser una forma eficaz de diálogo. Del silencio como "elocuencia del cuerpo", del cine como vehículo ideal en las relaciones de las personas, de cómo el cine contado en palabras detiene el tiempo y se instala en las vidas de quien lo cuenta y del que lo escucha.

Hable con ella es una película sobre la alegría de narrar y sobre la palabra como arma para huir de la soledad, la enfermedad, la muerte y la locura. También es una película sobre la locura, ese tipo de locura tan cercana a la ternura y al sentido común que no se diferencia de la normalidad.

- ¿Crees que Marco tiene derecho a cuidar de Lydia durante su convalecencia?
- Si estuvieras en la posición de Lydia, ¿te gustaría que te cuidara?
- Benigno viola a Alicia, pero le devuelve la vida. ¿Es culpable o inocente? Si estuvieras en la posición de Alicia, ¿pensarías igual?

b Ahora vamos a discutir estas cuestiones con toda la clase y a hacer un juicio sentimental: tres estudiantes adoptarán los papeles de juez, fiscal y abogado defensor de Benigno y otro el propio Benigno, el resto será el jurado popular. Sed cuidadosos porque las preguntas pueden provocar un debate muy emocional: se pueden tratar cuestiones muy delicadas.

Radio Ventolera

En nuestra película, Caetano Veloso hace su versión de una conocida canción del mexicano Tomás Méndez. Te proponemos tres actividades para trabajar con ella. Haced aquella o aquellas que más os interesen. Estas son las posibilidades:

- Escuchad la canción y disfrutadla. Si os gusta cantar, esta es vuestra oportunidad.
- En grupos o parejas. Tenéis que encontrar una explicación coherente sobre el tema o la historia de la canción y el tema o la historia de la película. Lo preparáis y discutís entre todos.
- En grupos o parejas. Sois profesores de español y tenéis que montar una actividad con esta canción: ¿qué haríais? Solo una condición: no valen los huecos en el texto ni desordenar los versos. Discutid cuál es la mejor propuesta y, luego, la ponéis en práctica para ver si funciona.

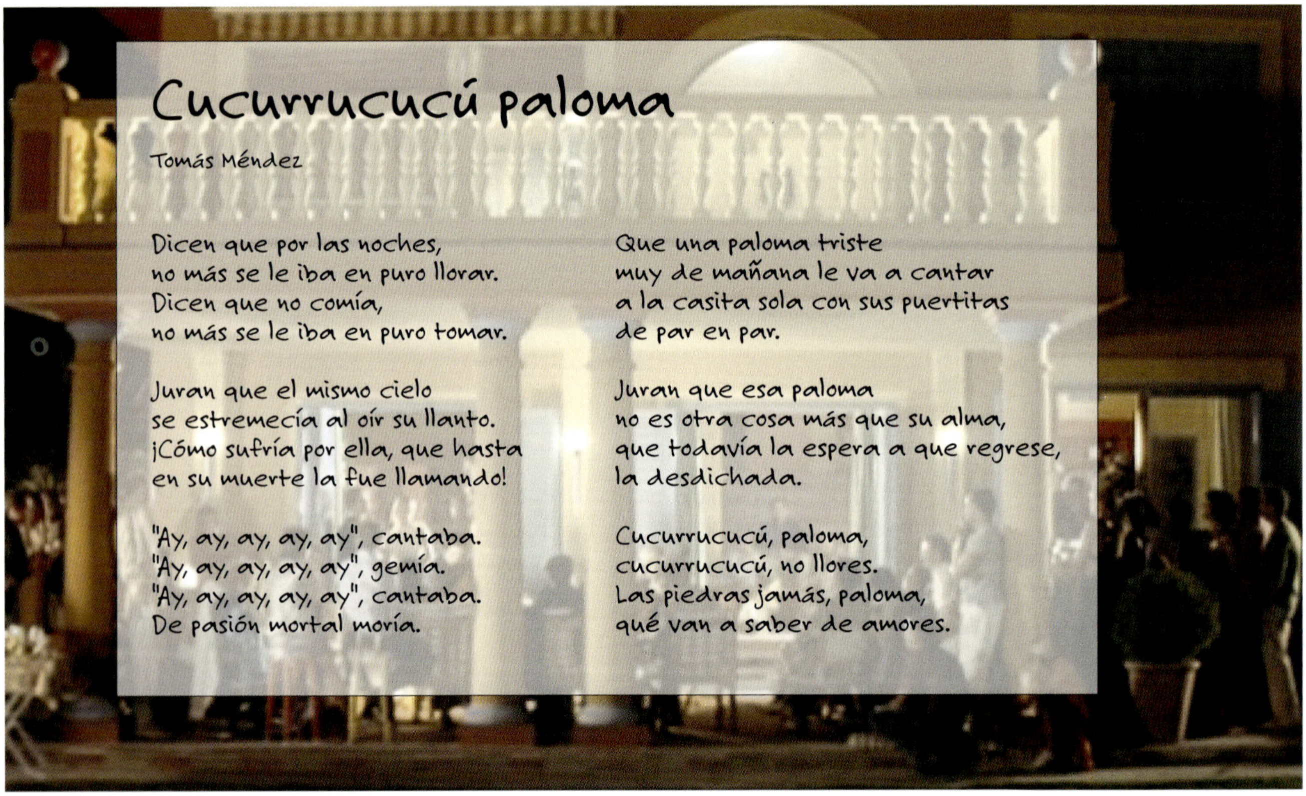

Cucurrucucú paloma

Tomás Méndez

Dicen que por las noches,
no más se le iba en puro llorar.
Dicen que no comía,
no más se le iba en puro tomar.

Juran que el mismo cielo
se estremecía al oír su llanto.
¡Cómo sufría por ella, que hasta
en su muerte la fue llamando!

"Ay, ay, ay, ay, ay", cantaba.
"Ay, ay, ay, ay, ay", gemía.
"Ay, ay, ay, ay, ay", cantaba.
De pasión mortal moría.

Que una paloma triste
muy de mañana le va a cantar
a la casita sola con sus puertitas
de par en par.

Juran que esa paloma
no es otra cosa más que su alma,
que todavía la espera a que regrese,
la desdichada.

Cucurrucucú, paloma,
cucurrucucú, no llores.
Las piedras jamás, paloma,
qué van a saber de amores.

Taller de escritura

Te vamos a proponer dos trabajos diferentes Decide cuál vas a hacer según te sientas más o menos creativo.

Opción 1. Vuelve a leer el texto de Pedro Almodóvar sobre la primera escena (página 109) y continúalo, añadiendo algunas líneas más. Recuerda que es un texto bastante literario y evocador, más impresionista que meramente descriptivo.

Opción 2. Después de hacer la actividad "Todo bajo control" de la página siguiente, vuelve a leer esa entrevista a Pedro Almodóvar. Escribe el párrafo introductorio de la entrevista; debe incluir frases de presentación del personaje y del motivo de la entrevista.

Todo bajo control

a Poco después de recibir un Oscar al mejor guión original por *Hable con ella*, Pedro Almodóvar respondió a esta entrevista en *Ronda Magazine*. Escribe las preguntas que crees que le hace el periodista.

1. ¿..?

Es indescriptible. En el momento de recibirlos te embarga la emoción, sobre todo al ver cómo te aplaude y te acoge tanta gente que has admirado, respetado y que te ha inspirado a lo largo de tu vida. Es una mezcla de orgullo y humildad la que sientes.

2. ¿..?

En mi caso, esa humildad de la que hablaba toma protagonismo. Cuando gané el Oscar por *Todo sobre mi madre*, tenía grandes proyectos en el cajón; sin embargo decidí hacer algo más pequeño e íntimo olvidándome de los premios y de los elogios que me rodeaban. Fue todo un riesgo; pero ahora me alegro por haberlo corrido y sobre todo de haberlo hecho con la libertad de elección con la que cuento. La experiencia me ha demostrado que cuanto más honesto y personal es mi trabajo, mayor éxito tengo.

3. ¿..?

Creo que han hecho una excepción conmigo y no sé por qué. Mis películas siempre han sido provocativas o, como se dice ahora, políticamente incorrectas. Yo no me muerdo la lengua; lo que tengo que decir lo digo. Pero, en esta ocasión, el público lo ha aceptado con una completa falta de prejuicios. No cabe duda de que soy un afortunado.

4. ¿..?

Porque el sistema de trabajo en este país no me seduce. Es muy distinto a mi manera de hacer las cosas. Yo tengo absoluto control de mis películas, cosa que en Hollywood es impensable. Trabajo como un artesano; me ocupo de todo lo que me rodea, desde elegir el color de una taza de café a elegir la tela de un sofá o la pintura de una pared, por no decir el tono en el que habla un personaje. Eso sería imposible hacerlo aquí; hay demasiada gente dando su opinión, imponiendo su criterio. Si aceptara trabajar aquí, tendría que comprometer todo eso, y de momento no me interesa.

b Para terminar, un crucigrama con algunas palabras que han aparecido en esta sesión. Usa un diccionario monolingüe para ayudarte. Puedes hacerlo tranquilamente en la cafetería de tu centro, con tus compañeros. El último que lo termine, invita a los demás al café.

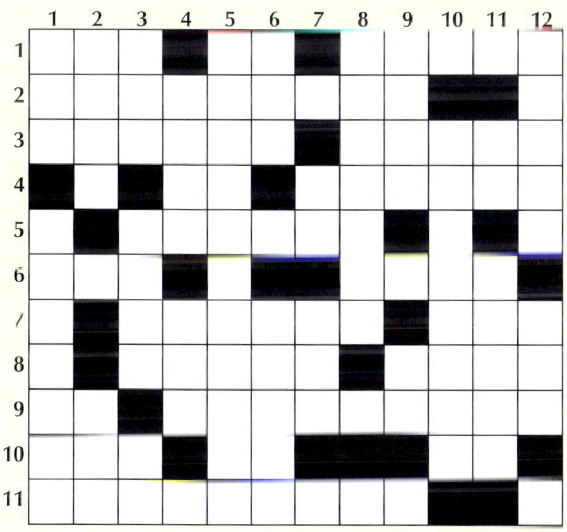

Horizontales

1. Aquí. .../DC. Sobre lo que pisamos.
2. Golpes dados con la mano. Distintivo provincial de Barcelona.
3. Quererse. Lo contrario del placer.
4. La primera letra. Un apellido chino muy frecuente. Preparad el pan antes de meterlo en el horno, al revés.
5. Otra vez la primera. Un color y un pez de río. Distintivo de Navarra. Si la repites, haces ruido de motor.
6. Lo contrario de la noche. Distintivo de Alicante. El sexto color del arco iris.
7. Uno en números romanos. Remate que cuelga de un telón o una cortina, en plural. Tanto en el fútbol.
8. Otra vez la letra para hacer el ruido de una moto. Escucharla. Estuarios de ríos, especialmente en Galicia.
9. Dios egipcio. El creador de una película, en femenino y al revés.
10. Exclamación muy torera. La primera ciudad, según la Biblia. Pronombre personal de segunda persona del plural.
11. La especie de vestido que llevan las bailarinas al principio de *Hable con ella*, en plural. La vocal redonda.

Verticales

1. Dueña. Al revés, espectáculo taurino muy violento y cruel.
2. Donde se suele dormir. La tercera vocal. Los pájaros tienen dos.
3. Un nombre de mujer muy común. Poetisa griega. Al revés, pronombre personal de primera persona.
4. Foto de una promoción universitaria. Ata, enreda. La tercera vocal, otra vez.
5. Perteneciente al mismo movimiento artístico que Salvador Dalí y Luis Buñuel, al revés.
6. Se precipita al vacío. Mil en números romanos. Un elemento químico que forma parte de la lejía y de la sal.
7. La última letra del alfabeto. La primera de las notas musicales. De esa palabra viene el taoísmo, al revés. El principio de la nada.
8. Curados, al revés. Cien en números romanos. España en las matrículas de los coches.
9. Utilidades. La letra más española. Segunda nota musical. La letra para formar el plural.
10. La segunda vocal. Único, diferente, primigenio, al revés.
11. Cincuenta en números romanos. Sílaba que sirve para meditar. Alabáis.
12. Trabajar, hacer. Ácido Lisérgico, o Lucy in the Sky whith Diamonds. La vocal redonda.

SABER ENTENDER

SESIÓN 4.2
Turistas

Escenario

¿Cuál es el mejor viaje qué has hecho? ¿Por qué? ¿Qué hizo que saliera bien: el medio de transporte, los alojamientos, la compañía? ¿Y cuál ha sido el peor viaje de tu vida? ¿Por qué?

Seguro que si todos hemos contado nuestras experiencias, han salido a colación muchas palabras y expresiones relativas a los viajes que ahora podemos recopilar en la pizarra. Este vocabulario nos va a servir después: anotadlo y tenedlo a mano.

Objetivos

En esta sesión vamos a llevar a cabo dos tareas, las dos relacionadas con el turismo. Primero vamos a trabajar con guías turísticas y, después, vamos a aprender a hacer entrevistas de trabajo. Esto podríamos hacerlo con cualquier profesión, pero lo haremos con el turismo como pretexto, porque es una de las industrias más potentes en muchos de los países de habla hispana y porque muchas de las personas que estudian español, sobre todo las que llegan a vuestro nivel, lo usan profesionalmente en ese campo.

1. Una guía turística

a En esta página y en la anterior, encontrarás algunas informaciones turísticas sobre Granada. Se trata de una ciudad situada en el sureste de España, que tiene unos 250 000 habitantes, aunque durante el curso escolar acoge a más de sesenta mil estudiantes universitarios, y muchos de ellos vienen de fuera. Esas dos son, precisamente, las actividades principales de Granada: el turismo y la Universidad. El material se completa con un vídeo promocional, que podréis ver cuando os venga mejor. Os proponemos tres tareas diferentes. Según dónde os encontréis y cuáles sean vuestros intereses, podéis elegir una u otra (o varias).

Tarea 1

Es una tarea larga, casi un proyecto, adecuada en el caso de que tengáis tres o cuatro horas de aula para realizarla. Se trata de crear un material promocional semejante al que os presentamos sobre Granada, pero centrado en la ciudad en la que estáis estudiando español (en forma de folleto o de reportaje de vídeo promocional). Tened en cuenta que también tendréis que trabajar fuera del aula y, tal vez, salir a la calle.

¡Atención! Si estáis en España o en otro país de habla hispana, debéis dirigir el folleto a potenciales turistas de vuestros países de origen; en caso contrario, debéis realizar el proyecto pensando en turistas hispanos.

Tarea 2

Se trata de hacer una guía alternativa de la ciudad que prefiráis: Granada, la ciudad en la que estáis u otra que os interese. Esta guía debe contener información diferente a la institucional (referida típicamente a monumentos y paisajes). Elegid un tipo de público determinado y pensad qué tipo de información le gustaría encontrar en una guía: vida nocturna para la gente joven, ocio cultural para intelectuales y artistas, gastronomía para gourmets, tiendas para consumistas compulsivos... Tened en cuenta que deberéis buscar información en internet o por otros medios. Podéis hacer esta tarea en grupos e, incluso, organizaros para que cada grupo haga una guía para cada tipo de público.

Tarea 3

Algo más corta, podéis hacerla en una hora u hora y media de clase. Se trata de elaborar un texto que ponga voz al vídeo que vais a ver. Tenéis que hacerlo así: primero, medid con segundero las secuencias que queréis que lleven texto (no tienen que ser todas); segundo, preparad frases que, leídas en voz alta, ocupen ese tiempo. Es importante que el texto encaje también en estilo, así que debéis elegir frases sugerentes y atractivas que deben hacer que, quien las oiga, quiera conocer imperiosamente Granada.

b Haced una presentación de vuestro material en clase. Podéis mostrar el reportaje de vídeo, comentar el folleto o leerlo delante de la clase.

2. Una entrevista de trabajo

a En estas dos páginas, te presentamos algunos materiales para que puedas entrenarte a realizar entrevistas en español, tanto para exámenes de lengua como para tu vida profesional. Son una guía que te puede servir para ensayar. Estudiad y analizad las preguntas, añadid otras y anotad las respuestas que prevéis dar. De ese modo, a la hora de la verdad, haréis la entrevista con más confianza, corrección y fluidez.

b Formad grupos de tres y elegid un anuncio: tanto las entrevistas reales como las simulaciones que se llevan a cabo en los exámenes suelen tener como base una oferta de empleo aparecida en la prensa. Uno de los tres será el entrevistador; otro, el candidato y el tercero, el evaluador. Este último será el encargado de tomar notas sobre cómo se desenvuelven sus compañeros. Antes de empezar, leed las recomendaciones de la página siguiente.

c Debéis realizar tres entrevistas; en cada una, cambiaréis vuestros papeles. Al final, los evaluadores comentarán cómo se han desarrollado.

1

SE BUSCA

AGENTE DE VIAJES - MOSTRADOR

Viajes Roncotur

Málaga - España

EMPRESA: agencia de viajes minorista emisor/receptivo perteneciente al grupo PEA.

NÚMERO DE TRABAJADORES: Menos de 10.

DESCRIPCIÓN DE LA OFERTA: emisor receptivo. Atención clientes, manejo de Ofiviajes.

SE REQUIERE: estudios universitarios, preferentemente de Turismo.

EXPERIENCIA: preferentemente, pero no imprescindible.

LENGUAS: español, nivel superior, imprescindible.

SE OFRECE: retribución según valía.

SALARIO: 20000-25000 € bruto anual.

TIPO DE CONTRATO: obra y servicio.

JORNADA LABORAL: completa.

2

HOTEL Pilla de Barajas Madrid

ofrece dos puestos de

Recepcionista

en turnos de mañana y tarde

Empresa. Hotel de 3 estrellas situado junto al Aeropuerto de Barajas

Número de Trabajadores. 16

Requisitos mínimos. Diplomado en Turismo. Nivel alto de inglés y español

Preferible. Al menos 6 meses de experiencia demostrada en hoteles de 3 o más estrellas. Carné de conducir B

Salario. 21 000 € brutos/año

Contrato. Indefinido

Jornada. Intensiva de mañana o de tarde

Horario laboral. de 8 a 23:00 h

3

GENTE – SUR

BARCELONA, ESPAÑA

busca

Guías turísticos

con idiomas

Número de vacantes
5

Nombre de la Empresa
People Ett - Zona Sur

Ubicación
Oviedo, España

Requisitos mínimos
- Al menos 1 año de experiencia en puesto similar
- Residente en provincia
- Estudios: formación profesional, español nivel superior

Se ofrece
Flexibilidad horaria

Salario
6000 - 12000 € brutos anuales

Contrato
Temporal

Jornada
Parcial

Evaluador

Este papel es muy importante. Debes fijarte en cuestiones gramaticales, pero también en otros aspectos, como por ejemplo la adecuación al contexto (el grado de formalidad, etc.), fundamental en estos casos. Esta ficha te ayudará a tomar notas.

Corrección formal: gramática, pronunciación...

Adecuación: los dos interlocutores usan un registro formal, se dirigen con la corrección necesaria...

Vocabulario: apropiado al tema del que están hablando, suficientemente preciso...

Fluidez: los dos son capaces de explicarse y hacerse entender, usan paráfrasis cuando no conocen una palabra, utilizan alguna estrategia para darse tiempo a pensar...

Cumplimiento de la tarea: consiguen uno y otro hacer lo que desean, es decir, el entrevistador, conocer al candidato y el candidato, darse a conocer al entrevistador.

Candidato

Debes leer atentamente el anuncio y usar tus estrategias para:
– pensar qué información sobre ti y sobre tu currículum va a interesar al entrevistador,
– buscar el vocabulario más apropiado y preciso,
– prever las preguntas para así responderlas con fluidez y con el grado de formalidad necesario,
– hacerte entender bien.

Entrevistador

Debes leer detenidamente el anuncio y esta guía para realizar la entrevista de manera satisfactoria. Ten en cuenta que muchas entrevistas de este tipo suelen tener dos partes diferenciadas.

1. Calentamiento

Momento de primer contacto entre el entrevistador y el entrevistado. No se suele abordar el tema específico de la entrevista pero sirve al candidato para dar la primera imagen personal y de dominio de la lengua, por lo que es muy importante desenvolverse con soltura desde el primer momento. Se tratan, normalmente, los siguientes asuntos:

Información personal
- nombre y apellido
- edad, fecha y lugar de nacimiento
- nacionalidad, domicilio, residencia
- lengua materna, otras lenguas
- estudios
- profesión, ocupación
- estado civil, familia

Información sobre el estudio del español
- tiempo total de estudio
- lugares de estudio
- niveles superados, otros exámenes similares superados
- estancias en países de habla hispana
- contacto con el español y uso en estos momentos
- finalidad e interés específico por superar este nivel

2. Tema específico de la entrevista

– ¿Cuál es exactamente su experiencia profesional en este campo?
– ¿Qué puede aportar a la empresa, en general, y a este puesto en particular?
– ¿Por qué piensa que puede ser la persona idónea para este trabajo?
– ¿Cuál es su interés específico en este trabajo? ¿Por qué quiere optar a este puesto?
Imagine que recibe una orden de un superior con la que no está de acuerdo, pero que se considera necesaria. ¿Cómo reaccionaría?
– Y si alguna persona que trabaja a sus órdenes no realizara las funciones asignadas o cometiera una falta, ¿cuál sería su actitud?
– ¿Le parece aceptable la oferta económica y las condiciones del puesto de trabajo?
– ¿Tiene alguna pregunta o desea obtener alguna información adicional?

Radio Ventolera

a Imagina que trabajas en Viajes la Peonza, una agencia de viajes de Granada. Al llegar a tu oficina esta mañana, te encuentras con un mensaje en tu contestador. ¿De qué se trata? ¿Qué es lo que tienes que hacer?

b Escúchalo otra vez y toma nota de los datos más importantes que te harán falta para la tarea de escritura siguiente.

CLIENTE: ....

TIPO DE VIAJEROS: ....

Nº DE VIAJEROS: ....

DESTINO: ....

DURACIÓN: ....

FECHA: ....

VISITAS: ....

TRANSPORTE: ....

REQUERIMIENTOS ESPECIALES: ....

Taller de escritura

a Vas a organizar el viaje que te han solicitado en el ejercicio anterior. Si tienes posibilidades y tiempo, hazlo con información real, buscando en internet; si no, invéntate los nombres de los hoteles y de las cosas que no puedas averiguar en la información que tienes en las páginas anteriores.

b Escribe una carta con la información que te solicitan. Es una carta comercial y, como tal, tiene una estructura bastante rígida; de modo que el formato debe seguir aproximadamente el esquema de la derecha.

1. **Nombre y dirección de la empresa remitente**
2. **Nombre y dirección de la empresa destinataria**
3. **Referencia:** son unas siglas o una palabra clave que las empresas usan para identificar rápidamente el asunto de la carta.
4. **Lugar y fecha:** lugar, día, mes y año.
5. **Saludo:** *Muy señor(es) mío(s) / Estimado(s) señor(es) / Distinguido(s) cliente(s).*
6. **Texto de la carta:** cuando nuestra respuesta es positiva y, por ejemplo, aceptamos una sugerencia o un pedido, la estructura del texto suele ser así:
   - tema principal,
   - ejemplos e información puntual,
   - acción final.

   Sin embargo, cuando nuestra carta es una respuesta negativa o una queja, debe seguir una estructura así:
   - introducción informativa, razón de la carta,
   - exposición pormenorizada de la negativa o la queja,
   - alternativas o soluciones.
7. **Despedida:** *Atentamente / Un cordial saludo,*
   Firma y nombre

Todo bajo control

a Vamos a repasar el vocabulario de esta sesión. Para ello, vamos a colocar en el damero las palabras que se corresponden con estas definiciones.

1. Sirve para trasladarse.
2. Actividad objeto de la sesión.
3. Sitio donde vivir temporalmente.
4. Lugar donde se exhiben y se guardan obras de arte.
5. Obra pública conmemorativa.
6. Persona o cosa que dirige o encamina.
7. Persona que realiza entrevistas.
8. Persona que opta a un puesto o cargo.
9. Persona que evalúa.
10. Cantidad que se entrega a cambio de un trabajo realizado.
11. Día.
12. Pacto o convenio entre partes.
13. Relativo a las horas.
14. Empleo, oficio o actividad que se realiza habitualmente a cambio de un salario.
15. Empresa.
16. Capacidad para doblarse sin partirse.
17. Conjunto.

1. T _ _ N _ _ _ _ _ _ (2, 3, 20, 31)
2. T _ _ _ _ _ _ (22, 21)
3. A L _ _ _ _ _ _ _ _ _ (5, 4)
4. M _ _ _ O (29, 30)
5. M _ N _ _ _ _ _ _ (23, 26)
6. G _ _ (1, 27)
7. E _ _ R _ _ _ _ _ _ _ _ _ (14, 7)
8. C _ _ _ _ _ _ T _ (9, 8)
9. E _ _ _ _ _ _ R (37, 6)
10. S _ _ _ _ _ O (36, 24)
11. J _ _ _ _ D _ (18, 17)
12. C _ _ _ _ _ T _ (33, 19)
13. H O _ _ _ _ _ (12, 32)
14. P _ _ _ _ _ _ _ N (11, 10)
15. C O _ _ _ _ _ _ (16, 35)
16. F _ _ _ _ _ _ _ _ _ A _ (34, 13, 25)
17. G _ _ _ _ (28, 15)

b Pasa las letras de las casillas numeradas a la cuadrícula de abajo y obtendrás el título de una canción y su autor. El tema está relacionado con esta sesión.

1	2	3	4	5	6	7		8
9	10	11	12	13		14	15	16
17	18	19		20	21	22		23
24		25	26		27	28	29	30
31	32	33		34	35	36	37	

c Hay muchas palabras que terminan en -e; unas son femeninas, otras masculinas y otras femeninas y masculinas. A ver cuántas puedes recordar y clasificar según ese criterio. Lo puedes hacer solo o con tus compañeros, como si fuera una concurso, con un cronómetro. A ver quién encuentra más en cinco minutos.

Femeninas	Masculinas	¡Todo y revuelto!
la noche	*el puente*	*la o el estudiante*

d La mayoría de las palabras que terminan en -a son femeninas, pero hay muchas que no: o son masculinas o son las dos cosas. Otra vez, pon el cronómetro a cero y, en cinco minutos, intenta dar con el máximo número de ellas.

Masculinas	Masculinas y femeninas
el planeta	*el o la turista*

SESIÓN 4.3
Las caras de Bélmez

Escenario

A lo largo de la historia, la humanidad ha tenido siempre, de una manera u otra, contacto con lo oculto, con el más allá. Detrás de las preguntas sobre la muerte, están las religiones, la magia, la parapsicología y, por supuesto, la ciencia. Las apariciones, las casas encantadas o los fantasmas son fenómenos inexplicables que nos inquietan y que ponen en tela de juicio la frontera entre lo real y lo imaginario, entre lo tangible y lo desconocido.

1. Leed las siguientes preguntas y comentad vuestras respuestas en pequeños grupos.

   a. ¿Conoces alguna leyenda de aparecidos o de fantasmas?

   b. ¿Los santos o dioses de tu religión hacen milagros o protagonizan fenómenos inexplicables?

   c. ¿Has tenido alguna vez una experiencia paranormal?

   d. ¿Sabes algo de parapsicología? Quizá alguno de vosotros pueda explicar estos términos al resto de la clase antes de acudir al diccionario.

   – abducción
   – güija
   – médium
   – platillo volante
   – psicofonía
   – aparición
   – teleplastia
   – telequinesia
   – espíritu

Objetivos

Vamos a indagar en un episodio que está en los anales de la parapsicología, y que trae consigo todo un mundo social y político muy interesante: un pueblo perdido en una sierra andaluza, historias despiadadas de la Guerra Civil española, violentos traumas infantiles y una llamada del más allá. Vamos a leer unos textos y a ver un programa de televisión; de estos documentos extraeremos información para reconstruir una historia hasta ahora fragmentada.

La tarea final consistirá en escribir un reportaje sobre este fenómeno para una revista de información general de ámbito internacional, reorganizando toda la información que encontraremos aquí y añadiendo nuestras hipótesis.

1. Imágenes en la pared

a Observa las imágenes de la página anterior. ¿Qué harías si un buen día apareciera algo así en el suelo de tu cocina? Pues justamente fue eso lo que ocurrió en la casa de María Gómez a principios de los 70, en un pequeño pueblo de la sierra de Jaén. ¿Qué crees que son esas imágenes? ¿Cuál crees que es su origen?

b ¿Qué sabes de la historia reciente de España? ¿Sabes qué régimen político había a principios de los años 70? Lee este texto. ¿Hay cosas que te sorprenden?

En 1971, un Franco bastante envejecido, pero igual de cruel que en sus mejores tiempos, se afanaba en sofocar con dureza los movimientos a favor de la justicia social que protagonizaban obreros y estudiantes en numerosas huelgas y manifestaciones. Los últimos sesenta y los primeros setenta fueros los años en los que renació la lucha abierta contra el régimen, después de que la tremenda represión inmediata a la Guerra Civil, el hambre, el aislamiento y el exilio dejaran a la oposición sin fuerzas durante largo tiempo. En estos años finales del franquismo aparecen las primeras lavadoras, los coches utilitarios y los bikinis. Y sobre todo la reclamación pública de la democracia y la libertad. Franco contraatacó nombrando jefe de su gobierno al que había sido un eficaz represor, el general Carrero Blanco. Dos años más tarde, ETA lo asesinó y, de este modo, ganó una imagen de heroísmo que la izquierda española ha tardado veinte años en quitarle.

c ¿Y en tu país? ¿Cuál era la situación política en esos años? ¿Lo sabes por ti mismo o te lo han contado tus padres o tus profesores?

2. 1971

a Aquí tienes un texto que cuenta la historia de esas imágenes. Es complejo y largo, pero intenta leerlo sin diccionario, tratando de extraer las ideas principales. Después o más tarde en casa, puedes hacerlo más despacio, palabra por palabra, si quieres.

1 Bélmez de la Moraleda, un pueblo olvidado de la provincia de Jaén, enclavado en las estribaciones de Sierra Mágina (España), era, hasta 1971, conocido casi solo por los vecinos de las otras localidades de la zona, igualmente bellas, modestas y tranquilas. Pueblos en los que los únicos acontecimientos importantes eran el bautizo del hijo de este o la muerte del tío de aquel, las lluvias de abril o la sequía de agosto. Pero el nombre de Bélmez dio la vuelta al mundo hace varios años, a raíz de uno de los fenómenos más extraños de la historia española reciente.

2 El número 5 de la calle Rodríguez Acosta, en Bélmez de la Moraleda, corresponde a una casa de pueblo igual a tantas otras, con su fachada encalada y su balcón lleno de flores. Es cierto que los vecinos recuerdan que esa casa y la que lleva el número 3 fueron construidas en el emplazamiento de la antigua iglesia y el cementerio adyacente. Según los ancianos del lugar, en el número 3 se registró actividad "poltergeist" en tiempos no muy lejanos y, si tenemos en cuenta que muchos ocultistas sostienen que la energía psíquica queda fijada en los lugares donde se ejerció, quizá nos resulte más fácil aceptar el desconcertante fenómeno de las caras de Bélmez.

3 La historia empezó el 23 de agosto de 1971. Hasta ese momento, ningún fenómeno fuera de lo común había alterado la vida de Juan Pereira Sánchez y de su esposa, María Gómez Cámara, que vivían solos en la casa, pues sus hijos estaban casados y habían abandonado el hogar paterno. Pero ese día la mujer advirtió, por primera vez, que en el suelo de la cocina, a poca distancia del fogón, había una cara extraña. Según contaron después, la cara –y las que le siguieron– no apareció de pronto: en el piso de cemento se formó una mancha que fue evolucionando durante unos días hasta llegar a reproducir con fidelidad la apariencia de un rostro humano.

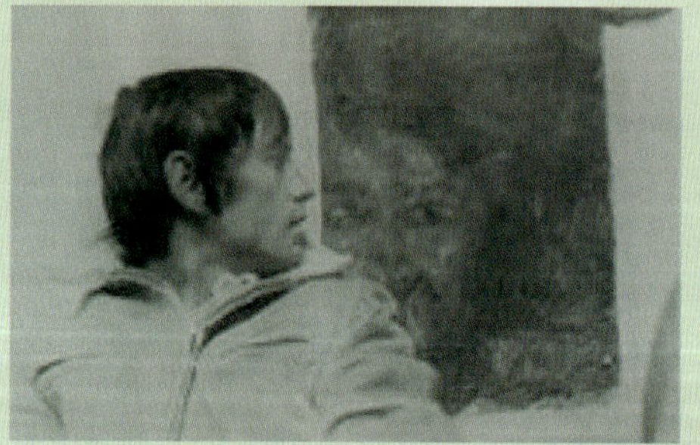

Miguel, hijo de los dueños de la casa, con la "Cara" que apareció primero y él arrancó del piso.

4 La noticia corrió por el pueblo como un reguero de pólvora, y la sorprendente aparición pudo ser observada por muchos de sus habitantes. Pero esa inquietante cara en el suelo de la cocina atemorizaba a los Pereira, y uno de sus hijos, Miguel, procedió a picar cuidadosamente el lugar donde se encontraba hasta hacerla desaparecer y, a continuación, lo alisó con cemento. El esfuerzo resultó inútil, pues algunos días después, ya en el mes de septiembre, comenzó a aparecer, exactamente en el mismo lugar del suelo que había sido renovado, una nueva cara, de rasgos muy acusados y gran expresividad, que produjo auténtico temor en el desconcertado matrimonio.

5 Según relataron los dueños de la casa a los periodistas que los asediaban, las caras no aparecían ya totalmente formadas. Lo primero que podía distinguirse eran los ojos y, después, iban surgiendo gradualmente la nariz, la boca y el contorno. Los comentarios y las versiones tomaron tales vuelos que el Ayuntamiento de Bélmez se vio obligado a intervenir: unos albañiles, ayudados por Miguel Pereira, "recortaron" la segunda cara aparecida en el suelo y excavaron hasta llegar casi a los tres metros de profundidad. En el hoyo practicado aparecieron varios huesos humanos, testimonio sin duda del cementerio sobre el cual está construida la casa. La cara recortada por orden del Ayuntamiento, de 40 cm de base por 60 de altura, adorna, protegida por un cristal, la cocina de la familia Pereira. Es quizá la más nítida y definida de las que aparecieron.

El matrimonio Pereira, dueño de la casa, con su hijo Miguel.

6 Poco después, y una vez cubierto el hoyo con cemento, comenzó nuevamente el proceso. El 10 de septiembre una nueva cara, algo más difusa, empezaba a aparecer lentamente en el mismo lugar. Miguel Pereira, alarmado, la recortó y volvió a reparar el suelo de la cocina, donde una extraña fuerza se empeñaba en crear diseños que sembraban la inquietud no solo en la familia, sino en el pueblo entero y en los numerosos visitantes que llegaban hasta allí alertados por los medios de comunicación. Pero los esfuerzos del joven fueron inútiles, pues algunos días después apareció una nueva cara, esta vez la de una mujer joven y bella, que poco a poco fue rodeada por otras más pequeñas, a modo de satélites.

Las caras, aparecían siempre junto al fogón, aunque el piso fuera picado y recubierto con cemento.

7 Desde ese momento, la familia, resignada, dejó de luchar contra la fuerza desconocida. Más adelante apareció una nueva cara conocida popularmente como "el Pelao", que fue retirada del suelo en 1975. Y una vez más, cuando parecía que todo había acabado, volvieron a surgir en el mismo lugar caras que, tras evolucionar lentamente, desaparecieron un año más tarde para dejar sitio a nuevas imágenes, de contornos menos precisos, que son las que pueden apreciarse en la actualidad.

(http://www.lo-inexplicable.com.ar/fantasmas/lascaras_debelmez.htm)

b Una buena actividad para entender un texto es tratar de sintetizarlo. En parejas, escribid una o dos frases que resuman cada uno de los siete párrafos. Pensad también en una imagen que pueda serviros de ilustración. Si hay algún artista en la clase, puede hacerla y colgarla en la pared del aula, para que os inspire durante esta tarea.

3. La opinión de la ciencia

Este segundo texto explica la posición de un conocido psicólogo en relación con las caras de Bélmez. Léelo. ¿Cuáles son sus conclusiones respecto a este fenómeno? ¿En qué se basan?

JOSÉ LUIS JORDÁN PEÑA

El suyo es uno de los nombres clásicos de la investigación parapsicológica en España. Es psicólogo y se considera un hombre de ciencia. En febrero de 1972, dirigió un grupo de investigación en Bélmez. Llegó unas semanas después de otros investigadores. El propio Ministerio de Gobernación del régimen franquista le encarga crear un equipo para extraer muestras de las caras y proceder al análisis de las mismas, una experiencia de la que habla en su libro *Espíritus y duendes: las casas encantadas.*

Siempre escéptico con la hipótesis paranormal, escribió "¿Comprenden por qué la verdadera ciencia mira compasivamente estas exaltadas manifestaciones milagrosas y paranormales? Vea [...], a su alrededor no contemplará en ellas a hombres de ciencia, catedráticos o ingenieros. Resulta curioso observar el nivel cultural de los más fanatizados, aquellos que esperan el milagro, lo insólito [...], un mundo fantástico de sueños". Jordán otorgó desde el principio gran crédito a los argumentos del cura del pueblo, Antonio Molina; este le aseguró que "de paranormal nada y milagroso menos, que todo era debido a una broma entre vecinas".

Jordán selecciona para su equipo a varios expertos en la química del hormigón, con un objetivo claro: averiguar cuál era la base material y pigmentaria de las imágenes. Tras la extracción de pequeños fragmentos y fotografiar una de las primeras caras que aparecieron tras el cristal que la protegía, llegaron los resultados. Jordán los califica de "decepcionantes" ya que "para su elaboración se había utilizado una mezcla de hollín y vinagre. Las macrofotografías revelaban incluso las huellas claras de las cerdas del pincel utilizado, [...] se había ejecutado mediante un agresor químico del cemento que provoca un lento decolorador sobre el mortero. [...] cualquier químico sabe lo sencillo que resulta pincelar una superficie con agentes agresores incoloros que, al cabo de los meses, dejan una huella visible sobre el área cerámica o de cemento así tratada".

"[...] La factura de los rostros varía considerablemente, es decir, los pigmentos utilizados y el estilo con que han sido trazados difieren extrañamente, hasta el punto de que sin duda se han localizado varios autores de los pictogramas [...] Lo más interesante ha sido demostrar la existencia de un compuesto químico, cuya fórmula nos reservamos, que una vez evaporado deja una imagen latente pero invisible. A simple vista no se puede percibir dicho agente, pero pasados unos días se revela la imagen. Dicho compuesto se encuentra en cualquier droguería, y obtenerlo es tan sencillo como pedir cierto producto de marca alemana para quitar las manchas de hormigón".

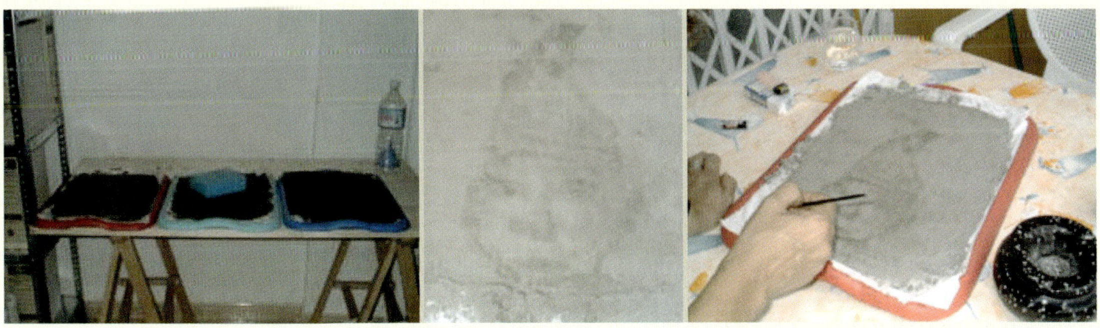

(http://www.lanzadera.com/belmez)

4. Revelaciones del más allá

a Vamos a ver un fragmento de un programa de televisión llamado Flashback. Se trata de un programa en el que un hipnotizador provoca regresiones en personas que se ofrecen voluntariamente a colaborar. En este caso, quien entra en trance es una médium que ha visitado recientemente la casa de las caras de Bélmez: su visión y unas fotografías que guardaba una pariente de la dueña de la casa pueden arrojar una nueva luz sobre el misterio de Bélmez. Toma nota de lo que ocurre y de los nuevos datos que se desvelan.

b En parejas o en grupos de tres, tratad de poner orden a toda esta información orgánizandola cronológicamente: el cementerio, la matanza, la aparición de las caras, la investigación...

c Con todo lo que has leído y visto sobre este caso, ya eres un experto en el tema. Seguro que puedes escribir un artículo sobre este fenómeno. Una posible estructura para ese artículo sería: 1) el fenómeno; 2) la cronología de los hechos; 3) las hipótesis de los estudiosos; 4) las últimas revelaciones; 5) tus hipótesis; 6) tus conclusiones. Pero puedes ordenar tus ideas de otra manera, si lo prefieres. Haz primero un esquema con estas partes (u otras). Luego, escribe un texto de al menos 400 palabras. Dirígelo a un lector que no sabe nada de este caso: trata de captar su interés y de ser claro para que no se pierda.

EL FENÓMENO	LA CRONOLOGÍA DE LOS HECHOS	LAS HIPÓTESIS DE LOS ESTUDIOSOS
LAS ÚLTIMAS REVELACIONES	TUS HIPÓTESIS	CONCLUSIONES

Radio Ventolera

Escucha este fragmento de un programa informativo: en él se relata el último descubrimiento que los parapsicólogos han hecho en Bélmez. Pero atención: el locutor se equivoca en varias de las afirmaciones que hace. ¿Puedes detectarlas?

Taller de escritura

Vamos a escribir una carta a los hijos de María Gómez, la dueña de la casa, que murió en el año 2004, y vamos a pedirles una entrevista. Piensa que no eres la primera persona que lo hace, así que tendrás que justificar muy bien tu solicitud. No olvides colocar los elementos típicos de una carta: lugar y fecha, saludo, despedida, firma y dirección tuyas, etc. Preséntate de manera clara antes de exponer los motivos de tu carta.

Todo bajo control

a En parejas, clasificad este vocabulario en los cinco apartados propuestos. Tenéis que poneros de acuerdo y, además, añadir tres palabras más en cada apartado.

milagro ectoplasma aparición metafísica raciocinio
pensamiento conciencia empirismo razón prueba
ángel dato fantasma mente mentalismo ego
voluntad reliquia voz psicofonía vibración
médium santo cura comprobación

1. religión
2. ciencia
3. psicología
4. parapsicología
5. filosofía

b Lee el siguiente artículo: es el texto que has escuchado en Radio Vantolera. Comprueba los errores en la información y corrígela usando frases con recursos como **no fue/era... sino...**, por ejemplo: *No era en Jerez donde está Bélmez, sino en Jaén.*

Las caras de Bélmez
¿MISTERIO RESUELTO?

Anoche pudimos asistir en Canal Sur a otro episodio más de la larga serie de hechos extraordinarios que lleva protagonizando el pueblo de Bélmez de la Moraleda, en la provincia de Jerez, desde que en 1981 aparecieron unas supuestas caras en el dormitorio de una casa. En el programa de la cadena de televisión pública andaluza, un hipnotizador, a través de una médium en trance, hizo rememorar una matanza de civiles, entre ellos varios niños, acontecida durante la Guerra Mundial. Vecinos del pueblo corroboraron que, en las inmediaciones de la Virgen de la Cabeza, "los rojos" mataron a un guardia civil y a su familia, parientes lejanos de María Gómez, la hija de la casa donde aparecieron las caras. Como homenaje, los supervivientes de esta familia recibieron de las autoridades un cuadro con fotografías de las víctimas, a los que entonces se les solía conocer como "caídos", enmarcados con banderas y fotos de Franco y de otros jerarcas e ideólogos del régimen. Ese cuadro estuvo arrinconado durante años sin que nadie le prestara ninguna atención, hasta que el director del programa pidió a María Gómez que buscara fotos de su familia asesinada. Las únicas que conservaba eran las de ese cuadro. Las fotos, según el programa de Televisión Española, presentan un parecido extraordinario con las caras aparecidas en la cocina de María, incluso durante un tiempo la imagen del Rey estuvo junto a ellas en el salón de Bélmez, pero siempre a cierta distancia de las demás caras, igual que en el cuadro homenaje de la familia del guardia civil.

SABER ENTENDER

SESIÓN 4.4
Viajes de ida y vuelta

Escenario

INMIGRACIÓN

Los extranjeros serán el 27 % de la población de España en el año 2015

EL PERIÓDICO

La población extranjera representará el 14,3 % del total del censo español en 2010 y el 27,4 % en 2015. Si se mantienen las tendencias actuales [...], los residentes extranjeros en España superarán los seis millones en 2010 y ascenderán, en 2015, a más de 11 millones, frente a los casi dos millones actuales (5,4% del total de población).

El estudio añade que un 85% de los españoles cree que se debe permitir la entrada solo a los extranjeros que tengan un contrato de empleo y que un 74% está dispuesto a que sus hijos compartan las aulas con los inmigrantes. Para un 48 %, los extranjeros son demasiados; para un 40 % son bastantes "pero no demasiados", y para un 4 %, son pocos. [...] El número de extranjeros casi se ha duplicado en cuatro años y medio, y triplicado con creces en 10 años. En 2003, su presencia era muy importante en Baleares (7,22 %), Canarias (5,48 %), Cataluña (5,20 %) y Madrid (5,03 %).

1. ¿Qué tipo de país es el tuyo con respecto a este fenómeno: es una tierra de inmigración o de emigración?
2. ¿El fenómeno de la emigración plantea un debate social en tu país?
3. ¿Sabes algo sobre la emigración en España? ¿Crees que es un país cerrado o abierto a la llegada de extranjeros

Objetivos

Vamos a acercarnos a una buena parte de la población española que no nació en España, pero que es hablante nativa o casi nativa de español. Se trata de personas cuyos países de origen fueron colonias españolas, algunas hasta hace poco tiempo. Vamos a ver cómo se sienten en España. Y vamos a ver también cómo vieron algunos españoles sus países en diferentes momentos históricos.

1. Asesores

A lo largo de esta sesión, vais a leer una serie de textos sobre españoles que, en diferentes momentos de la historia, estuvieron en América y África, casi todos como colonizadores o conquistadores. Luegos vais a ver y a oír a personas que han nacido en esos países y que ahora viven en España, y que nos van a contar sus experiencias, la aventura de cada uno como inmigrante.

Tenéis que tomar notas sobre lo que leeréis y lo que oiréis porque, después de recibir y analizar toda la información, vamos a debatir sobre la inmigración y a realizar una tarea muy ambiciosa. Dividiremos la clase en grupos. Cada grupo va a imaginar que forma el equipo de asesores para asuntos de inmigración del Presidente del Gobierno español: ¿cuáles creéis que son las medidas que el ejecutivo debería tomar en esta materia a corto, a medio y a largo plazo?

Cuando lo hayáis decidido (tenéis que conseguir el consenso dentro del grupo), deberéis exponerlas al resto de la clase, por medio de un portavoz, en un discurso de unos diez minutos.

2. Cuba

a Cristóbal Colón describe en esta carta dirigida a los Reyes Católicos a las gentes que encontró en Cuba. ¿Qué te parece su actitud respecto a los habitantes de la isla? ¿Y la de su tripulación? ¿Cuál crees que es la intención de esta carta? ¿Qué comentarios te parecen más curiosos?

La gente de esta isla y de todas las otras que he hallado y he habido noticia andan todos desnudos, hombres y mujeres, así como sus madres los paren, aunque algunas mujeres se cobijan un solo lugar con una hoja de hierba o una cofia de algodón que para ellos hacen. Ellos no tienen hierro, ni acero, ni armas, ni son para ello, no porque no sea gente bien dispuesta y de hermosa estatura, salvo que son muy temerosos [...] Verdad es que, después que se aseguran y pierden este miedo, ellos son tanto sin engaño y tan liberales de lo que tienen, que no lo creería sino el que lo viese.

Ellos de cosa que tengan, pidiéndosela, jamás dicen de no; antes, convidan la persona con ello, y muestran tanto amor que darían los corazones [...]. Yo defendí que no se les diesen cosas tan civiles como pedazos de escudillas rotas, y pedazos de vidrio roto [. . .] Todos creen que las fuerzas y el bien es en el cielo, y creían muy firme que yo con estos navíos y gente venía del cielo [...]. Y esto no procede porque sean ignorantes, y salvo de muy sutil ingenio y hombres que navegan todas aquellas mares, que es maravilla la buena cuenta que ellos dan que de todo; salvo porque nunca vieron gente vestida ni semejantes navíos. [...]

En todas estas islas me parece que todos los hombres sean contentos con una mujer, y a su mayoral o rey dan hasta veinte. Las mujeres me parece que trabajan más que los hombres. Ni he podido entender si tienen bienes propios; que me pareció ver que aquello que uno tenía todos hacían parte, en especial de las cosas comederas. [...]

En conclusión, [...] pueden ver Sus Altezas que yo les daré oro cuanto hubieren menester, con muy poquita ayuda que Sus Altezas me darán; ahora, especiería y algodón cuanto Sus Altezas mandarán cargar, [...] y esclavos cuantos mandarán cargar, y serán de los idólatras [. . .].

A 15 de febrero, año 1493. Hará lo que mandaréis,
El almirante

b Ahora vas a oír a Daylin. ¿Qué piensas de sus circunstancias familiares? ¿Serías tú capaz de dejar tu país por amor?

c ¿Qué diferencia encuentras entre la acogida que ha encontrado Daylin en España y la que tuvo Colón en Cuba?

3. México

a En el siglo XVI, el conquistador de México, Hernán Cortés, cuenta en esta carta sus primeras impresiones sobre la capital del reino azteca. ¿En qué se parece la ciudad de México que describe Cortés y una ciudad moderna? ¿Cuál crees que es su intención al escribir esta carta y hacer esa descripción de la ciudad?

Cartas de Relación al Emperador Carlos V

Esta gran ciudad de Temixtitan está fundada en esta laguna salada [...]. Es tan grande la ciudad como Sevilla y Córdoba. Son las calles de ella, digo las principales, muy anchas y muy derechas, y algunas de éstas y todas las demás son la mitad de tierra y por la otra mitad es agua, por la cual andan en sus canoas, [...] hay sus puentes de muy anchas y muy grandes vigas [...], y tales, que por muchas de ellas pueden pasar diez de a caballo juntos a la par. [...] Tiene esta ciudad muchas plazas, donde hay continuo mercado y trato de comprar y vender. Tiene otra plaza tan grande como dos veces la ciudad de Salamanca, toda cercada de portales alrededor, donde hay cotidianamente arriba de sesenta mil ánimas comprando y vendiendo; donde hay todos los géneros de mercadurías que en todas las tierras se hallan, así de mantenimientos como de vituallas, joyas de oro y plata, de plomo, de latón [...]. Véndese cal, piedra labrada y por labrar, adobes, ladrillos, madera labrada y por labrar de diversas maneras. Hay calle de caza donde venden todos los linajes de aves que hay en la tierra. [...] La gente de esta ciudad es de más manera y primor en su vestir y servicio que no la otra de estas otras provincias y ciudades, porque como allí estaba siempre este señor Mutezuma, y todos los señores sus vasallos ocurrían siempre a la ciudad, había en ellas más manera y policía en todas las cosas. Y por no ser más prolijo en la relación de las cosas de esta gran ciudad, aunque no acabaría tan aína, no quiero decir más sino que en su servicio y trato de la gente de ella hay la manera casi de vivir que en España, y con tanto concierto y orden como allá, y que considerando esta gente ser bárbara y tan apartada del conocimiento de Dios y de la comunicación de otras naciones de razón, es cosa admirable ver la que tienen en todas las cosas. [...]

b Ahora oirás a César. ¿Cómo es su viaje de ida y vuelta? ¿No te resulta paradójica su historia? ¿Qué te parecería que tu hijo/a o tu hermano/a tuviera una pareja extranjera? ¿Lo aceptarías sin problemas?

4. Marruecos

a El novelista español Pedro A. de Alarcón fue, en su juventud, voluntario en la Guerra de África, un cruento enfrentamiento que España sostuvo en Marruecos para mantener sus colonias. ¿Cuál es la función de este texto: es una justificación, un texto de historia...? ¿Cómo calificarías su actitud ante los "moros" y los moriscos? ¿Tienes tú el mismo concepto que el autor de lo que es la "grandeza de una nación"?

Diario de la Guerra. 1917

Nacido al pie de Sierra Nevada, desde cuyas cimas se alcanza a ver la tierra donde la morisma duerme su muerte histórica; hijo de una ciudad que conserva clarísimos vestigios de la dominación musulmana, como que fue una de sus últimas trincheras en el siglo XV y figuró después grandemente en la rebelión de los moriscos; amamantado con las tradiciones y crónicas de aquella raza que, como las aguas del Diluvio, anegó a España y la abandonó luego, pero dejando en montes y llanuras señales indelebles del cataclismo; habiendo pasado mi niñez en las ruinas de alcázares, mezquitas y alcazabas, [...] natural era que desde mis primeros años me sintiese solicitado por la proximidad del África y anhelase cruzar el Mediterráneo para tocar, digámoslo así, en aquel continente, la increíble realidad de lo pasado.

Más tarde, cuando los movimientos de mi corazón y los delirios de mi fantasía se convirtieron en ideas; cuando mi afición a lo extraordinario y maravilloso se trocó en amor a la patria, cifrándose en ardiente afán de su prosperidad y de su gloria; cuando, más español y cristiano que poeta amante de los moros, mis propensiones individuales principiaron a convertirse en aspiraciones colectivas y a dilatarse por el horizonte político, ya no fue mero deseo de cumplir una peregrinación romántica lo que me llevó a soñar de nuevo con la cercana morería; fue el convencimiento de que en África estaba el camino de aquella verdadera grandeza nacional que los españoles perdimos por resultas del descubrimiento de América y del casamiento de la hija de los Reyes Católicos con un príncipe de la Casa de Austria; fue el pensar que todos los tesoros que nos llegaron de las Indias y todos los triunfos alcanzados en Italia, en Flandes y en Alemania por Carlos V y Felipe II, de nada sirvieron para impedir que España decayera miserablemente el día que a la expulsión de los judíos sucedió la de los moriscos; fue el ver tan claro como la luz del sol que la política exterior de la nación española debía reducirse a una constante expansión [...] hacia aquel continente que se percibía desde nuestras costas y en el que ya teníamos asentada la planta. [...]

Ahí tenéis recapitulados en compendio los sentimientos que me impulsaron desde primera hora en 1859 a tomar parte en la Guerra de África.

b Ahora vas a ver una entrevista a Momo, un marroquí que vive en España. ¿Por qué crees que Momo ha ido a la Universidad en España? ¿Crees que se siente bien tratado? ¿Tiene buenas relaciones con los españoles?

5. Argentina

a Federico García Lorca dirigió al público de Buenos Aires estas palabras. ¿Qué tipo de texto es: una carta, unas instrucciones...? ¿Qué características destaca de Argentina? ¿Cómo definirías su estilo: formal o informal, poético o prosaico? ¿En qué palabras o frases lo ves? ¿Por qué crees que llama a su voz "junco del Genil"?

"El dirigir la palabra esta noche al público no tiene más objeto que dar las gracias bajo el arco de la escena por el calor y la cordialidad y la simpatía con que me ha recibido este hermoso país, que abre sus praderas y sus ríos a todas las razas de la tierra. A los rusos con sus estrellas de nieve, a los gallegos que llegan sonando ese cuerno de blando metal que es su idioma, a los franceses en su ansia de hogar limpio, al italiano con su acordeón lleno de cintas, al japonés con su tristeza definitiva. Pero, a pesar de esto, cuando subía las ondas rojizas y ásperas como la melena de un león que tiene el Río de la Plata, no soñaba esperar, por no merecer, esta paloma blanca temblorosa de confianza que la enorme ciudad me ha puesto en las manos; y más que el aplauso agradece el poeta la sonrisa de viejo amigo que me entrega el aire luminoso de la Avenida de Mayo.

En los comienzos de mi vida de autor, yo considero como fuerte espaldarazo esta ayuda atenta de Buenos Aires, que correspondo buscando su perfil más agudo entre sus barcos, sus bandoneones, sus finos caballos tendidos al viento, la música dormida de su castellano suave y los hogares limpios del pueblo donde el tango abre en el crepúsculo sus mejores abanicos de lágrimas.

Rubén Darío, el gran poeta de América, cantó con voz inolvidable la gloria de la Argentina, poniendo vítores azules y blancos en las pirámides que forman la zumbadora rosa de sus vientos. Para agradecer vuestra cortesía, yo pongo mi voz pequeña como un junco del Genil al lado de ese negro tronco de higuera que es la voz suya. [...] Yo dejo mis gracias en el aire para que lleguen recién cortadas de mi boca a vuestra sincera cordialidad."

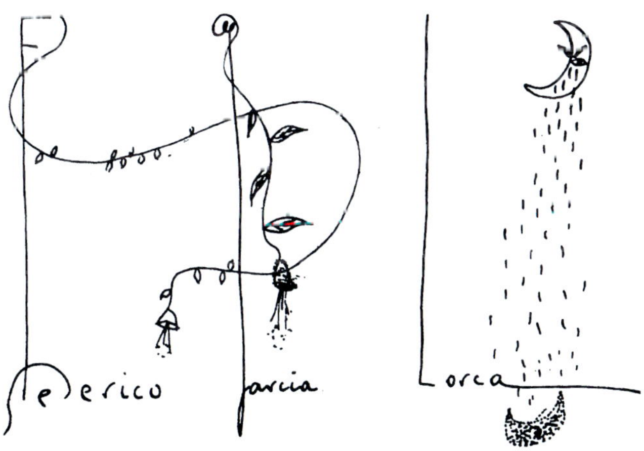

b Ahora verás y oirás a Belén, que es argentina. ¿Te parecen importantes las razones de Belén para elegir España para vivir? ¿Qué opinas de su actitud ante los españoles? ¿Crees que se quedará?

6. Política de extranjería

a Ahora es el momento de analizar y debatir en grupo las notas que habéis tomado. Debéis acordar unas líneas de actuación para el Gobierno español en materia de inmigración, que podéis resumir en algunos puntos. Con ellos, crearéis un discurso que leerá un portavoz. El vocabulario siguiente puede seros útil.

inmigrante

inmigración

emigrante

emigración

movimientos migratorios

población

densidad de población

habitante

residente

permiso de residencia

permiso de trabajo

integración

ley de extranjería

regularización

mano de obra

...

b Es el momento de leer vuestro discurso. Deberá ser formal, contener vocabulario adecuado y estar bien estructurado y concebido para convencer de que vuestras propuestas son las mejores. Después de oír a todos los grupos, podéis decidir cuál lo ha hecho mejor.

Radio Ventolera

a Hoy vais a ser vosotros los creadores de Radio Ventolera. En grupos de tres, vais a elaborar un pequeño programa para nuestra emisora sobre Guinea Ecuatorial, un país africano que fue colonia española. Pero primero vamos a investigar estas cuestiones.

1. ¿Dónde se encuentra Guinea Ecuatorial? ¿Cómo es su territorio? ¿Tiene costa?
2. Guinea Ecuatorial fue colonia española, ¿hasta cuándo?
3. ¿Qué lenguas se hablan en Guinea Ecuatorial?
4. ¿Cuál es la religión mayoritaria?
5. ¿Cuál es la capital?
6. ¿Cuáles son las riquezas del país? ¿Qué recursos naturales tiene? ¿A qué se dedica mayoritariamente la población?
7. ¿Qué relación han tenido históricamente los guineanos con España? ¿Qué estatus legal?
8. ¿Qué régimen político tiene Guinea Ecuatorial?

b Ahora vamos a escribir el guión. Pensad que tiene que ser un texto informativo para vuestros compañeros que estudian español y que tiene que ser entretenido, ¡esto es radio! Después podéis grabarlo y hacer que lo escuchen, por ejemplo, vuestros compañeros de la clase de al lado. Ellos serán vuestro público y vuestros jueces de audiencia.

Taller de escritura

a Vuelve a las notas que habéis tomado para crear el discurso de la actividad 6. Partiendo de esas notas o del discurso, vas a escribir un texto argumentativo en el que presentes tu opinión y conclusiones sobre este tema.

TEXTOS ARGUMENTATIVOS

Los textos argumentativos sirven para convencer al lector de la opinión que el escritor tiene sobre un tema y suelen tener una estructura más o menos fija.

1. **Opinión o tesis.** Debe estar expresada de manera clara.
2. **Argumentos**. Cuando son más de uno, aparecen introducidos por estos u otros conectores: **además**, **encima**, **por añadidura**, **por demás**, **incluso**, **inclusive**, etc.
3. **Contraargumentos.** Si cada argumento va seguido de su contraargumento, el lector no se pierde. Los suelen introducir estos conectores: **pero**, **sin embargo**, **no obstante**, **con todo**, **ahora bien**, **de todas maneras**, **de todos modos**, **de todas formas**. O estos otros, no tan fuertes: **aunque**, **si bien**, **a pesar de (que)**, **pese a (que)**.
4. **Conclusiones.** Tienen que convencer al lector, dejarlo sin ninguna duda. Algunos de los conectores que los introducen son estos: **por tanto**, **en consecuencia**, **en conclusión**, **por consiguiente**, **por ende** (muy formal y anticuado), **por ello**, **por eso**.

b Escribe tu texto y asegúrate de que encaja en este esquema.

Todo bajo control

a ¿Puedes detectar las diferencias que existen entre el español que tú conoces (el de tu profesor u otras personas que hablan español) y el que hablan Daylin, César y Belén?

	Pronunciación	Vocabulario	Otras cosas que tú observes
Daylin	No pronuncia las "z" ni las "c" como muchos españoles.		
César			
Belén			

b ¿Te sientes "superior"? En este texto faltan algunas palabras que debes elegir entre las opciones que tienes abajo. Se trata de una entrevista a Jordi Sabater, un psicobiólogo y etólogo especializado en primates que ha pasado media vida en África.

– ¿Estudió [1]________ (la lengua de la principal etnia de [2]________ Ecuatorial)?

Sí, y me costó mucho aprender, a los [3]________ no les gustaban los europeos. Muchos de los blancos que había allí en aquella época eran muy [4]________, solo querían enriquecerse y trataban a los nativos como [5]________.

– Descríbame su [6]________ a Guinea.

– Llegué a puerto, tras un mes de [7]________, el día de San Juan del año 1940. Era el [8]________, no había comenzado la explotación [9]________ e implacable que se dio a partir de los cincuenta. Tenía 16 años, era el hijo mayor de una familia [10]________ por la Guerra Civil y me fui a trabajar a las [11]________ con un primo de mi padre a una [12]________ en la isla de [13]________.

– ¿Y qué aprendió de los [14]________?

– El misterio de la selva. Ellos la veían como un cosmos. Creían que las almas de los [15]________ se reencarnaban en árboles o en animales. Era fantástico, ibas con ellos por la selva y, [16]________ un arbol, te decían: "Esa es mi abuela y, aquel, mi abuelo". Desde entonces amo [17]________ la naturaleza. [...] Cuando descubrí que los chimpancés fabricaban [18]________, me emocioné tanto que corrí a explicárselo a mi mujer. Ella y mis hijos me acompañaban a [19]________ a la selva. ¿Por qué no han continuado con su trabajo?, te [20]________ preguntando.

– Sí.

– Como dirían los [21]________, "mayem", que significa [22]________ ¡Sabes?, los mapas de África están llenos de ríos que se llaman [23]________ porque los primeros exploradores preguntaban a los [24]________: ¿este río cómo se llama? Y ellos contestaban: "Mayem, mayem", ja, ja, ja.

(Fragmentos de una entrevista de Inma Sanchís en www.iespana.es/laguineaecuatorial/textos/)

1. a. fang	b. árabe	c. swahili	13. a. Tenerife	b. Fernando Poo	c. Guinea
2. a. Guinea	b. Ecuador	c. España	14. a. europeos	b. esclavos	c. fang
3. a. swahilis	b. esclavos	c. fang	15. a. difuntos	b. espíritus	c. fantasmas
4. a. simpáticos	b. raros	c. marginales	16. a. subiéndose	b. yendo	c. señalándote
5. a. esclavos	b. europeos	c. fang	17. a. mucho	b. profundamente	c. demasiado
6. a. vida	b. llegada	c. estancia	18. a. utensilios	b. usuarios	c. usos
7. a. navegación	b. España	c. Guinea	19. a. mucho	b. menudo	c. frecuencia
8. a. infierno	b. paraíso	c. viaje	20. a. habrás	b. estarías	c. estarás
9. a. agraria	b. abusiva	c. arqueológica	21. a. españoles	b. fang	c. árabes
10 a. ruinosa	b. ruínica	c. arruinada	22. a. no sé	b. río	c. no tiene
11. a. colonias	b. Guineas	c. islas	23. a. Río	b. Mayem	c. Fang
12. a. familia	b. rancho	c. granja	24. a. españoles	b. árabes	c. fang

SABER ENTENDER

SESIÓN 4.5
Ni contigo, ni sin ti

Escenario

Ni contigo ni sin ti
tienen mis males remedio.
Contigo, porque me matas,
sin ti, porque yo me muero.

El título de esta sesión es el de esta conocida copla española: se refiere a un amor que no podemos abandonar pero que nos hace daño. ¿Por qué crees que hemos escogido ese título para la unidad en la que hablaremos de nuestra relación con la gramática?

¿Tu mejor aliado o tu peor enemigo? Hay quien dice que se puede aprender perfectamente una lengua sin saber nada de gramática, pero hay también quien piensa que sin ella se tarda mucho más en aprender y que facilita enormemente el proceso.

Algunos estudiantes necesitan reglas sencillas y directas que aprenden de memoria y que aplican sin dudar; otros necesitan saber el porqué de las reglas para poder usarlas ya que, sin ellas, se sienten perdidos.

1. ¿Y tú, qué tipo de estudiante eres?
2. ¿Te gusta la gramática?
3. ¿En qué crees que consiste una buena explicación gramatical?

Objetivos

En el proceso de aprendizaje de una lengua, la gramática puede ser una herramienta muy útil o un obstáculo insalvable. A estas alturas, ya sabes bien de qué estamos hablando, ¿verdad? Vamos a revisar nuestra relación con la gramática tratando de pasar "al otro lado": en lugar de que te la expliquen, vas a ser tú quien lo haga.
Para ello, escucharemos los problemas de algunas personas como tú: estudiantes con un nivel alto de español, pero que todavía sienten que no las tienen todas consigo. Vosotros os vais a convertir en sus profesores y vais a decirles qué deberían hacer para resolver sus problemas con la gramática.

1. Para hacer de profesor de español

a Vamos a ver y a escuchar a cinco estudiantes que hablan de sus problemas con el español en general pero sobre todo con la gramática. A medida que vayas oyendo sus intervenciones, toma nota de lo que creas que te puede servir para ayudarlo después.

b En parejas. Imaginad que sois profesores de español y que queréis ayudar a los estudiantes que acabáis de ver. Discutid las posibles soluciones a sus problemas y anotad en la página siguiente algunas recomendaciones que les puedan ser útiles. En los sitios de internet y en las obras de referencia que os proponemos , podréis encontrar explicaciones para sus dudas o, al menos, un lugar al que dirigirlos para que ellos mismos los consulten.

Gramatica

http://www.gramatica.es/

Google

SITIOS DE CONSULTA PARA LOS USUARIOS DE LA LENGUA ESPAÑOLA

Real Academia Española
http://www.rae.es
Esta página pone a tu disposición a la mismísima Real Academia Española, la institución que establece las reglas de la gramática española y que crea el diccionario "oficial" del español. Puedes mandar tu duda por correo electrónico y, al cabo de unos días, recibes una respuesta. No debes olvidar que la Academia atiende a las normas oficiales del español pero no tiene siempre en cuenta los usos que mucha gente hace de la gramática: la lengua viva cambia más deprisa que las normas. En esta página puedes consultar también el *Diccionario panhispánico de dudas.*

Instituto Cervantes
http://cvc.cervantes.es
Esta es la página del Instituto Cervantes, la institución creada para la difusión de la lengua y la cultura españolas en el mundo. En esta web, encontrarás informaciones culturales y literarias y también cuestiones relacionadas con la lengua. La "didactiteca" (http://cvc.cervantes.es/aula/didactiteca) es especialmente interesante y, en ella, muchos profesores ponen en la red ideas, ejercicios o clases completas a disposición de sus compañeros y de los alumnos. Todos estos recursos están ordenados alfabéticamente, por lo que son muy fáciles de consultar.

GRAMÁTICAS

- **Gramática básica del estudiante de español**
  Rosa Alonso et al. (Difusión, 2005)
- **Gramática comunicativa del español**
  Francisco Matte Bon (Difusión, 1992)
- **Gramática de la lengua española**
  Emilio Alarcos Llorach (Espasa Calpe, 1994)
- **Gramática descriptiva de la lengua española**
  Dirigida por I. Bosque y V. Demonte. (Real Academia Española/Espasa Calpe, 1999)

CHRISTIAN

DIAGNÓSTICO: ______________________________

____

TRATAMIENTO: ______________________________

____

CARINE

DIAGNÓSTICO: ______________________________

____

TRATAMIENTO: ______________________________

____

DOUGLAS

DIAGNÓSTICO: ______________________________

____

TRATAMIENTO: ______________________________

____

MAGDALENA

DIAGNÓSTICO: ______________________________

____

TRATAMIENTO: ______________________________

____

INGRID

DIAGNÓSTICO: ______________________________

____

TRATAMIENTO: ______________________________

____

2. Y ahora tú

a Haz una reflexión sobre tus propias dificultades en el aprendizaje del español y responde a estas preguntas.

¿Tienes problemas de gramática?

____

¿Crees que se pueden resolver con libros o haciendo ejercicios?

____

¿Tienes otros problemas con el uso de la lengua?

____

b Si tienes problemas de gramática, ¿en qué consisten? ¿Cuáles son los que te molestan más? Consulta las obras de referencia y las páginas web que te proponíamos en la actividad anterior y úsalas ahora para ayudarte a ti mismo: decide cómo vas a resolver tus problemas con la gramática.

Problema 1 ______________________________

¿Qué debo hacer? ______________________________

____

Problema 2 ______________________________

¿Qué debo hacer? ______________________________

____

Problema 3 ______________________________

¿Qué debo hacer? ______________________________

____

c Si tienes problemas de otra clase con el uso de la lengua, ¿de qué tipo son? ¿En qué competencias: hablando delante de público, conversando, leyendo, escuchando, escribiendo? ¿Qué puedes hacer para solucionarlos?

Radio Ventolera

Vamos a escuchar un programa de ofertas de trabajo. Toma nota de los diferentes puestos ofrecidos. ¿Cuál es la más adecuada a tus intereses y tus capacidades? Explícalo al resto de la clase.

Taller de escritura

Responde a alguna de las ofertas de trabajo que acabas de escuchar y envía tu currículum vitae. Aquí tienes algunas recomendaciones para redactarlo correctamente.

CÓMO TRIUNFAR CON TU CURRÍCULUM

¿Para quér sirve un currículum? ¿Para contar tu vida? ¡No! Para conseguir una entrevista de trabajo. Aquí tienes algunas recomendaciones para alcanzar ese objetivo.

1. ESTILO

El primer objetivo que buscas a la hora de preparar tu currículum vitae es obtener una entrevista de trabajo. Por eso, es conveniente modificarlo en función del puesto al que te presentes y poner mayor énfasis en los aspectos más relacionados con la oferta.

Puedes presentar los datos cronológicamente o funcionalmente. Este último modelo te permite seleccionar los puntos positivos y omitir los eventuales errores de recorrido, los periodos de paro, los cambios de trabajo demasido frecuentes, etc.

2. ESTRUCTURA

Datos personales
Nombre y apellidos, lugar y fecha de nacimiento, estado civil, dirección, teléfono, correo electrónico, etc.

Formación académica
Estudios (indicando fechas), centro y lugar donde han sido realizados.

Otros títulos y cursos
Estudios complementarios que mejoran tu formación, indicando fechas, centro y lugar donde fueron realizados.

Experiencia profesional
Experiencia laboral relacionada con el puesto de trabajo que se solicita o que pueda ser de interés. No olvides señalar las fechas, nombre de las empresas y las funciones llevadas a cabo.

Idiomas
Menciona el nivel. Si obtuviste algún título reconocido, indícalo.

Informática
Señala aquellos conocimientos informáticos que poseas: sistemas operativos, procesadores de texto, hojas de cálculo, bases de datos, diseño gráfico, internet, etc.

Otros datos de interés
Señala todos aquellos aspectos que no han sido incluidos todavía, tales como carné de conducir, disponibilidad, etc.

3. RECOMENDACIONES

Recuerda que tu currículum no debe exceder de una o dos páginas. Tienes que cuidar el estilo y la imagen (papel de calidad, caracteres apropiados al contenido, presentación airosa que facilite la lectura, etc.) y evitar los errores de ortografía. Si incluyes una fotografía, debe ser reciente y de tamaño carné.

Todo bajo control

a Lee este texto que ha escrito, como ejercicio de clase, un estudiante de español. Luego, responde a las preguntas.

CHICA ACABÓ SU PROPIO MUERTE

Ayer por la medianoche una alumna de la universidad fue maltratada de un hombre de la misma universidad.

La alumna estaba escribiendo una tesis sobre la violencia en la tele cuando encontro un montón de vídeos sobre muertes real (películas de 'snuff'). Por culpa de eso la fue conseguida por los hombres responsables de esas muertes.

En cuando el asesino fue descubierto por ella, se fue más intenso par aguardar su secreto y la ataco con intenciones de la mata. La capturo para hace una nueva película de 'snuff', pero ella consiguió a escapar de su silla de muerte.

En el garaje del asesino se fue asesinada por ella cuando la atacó una vez más.

El asesino tenia 23 anos y estaba hasta estos das un respetable hombre.

1. ¿Qué tipo de texto pretende ser?
2. ¿De qué trata?

b Vuelve a leer el texto y fíjate en los errores que comete. Enumera los problemas que presenta.

De vocabulario:

De ortografía:

De gramática:

De estilo (cosas no adecuadas para el tipo de texto):

c Reescribe el texto anterior corrigiendo los errores y las incoherencias. ¿Sabías que este es el argumento de una película española? ¿Sabes de cuál?

d En muchas de las sesiones de este libro, habrás visto que hay dos secciones que aquí faltan. Como ahora tú eres el profesor, son cosa tuya: ¡deberás crear las secciones e y f!

e Crea la sección **¿Te sientes "superior"?**: prepara diez preguntas de elección múltiple sobre las cuestiones que han salido en la unidad. Reflexiona sobre qué cuestiones te parecen más interesantes o importantes y escribe las diferentes opciones. Ten en cuenta que solo puede haber una respuesta correcta, así que tienes que contextualizar bien las frases para que no haya dudas posibles. Anota las soluciones e intercámbialas con uno de tus compañeros para examinaros mutuamente.

f Crea la sección **?Poblemas¿**
Escribe diez frases en las que incluyas lo que tú crees que es un error de gramática difícil de detectar para tus compañeros. Piensa en cosas que ya señalasteis en esta unidad, cuando hablasteis de vuestros propios problemas con la gramática. En otra hoja, escribe las frases correctamente. Después, intercambia las frases con tus compañeros. Podéis hacer un juego por equipos: en grupos, realizad una selección de las diez mejores frases y escribidlas en tarjetas de papel. El equipo contrario sacará una tarjeta, tendrá que encontrar el error y explicarlo a toda la clase en dos minutos. A ver quién gana.

Rodando... ¡Acción!

a Vas a grabarte a ti mismo de dos formas diferentes.

1

HABLANDO DE TI MISMO: HAZ TU VÍDEO DE PRESENTACIÓN PARA UN CONCURSO O UN PROGRAMA DE TELEVISIÓN, "VÉNDETE", PERO DE MANERA INFORMAL Y ESPONTÁNEA.

2

DICIENDO UN MONÓLOGO PREPARADO PREVIAMENTE SOBRE TUS ESTUDIOS O TU TRABAJO. PREPARA TU VÍDEO DE PRESENTACIÓN PARA UN TRABAJO O UNA BECA.

Primero, prepara el guión de lo que vas a decir. Puedes escribir un texto o simplemente hacer un esquema. Aquí tienes algunas recomendaciones.

- Ten en cuenta que no se habla como se escribe. Evita las frases demasiado largas y elige palabras directas y de fácil comprensión.
- Piensa en la adecuación de tu texto: ¿es lo bastante coloquial o lo bastante formal para tus intereses y para el destinatario en cada caso?
- Recuerda que, como se dice en español, "lo bueno, si breve, dos veces bueno".

b Depués de grabar el vídeo, míralo con calma y autoevalúate: ¿qué tal lo has hecho? ¿Qué problemas detectas?

c Finalmente, muestra tu vídeo a tus compañeros. Ellos también te pueden hacer comentarios interesantes. Si no tenéis a mano una cámara de vídeo, cada uno puede simplemente hacer una presentación delante de la clase.

5 SABER PALABRAS

SESIÓN 5.1

Fábrica de palabras

La formación de palabras a través de la composición y la derivación.

SESIÓN 5.2

Fauna humana

Familiarizarse con expresiones coloquiales referidas a animales.

SESIÓN 5.3

Sensaciones

El vocabulario descriptivo en textos literarios relacionado con sensaciones e impresiones sobre la realidad.

OBJETIVO

En las sesiones de este apartado vamos a enriquecer nuestro vocabulario aprendiendo los mecanismos de formación de palabras, así como algunas expresiones coloquiales con nombres de animales, y trabajando con el lenguaje que caracteriza a los textos literarios, académicos y periodísticos.

SESIÓN 5.4

Exámenes y trabajos

La cohesión y la precisión del vocabulario al elaborar textos académicos.

SESIÓN 5.5

Taller de prensa

El lenguaje periodístico y el vocabulario más frecuente en cada una de las secciones de un periódico.

SESIÓN 5.1
Fábrica de palabras

Escenario

Fíjate en estas palabras. ¿Qué tienen en común?

lavar lavado lavadora
lavadero lavativa lavatorio

A lo mejor no sabes lo que significan algunas, pero te das cuenta de que tienen una parte común, ¿verdad? Pues esa parte es la raíz sobre la que se forman todas, lo demás son sufijos. Fijarte en la raíz de algunas palabras puede ayudarte a saber lo que significan.

También tienen algo en común las palabras **lavavajillas** y **lavaplatos** pero, a diferencia de las anteriores, se componen de dos palabras.

En parejas. Escribid una serie de palabras que pertenezcan a una misma familia.

Objetivos

En esta sesión trabajaremos con palabras compuestas y derivadas. Controlar estos mecanismos de formación de palabras (la composición y la derivación) nos permite no solo aprender vocabulario, sino también inferir el significado de muchas palabras cuando las encontramos por primera vez.

Pero, claro, aquí solo te presentaremos palabras, aprenderlas es cosa tuya, lo que no quiere decir que no puedas contar con tus compañeros. Seguro que podéis compartir vuestras estrategias para recordar vocabulario nuevo en español. Piensa en lo que tú haces y cuéntaselo a tus compañeros. Ellos harán lo mismo.

1. ¡Cuántos cacharros!

a Aquí tienes una serie de objetos. Todos son instrumentos, aparatos, recipientes o productos. ¿Sabes para qué sirven? ¿Los tienes en casa?

1. Un abrebotellas
2. Un sacapuntas
3. Un quitaesmalte
4. Un portafolios
5. Un quitamanchas
6. Un limpiacristales
7. Un portarretratos
8. Un sacacorchos
9. Un cortacésped
10. Un matamoscas

Un abrebotellas es un objeto que sirve para abrir botellas.

LA COMPOSICIÓN DE PALABRAS

Las palabras anteriores se componen de un verbo y un nombre y, por sí solas, describen la función del objeto que designan. Este mecanismo de formación de palabras es tan útil y productivo que muchos de los utensilios y productos que se inventan forman su nombre así, tomándolo de su función: **cortapizzas, rascavidrios, friegasuelos**, etc.

Art.	+	(V	+	N)
un/el		abre		botellas

b Ahora, en parejas, deducid la regla de formación de estas palabras fijándoos en el género y en el número del artículo. ¿Hay algunas excepciones?

c Con la regla anterior y las siguientes palabras e imágenes, a ver cuántas palabras conseguís crear entre toda la clase.

abrir cortar lavar pintar quitar

d ¿Sabes qué son estas cosas? ¿Para qué sirven? ¿Dónde las puedes encontrar?

salvamanteles
tocadiscos
sacacorchos
guardabarros
parabrisas
portaequipajes
rompehielos
quitanieves
cascanueces
quitamiedos
limpiaparabrisas

Un salvamanteles es una cosa que se pone en la mesa, debajo de las ollas o las cazuelas calientes y que sirve para proteger el mantel y la mesa. Los puedes encontrar en...

e En grupo. Cada alumno elige una de las palabras que han salido hasta ahora y la representa mediante mímica ante el resto del grupo.

2. ¡Qué gente más rara!

a ¿Sabes a qué se dedican estas personas?

guardabosques guardacoches limpiabotas pinchadiscos

b Estos nombres se refieren a personas y se utilizan en contextos informales; de hecho, la mayoría son insultos más o menos fuertes. En parejas, intentad entender cuál es su significado.

a. aguafiestas
b. cantamañanas
c. chupacirios
d. chupatintas
e. correveidile
f. hazmerreír
g. lameculos
h. matasanos
i. metomentodo
j. picapleitos
k. pintamonas
l. sabelotodo

c Ahora, confirmad vuestras suposiciones asociándolas con las siguientes definiciones del *Diccionario de la Real Academia Española*.

1. Persona que se mete en todo, entrometida.
   metomentodo
2. Oficinista de poca categoría.
3. Persona informal, fantasiosa e irresponsable, que no merece crédito.
4. Persona aduladora y servil.
5. Persona que lleva y trae cuentos y chismes.
6. Persona que presume de sabia sin serlo.
7. Persona que por su figura ridícula y porte extravagante sirve de diversión a los demás.
8. Hombre que frecuenta mucho los templos, beato.
9. Curandero o mal médico.
10. Abogado enredador y rutinario.
11. Pintor de corta habilidad.
12. Persona que turba cualquier diversión o regocijo.

3. Prefijos y sufijos

a Con los siguientes elementos se pueden formar muchas palabras, ¿verdad? Piensa en algunos ejemplos.

in- des- -ción -azo/-aza

La derivación de palabras

La derivación es un mecanismo muy productivo que enriquece el español y, al igual que la composición de palabras, se aplica con frecuencia a los descubrimientos o inventos científicos y tecnológicos (**ordenador**, **microcosmos**, **macroeconomía**).

Pero la derivación responde, a menudo, a necesidades expresivas difíciles de verbalizar: no es lo mismo, por ejemplo, que algo te cueste un **eurito** que te cueste un **eurazo**, depende de si te parece barato o caro. Y tampoco es lo mismo decir **gorda** que **gordita**, ya que con el segundo adjetivo queda claro que no deseamos herir a la persona designada.

Prefijos
Los prefijos van delante de una palabra o raíz. Por ejemplo:

des- suele expresar "lo contrario de":
desinteresado, desestimar, deshacer, desocupar

in- significa "no":
inútil, insensible, inepto

Sufijos
Los sufijos van detrás de una palabra o raíz. Por ejemplo:

-ción suele utilizarse para convertir verbos en nombres:
captación, descripción, concepción, adopción

-azo/a expresa que algo está en gran cantidad, es grande o contundente:
mazazo, madraza, tipazo

b En el cuadro de la columna de la derecha tenéis una lista con los prefijos más comunes. Completad, en parejas, los huecos que faltan. Recurrid al diccionario solo cuando ninguno del los dos sepa la solución.

PREFIJOS	SIGNIFICADO	EJEMPLOS
ab-, abs-	privación, separación	1
ad-, a-	aproximación, unión	**ad**yacente, **a**portar
a-, an-	2	**a**simétrico
ante-	anterior a	**ante**ayer
anti-	3	**anti**monárquico
co-, con/m-	compañía, unión	**co**partícipe, **con**sorte
contra-	4	**contra**decir
des-	privación, negación de	5
ex-, es-, e-	dirección hacia fuera	**ex**portar, **es**tirar
ex-	6	**ex**presidente
extra-	fuera de, más que	**extra**ordinario
hiper-	7	**hiper**tenso
hipo-	por debajo de	**hipo**tenso
in-, i-	sin una cualidad	**in**cauto, **i**lógico
inter-	situación intermedia	**inter**ponerse
macro-	8	**macro**molécula
micro-	pequeño	9
pos-, post-	después de	**pos**poner, **post**data
pre-	10	**pre**supuesto
re-	volver a	**re**hacer
sobre-	por encima de	11
sub-	12	**sub**marino
super-	superioridad, exceso	**super**poner

c La derivación mediante sufijos es, en general, algo más compleja, ya que unos se aplican solo a nombres, otros a verbos, otros a adjetivos, etc. Por ello, aquí los hemos clasificado según la palabra resultante y su significado. Escribe un ejemplo adicional en cada caso.

NOMBRES FORMADOS SOBRE UN VERBO

-anza	and**anza**, semejanza
-dor/-dora	cobra**dor**,
-dura	barre**dura**, raya**dura**,
-ción, -sión	combina**ción**,
-miento	pensa**miento**,

NOMBRES ABSTRACTOS QUE INDICAN CUALIDAD

-ancia, -encia	frag**ancia**,
-anza	esper**anza**
-dad	serie**dad**,
-ez	idiot**ez**,
-eza	sutil**eza**
-ía	cortes**ía**,
-ismo	optim**ismo**
-or	amarg**or**,
-tud	juven**tud**
-ura	dulz**ura**,

d ¿Cuál de los anteriores sufijos dan lugar siempre a nombres femeninos?

ADJETIVOS QUE EXPRESAN POSESIÓN DE UNA CIERTA CUALIDAD O ELEMENTO

-ado/a	barb**ado**, color**ada**
-dero/a	verda**dero**, hace**dera**
-iento/a	hambr**iento**, avar**iento**
-izo/a	paj**izo**, enferm**izo**
-oso/a	pring**oso**, graci**osa**
-udo/a	nari**gudo**, barb**uda**

GENTILICIOS

-ano/a	asturi**ano**, colombi**ano**
-ense	bonaer**ense**, conqu**ense**
-eño/a	extrem**eño**, lim**eña**
-és/-esa	leon**és**, aragon**esa**
-ino/a	bilba**íno**, granad**ina**
-í	marroqu**í**, israel**í**

ADJETIVOS QUE INDICAN PERTENENCIA O RELACIÓN

-ario/a	ordin**ario**, solid**aria**
-al	ministeri**al**, later**al**

VERBOS FORMADOS SOBRE NOMBRES O ADJETIVOS

-ar	archiv**ar**, arañ**ar**
-uar	concept**uar**, sit**uar**
-ear	agujer**ear**, format**ear**
-izar	amen**izar**, tiran**izar**
-ificar	dos**ificar**, sant**ificar**
-ecer	hume**decer**, enriqu**ecer**

e Para practicar la formación de adjetivos y sustantivos en forma de aumentativos, diminutivos y despectivos, completad, en parejas, la tabla con un ejemplo más de cada caso.

AUMENTATIVO	DIMINUTIVOS	DESPECTIVOS
-ón/a inocent**ón**	-ito/a gord**ito**	-aco/a libr**aco**
-azo/a man**aza**	-illo/a arbol**illo**	-ajo/a pequeñ**aja**
-ote/a angel**ote**	-ico/a abuel**ica**	-ejo/a animal**ejo**
-ísimo/a buen**ísimo**	-ín/a parlanch**ín**	-acho/a ric**acha**
	-uelo/a arroy**uelo**	-ucho/a puebl**ucho**

4. La serpiente parlanchina

Para practicar lo que hemos aprendido, vamos a hacer un juego de palabras derivadas, o sea, con prefijos y sufijos. Hacemos un círculo con las sillas (o una serpiente si no se pueden mover) porque tenemos que estar atentos a lo que dice nuestro compañero de al lado y ser rápidos en nuestras respuestas. Y el premio... ¿Qué tal si lo decidís vosotros?

INSTRUCCIONES

1 El primer estudiante dice un nombre o un verbo cualquiera a su compañero/a. Por ejemplo: **orden**.

2 El siguiente tiene que decir, en menos de 5 segundos, un derivado de esa palabra. Por ejemplo: **ordenado**. Recibe un punto si la respuesta es correcta.

3 La siguiente persona tiene que decir otra palabra compuesta con la misma raíz. Por ejemplo: **desordenado**, **ordenador**, **reordenar**, **contraorden**, **ordenanza**, etc. Cada palabra derivada correcta vale:
– un punto si es la primera de la serie,
– dos puntos si es la segunda,
– tres puntos si es la tercera, etc.

4 Si alguien no consigue decir un derivado, puede decir una nueva palabra, pero no recibe punto alguno.

Atención: para hacer el recuento final, conviene que apuntéis las palabras conforme se vayan diciendo.

Radio Ventolera

Vas a escuchar un programa de radio al que llaman personas que han creado algo ingenioso. Hoy, el locutor habla con una inventora. Escucha el programa atentamente y responde a las siguientes preguntas.

1. ¿En qué consiste su invento?
2. ¿Qué nombre le ha dado?
3. ¿Para qué sirve?
4. ¿Quiere patentarlo?

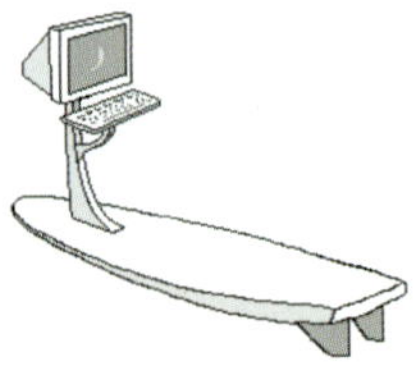
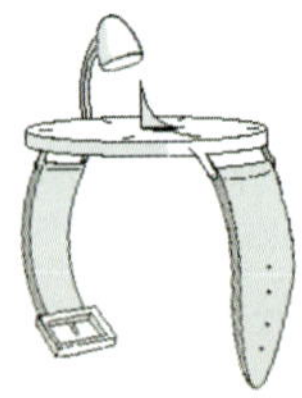
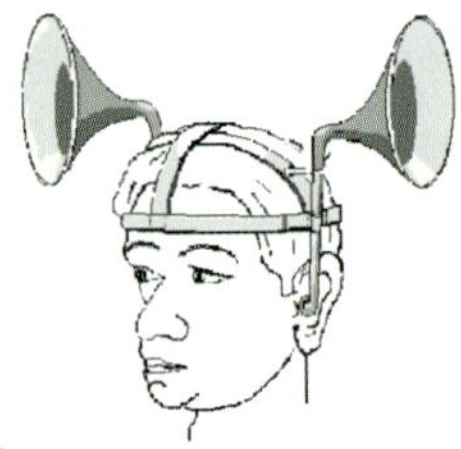

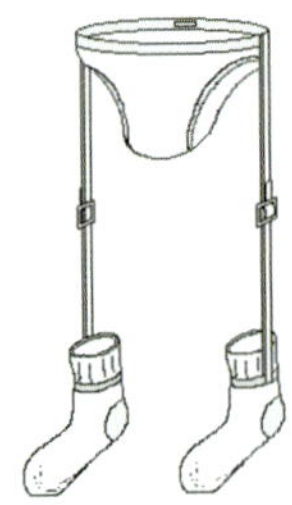
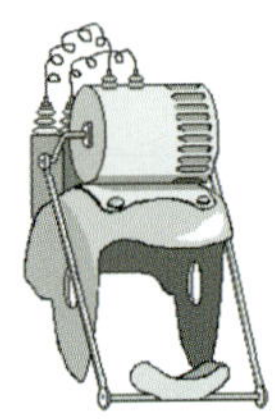

Taller de escritura

a Os proponemos una tarea que puede resultar muy divertida. Cada alumno deberá probar su ingenio creando un invento inédito: un objeto o mecanismo nuevo y original como, por ejemplo, un lavacaracoles, un pelanaranjas, un recojehojas para parques y jardines...

b Después, os organizaréis en parejas. Discutiréis las características, el diseño y el funcionamiento de vuestros dos inventos. Tomad notas, porque en casa deberéis redactar, cada uno por separado, un texto con las siguientes características:

- Debe tener un dibujo o esquema del aparato, con sus partes o piezas señaladas con sus nombres, como en un libro de instrucciones.
- Debe contar cómo lo harías (con qué elementos y herramientas) y, sobre todo, debe explicar de manera clara y detallada cómo funcionaría para que lo entienda tu socio cuando lo lea. Para ello, te pueden ser útiles palabras como **manivela**, **tornillo**, **tuerca**, **muelle**, **gancho**, **palanca**, **cadena**, **engranaje**, **interruptor**, etc., que pueden ser piezas de una máquina o un aparato; y también otras como **martillo**, **destornillador**, **alicates**, **llave**, **taladro**, etc., que son herramientas.

c Una vez corregidos los trabajos por el profesor, tendréis que explicar el invento de vuestro socio al resto de la clase. ¿Cuál de todos os convence más? ¿Cuál os parece más útil, más divertido, más ingenioso?

Todo bajo control

a ¿Qué tal andas de memoria? Escribe la definición de las siguientes palabras.

abrecartas	cascanueces	guardabarros
hazmerreír	lavavajillas	limpiabotas
limpiaparabrisas	matasanos	metomentodo
picapleitos	quitamanchas	sacacorchos

b Escribe las palabras que corresponden a las siguientes definiciones.

1. Instrumento de metal o de madera que sirve para partir nueces. Cascanueces
2. Cartera de mano para llevar folios y papeles.
3. Producto para eliminar manchas.
4. Instrumento para afilar lápices.
5. Persona encargada de seleccionar y poner discos.
6. Cuerda o listón en lugares peligrosos, para evitar el vértigo.
7. Persona informal, fantasiosa e irresponsable, que no merece crédito.
8. Persona aduladora y servil.
9. Persona que lleva y trae cuentos y chismes.
10. Persona que presume de sabia sin serlo.

c Responde a las siguientes preguntas.

1. ¿Qué te está expresando tu amigo cuando dice "Mónica ha encontrado un cuartucho en el centro"?
2. ¿Qué es un **ricachón**?
3. ¿Y una **callejuela**?
4. ¿No es exagerado decir **chiquititín**? ¿A qué o a quién se puede referir?
5. ¿Cómo se llama al golpe que da una puerta al cerrarse? ¿Y una puerta grande?
6. ¿Qué adjetivo emplearías para una persona que tiene la nariz grande o prominente?
7. ¿Y cuál para alguien que tiene hambre? ¿Y sed?
8. ¿Cuáles son los nombres que expresan la acción o el resultado de los verbos **reclamar**, **solicitar**, **conocer** y **expresar**?
9. ¿Qué verbos se han formado sobre estos nombres: **archivo**, **concepto**, **chat**, **dosis?**
10. ¿Cómo se llama a los habitantes de Asturias? ¿Y a los de Marruecos? ¿Y a los de Granada?

d ¿Te sientes "superior"?

1. **¿Qué palabra no es de la misma familia?**
   a. juego b. jugar
   c. jugador d. enjugar
2. **¿Cómo se dice?**
   a. Abrecarta. b. Abresobres.
   c. Abrecartas. d. Cartasabre.
3. **Un pintamonas es...**
   a. una persona que no pinta nada en un lugar.
   b. un pintor bastante inútil.
   c. un producto que sirve para ponerse mona.
   d. un pintor de primates.
4. **¿Cómo llamamos vulgarmente a la persona exageradamente aduladora y servil?**
   a. recogepelotas b. limpiabotas
   c. chupacharcos d. lameculos
5. **¿Cuál de estas palabras es despectiva?**
   a. casón b. casona
   c. casilla d. casucha
6. **¿Cuál de estas palabras no indica "golpe"?**
   a. manaza b. portazo
   c. pelotazo d. tortazo
7. **Una de estas no es una herramienta.**
   a. martillo b. tornillo
   c. alicates d. destornillador
8. **¿Cómo se llaman los nacidos en Buenos Aires?**
   a. buenaerenses b. buenaéreos
   c. bonairenses d. bonaerenses
9. **¿Qué palabra de las siguientes no construye su verbo correspondiente con el sufijo -ificar?**
   a. plan b. planteo
   c. paz d. edificio
10. **¿Qué sufijo aplicarías a estos nombres para formar un verbo: formato, chat, tonto.**
    a. -ear b. -ificar
    c. -ar d. -uar

e ?Poblemas¿

1. A Carlos se parecía que la frontera entre tontería y genialidad era muy débil en este caso.
2. Ese retrato es de un perro en perfil.
3. Lydia y Alicia son dos mujeres con similares experimentos, han vivido situaciones aparecidas.
4. Un metomentodo es una persona que se mete en todo, entretenida.
5. ¿El quitaesmalte es eso producto para limpiar las uñas?
6. ¿En qué se diferencia un abridor con un abrebotellas?
7. Todas palabras que terminan en **-ción** y **-sión** son femeninas, ¿verdad?
8. Los sufijos creo que siempre son pegados al final de las palabras.
9. ¿Ese dibujo es de un césped? Pues parece de primera vista una alfombra.
10. Formatizar es algo que se hace con ordenadores, ¿no?

SABER PALABRAS

SESIÓN 5.2
Fauna humana

Escenario

¿Cómo son, según tú, estos animales? ¿Puedes decir dos o tres características que se les atribuye normalmente en tu cultura?

lagarto · cerdo · gallina · cabra · foca · zorro · vaca · ganso · toro · hormiga · víbora · lince

Objetivos

El objetivo de esta sesión es trabajar con algunas palabras referidas a los animales y las expresiones coloquiales en las que aparecen. Así, en español un cerdo no es solo un par de jamones antes de que los cuelguen en un bar; es también una persona sucia y grosera, ¿verdad? Y si hay gato encerrado, eso no quiere decir que al vecino se le haya olvidado llevarse el gato de vacaciones, sino que existe una razón oculta o secreta para algo. Pues como estos dos casos, hay mucho más. El tema de los toros lo vamos a dejar para la audición y el ejercicio de escritura. Escucharemos opiniones a favor y en contra de las corridas de toros y comentaremos una serie de gráficos que muestran la evolución del interés que despierta este espectáculo tradicionalmente llamado en España "la fiesta nacional".

1. ¡Qué animales somos!

a Lo que acabáis de comentar sobre las características de los animales y vuestra intuición os puede ayudar a deducir o a imaginar el significado de las siguientes expresiones. En parejas, comparad vuestras opiniones.

FAUNA HUMANA

Para hombres

Ser un...

gallina
zorro (viejo)
pez gordo
cabrón** (insulto fuerte)

Para mujeres

Ser una...

víbora
perra** (insulto fuerte)
zorra** (insulto fuerte)

Para mujeres y hombres

Ser...

un bicho malo / mal bicho
un lince
una fiera (en algo)
un bicho raro
un ratón de biblioteca

Estar como...

una cabra
una vaca
una foca
un toro

Ser como...

una hormiguita

Ponerse como...

una fiera
una vaca
un toro
una foca

Hacer...

el ganso

Parecer...

una mosquita muerta

b Para confirmar vuestras intuiciones, buscad, entre estos fragmentos de conversaciones, un contexto adecuado para diez de las expresiones anteriores. Fijaos que se trata siempre de situaciones informales en las que se usa un registro de lengua coloquial.

1. **Un grupo de colegas se reencuentra en el gimnasio después de las vacaciones de verano.**
   - Mira cómo ha engordado Pepa.
   - ○ ¡Uy! Se habrá pasado el día comiendo y tumbada al sol, porque está como una ______.

2. **Una maestra hablando con los padres de una alumna algo vaga.**
   Es muy lista, enseguida lo pilla todo, es un ______. Pero no trabaja nada en clase y distrae a los demás niños.

3. **Un grupo de amigos haciendo "puenting".**
   - Venga, vamos, atrévete, ¡sé valiente! ¡Si todos hemos saltado! ¡No seas ______!
   - ○ Que no, que me da pánico. Me da igual si soy un ______, ya está.

4. **Una chica haciendo un comentario simpático sobre su novio.**
   Le encanta bromear y que todo el mundo se ría con él. No conozco a nadie a quien le guste tanto hacer ______.

5. **La misma chica disculpando a su chico por una broma pesada que acaba de gastar a alguien.**
   No le hagas caso, está loco de remate, está como una ______.

6. **Unos compañeros de trabajo, en la pausa para desayunar, hablando de alguien introvertido.**
   Nunca habla con nadie, va a desayunar solo, al parecer no le gusta la gente. Es un ______ ______.

7. **Los mismos compañeros comentando cómo su jefe ha descubierto una trampa que le había tendido una empresa de la competencia.**
   Sabe muy bien lo que hace, lleva 20 años en este negocio y no se le puede engañar fácilmente, es un ______.

8. **Comentario de un señor al enterarse de que un vecino ha sido detenido.**
   ¡Quién lo hubiera dicho! No tenía pinta de ser violento. Pero si parecía una ______ ______, que no decía ni mu, ni discutía ni nada en las reuniones de la comunidad.

9. **Una chica orgullosa de su futuro marido.**
   Mi novio ha conseguido abrir ese negocio ahorrando poco a poco y con mucho esfuerzo, es como una ______.

10. **Un padre hablando con un amigo de lo bueno que es su hijo jugando al ajedrez.**
    - No hay quien le gane, ha llegado a la final del campeonato de España con 9 años.
    - ○ ¡Qué ______!

2. ¿Y en otras lenguas?

a Busca en tu propia lengua comparaciones similares a las del ejercicio anterior. Tradúcelas literalmente para comprobar si en español son parecidas o completamente distintas. Tu profesor te ayudará.

b Fíjate en estas otras expresiones que también contienen nombres de animales y relaciónalas con las definiciones que aparecen a continuación.

Los pájaros

1. Tener la cabeza llena de pájaros.
2. Más vale pájaro en mano que ciento volando.
3. Matar dos pájaros de un tiro.

Las moscas

4. Tener la mosca detrás de la oreja.
5. Por si las moscas.
6. ¿Qué mosca te ha picado?

Los peces

7. Estar como pez en el agua.
8. Por la boca muere el pez.

Los gatos

9. Buscarle tres pies al gato.
10. Haber gato encerrado.
11. Haber cuatro gatos en un lugar.
12. Dar gato por liebre.

Los perros

13. Pasar una noche de perros.
14. Llevarse como el perro y el gato.
15. Ser un perrito faldero.

Los gallos y las gallinas

16. Ponérsele a alguien la carne/la piel de gallina.
17. En menos que canta un gallo.

Otros

18. Dormir como un lirón.
19. Comer como un cerdo.
20. Venir la cigüeña.
21. Tener malas pulgas.

a. Haber muy poca gente.
b. ¿Qué te pasa? ¿Por qué estás de mal humor?
c. Haber una razón oculta o secreta.
d. Estar receloso, sospechar algo.
e. Erizarse el vello por alguna emoción.
f. Nacer un bebé.
g. Tener mal humor, estar enfadado. Ser o estar muy irritable.
h. Comer mucho o con mala educación.
i. Dormir mal, pasar una mala noche.
j. Sentirse muy a gusto en un lugar.
k. Lograr dos objetivos o resolver dos asuntos al mismo tiempo.
l. Dormir mucho y profundamente.
m. Tener ideas absurdas o inconsistentes, ser poco maduro.
n. Es preferible conseguir algo, aunque sea poco, que soñar con conseguir mucho.
o. Por si acaso, por si ocurre algo.
p. Engañar dando una cosa similar pero de peor calidad.
q. Buscar razones imposibles o complicar algo innecesariamente.
r. Discutir mucho, aborrecerse mutuamente.
s. En un instante, en muy poco tiempo.
t. No separarse de otra persona, ir siempre con ella de manera sumisa.
u. Quien habla más de la cuenta o dice más de lo que debe acaba descubriéndose o sufriendo las consecuencias.

c Sustituye el texto subrayado de las frases siguientes por una de las expresiones anteriores.

1. – ¿Había mucha gente en el concierto?
   – ¡Qué va! Solo estábamos unos cuantos, una lástima, con lo bien que estuvo.
2. ¡Vaya!, se me han olvidado los papeles, pero no te preocupes, vuelvo ahora mismo a mi casa y estoy aquí en un momento.
3. Está tan enamorado que sólo hace lo que ella quiere, se comporta como si estuviera amaestrado: le trae la compra, va donde ella vaya, la sigue a todas partes…
4. Tenemos que tener cuidado, el jefe sospecha que estamos preparando algo.
5. Me encanta mi nuevo trabajo, conozco ya a todo el mundo y me siento como si estuviera en mi casa.
6. Será mejor que no dejes el coche en doble fila, por si acaso.
7. Aquí pasa algo raro: Marta me dijo que me esperarían todos aquí y no hay nadie.

8. ¡Qué miedo he pasado con la película! Cuando se oyó la voz del muerto, se me puso el vello de punta, ¡qué miedo!

9. Se están peleando todo el día, no he visto hermanos que se peleen tanto.

10. Yo nunca he tenido insomnio, siempre he dormido estupendamente.

11. Esa chica se cree que la va a llamar Almodóvar para hacer una película, y acaba de empezar sus estudios de interpretación, es muy fantasiosa.

12. ¿Se puede saber qué te pasa? ¡No hay quien te aguante, todo el día con esa cara de cabreo!, ¿estás enfadado conmigo o qué?

13. Te acompaño a tu casa y de camino saludo a tus padres. Así hago dos cosas de una vez.

14. ¿Qué hay, Luis?, ¿cómo está tu mujer? ¿Ha nacido ya el niño?

15. Tenías que haberte callado, te han descubierto porque has hablado demasiado.

16. Da vergüenza ir con él a un restaurante, come sin medida ni modales, da asco verlo.

17. – No me creo nada de la excusa que nos han puesto para no venir a cenar a casa esta noche, seguro que hay otra razón que no nos quieren decir.
– ¡Qué desconfiada eres, mujer! No seas retorcida, que siempre estás buscando razones complicadas.

18. – Con los ruidos de la calle y los mosquitos he pasado una noche espantosa, no he pegado ojo.
– Podríamos pedir en recepción que nos cambien a una habitación más tranquila. Y acuérdate de que luego compremos un antimosquitos.
– Sí, pero que no nos engañen y nos vendan otra cosa que no nos sirva, como el otro día en aquella tienda, ¿eh?

3. Linces y zorros

a Para practicar las expresiones aprendidas, vamos a hacer dos grupos: los linces y los zorros. Cada estudiante recibe dos papeles en blanco. En cada uno, escribe tres de las expresiones vistas anteriormente (en las actividades 1 y 2) con su correspondiente significado y una explicación de cuándo se usan. Una vez realizadas estas tarjetas, cada grupo las introduce juntas en un sobre. Después, los grupos intercambian los sobres.

b Cada equipo tiene dos minutos para explicar el máximo de expresiones que pueda. Una persona saca una tarjeta y lee la primera expresión. Otro miembro del grupo debe decir en voz alta su significado y explicar cuándo se emplea. Si es correcto, continúa leyendo la segunda expresión y otra persona diferente la explica y así sucesivamente hasta que se acaben los dos minutos. Cada vez que se cambia de tarjeta, la lee alguien distinto. No importa si se repiten las expresiones, quien responda tendrá que repetir su significado.

c Agotados los dos minutos, se hace recuento de las expresiones acertadas y se escriben en la pizarra. Los dos minutos empiezan de nuevo para el otro equipo y así hasta que a uno de los dos se le acaben las tarjetas. Gana, lógicamente, el equipo más rápido. ¿Está claro? Pues, adelante.

Radio Ventolera

a "El aire de los tiempos" es un programa de Radio Ventolera en el que cada semana se plantea un tema polémico. Los oyentes llaman y dejan grabada su opinión en el contestador de la radio. Al terminar la semana, los locutores comentan las opiniones recibidas, hacen un balance de ellas y emiten las grabaciones más significativas, curiosas o interesantes. La pregunta de esta semana es "¿Toros sí o toros no?". Escucha la primera parte del programa toma nota de las opiniones de los cuatro oyentes que oirás.

1. ....
2. ....
3. ....
4. ....

b Escucha ahora un fragmento de la segunda parte del programa y responde a las siguientes preguntas.

1. ¿Cuál es el resultado de la encuesta realizada por el programa?
2. ¿Cuáles eran los tres argumentos que proponía la encuesta para defender las corridas de toros?
3. Según la encuesta, ¿qué piensan los jóvenes de los toros?
4. ¿Qué conclusiones extrae de este resultado el presentador?

Taller de escritura

a Aquí tienes los gráficos de una encuesta sobre la afición a los toros en España. Estúdialos y, con la información del programa de radio, prepara un pequeño informe en el que debes incluir tu propia opinión sobre el asunto.

b Imagínate que tienes que intervenir en un foro internacional para defender o atacar las corridas de toros. Usando tu informe como base, deberás convencer a personas que pueden decidir sobre el futuro de los toros. Empieza dirigiéndote a tu público y expón después tus ideas con claridad, una por una, yendo de lo general a lo particular. Por último, intenta cerrar tu intervención con una frase que resuma tu opinión de modo contundente.

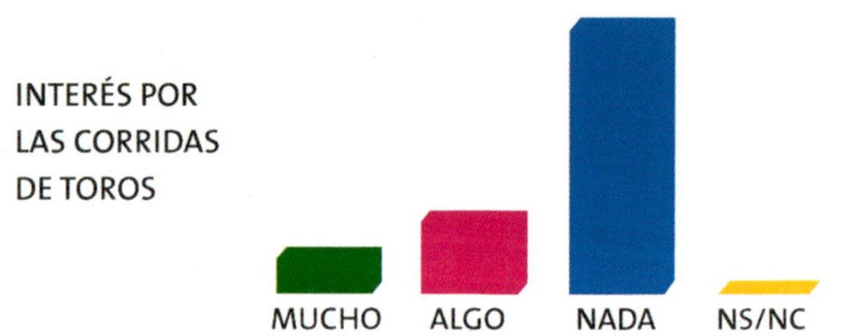

© GALLUP. Julio/2002 *Interés por las corridas de toros*

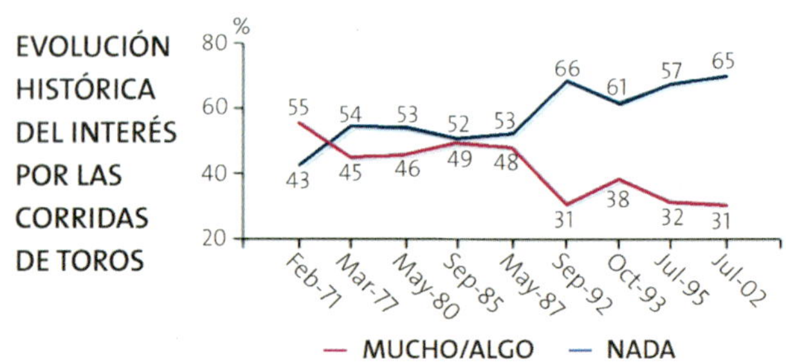

© GALLUP. Julio/2002 *Interés por las corridas de toros*

Todo bajo control

a Escribe cinco palabras o expresiones relacionadas con el mundo de los toros. Si lo necesitas, puedes consultar la transcripción de Radio Ventolera.

1 ______ 2 ______

3 ______

4 ______ 5 ______

b Escribe una expresión correspondiente a cada animal. ¿Cuál es su significado?

1. foca ______
2. gato ______
3. gallo ______
4. perro ______
5. pez ______
6. cerdo ______
7. mosca ______
8. cigüeña ______

c ¿Te sientes "superior"? Elige la mejor opción en cada caso.

1. **No puedo más con Tina, no nos deja en paz ni un fin de semana; no se nos despega nunca, es…**
   a. un caniche minifaldero.
   b. un perro blusero.
   c. un perrito faldero.
   d. un perrito molesto.

2. **Cuando el vello se eriza por miedo o por frío se dice que se pone…**
   a. el pelo de pollo. b. la piel de gallina.
   c. el pollo de punta. d. el moco de pavo.

3. **No sé yo, esta casa tan barata, sin problemas de ningún tipo, para mí que aquí hay…**
   a. gato archivado. b. gato aparcado.
   c. gato enclaustrado. d. gato encerrado.

4. **Hay que ver lo pesada que es, no se relaja ni un minuto, es que siempre tiene que buscarle…**
   a. tres patas al gato. b. tres pies al gato.
   c. tres garras al gato. d. tres picos al gato.

5. **Como no te callas ni debajo de agua, todo el mundo se ha tenido que enterar de lo nuestro; ¿es que cuando eras pequeño no te dijeron que…**
   a. por la boca muere el pescado?
   b. por la boca muere el pez?
   c. por la lengua muere el pez?
   d. por la lengua muere el pescado?

6. **Tanto coche, tantas calles cortadas, tanto despliegue de policías, estoy segura de que hoy en la ciudad hay algún...**
   a. pez grueso. b. pez grande.
   c. pez gordo. d. gran pez.

7. **¿Qué te parece si invitamos también a Carmina y a su nuevo novio y así…**
   a. fulminamos dos pájaros de un tiro?
   b. asesinamos dos pájaros de un tiro?
   c. matamos dos pajaros de un tiro?
   d. matamos dos moscas de un golpe?

8. **Ni tiene amigos, ni aficiones, ni se relaciona con nadie. Y después no querrá que lo consideren…**
   a. un bicho extraño.
   b. un bicho malo.
   c. un mal bicho.
   d. un bicho raro.

9. **Cómprale el coche a tu hermano, aunque no te entusiasme; y si luego encuentras uno mejor, lo vendes y listo. Más vale pájaro en mano que...**
   a. un ciento volando.
   b. ciento planeando.
   c. ciento volando.
   d. un ciento en el aire.

10. **¿Tú qué problema tienes conmigo?, ¿te pasa algo?, ¿qué mosca te…**
    a. ha mordido? b. ha dado un bocado?
    c. ha picado? d. ha picoteado?

d ?Poblemas¿

1. ¿Ser un cerdo es también estar estúpido?
2. Cuando alguien intenta de dar algo que no es de calidad, está engañando, ¿verdad?
3. Un cerdo es también alguien que come de manera muy mal y mucho.
4. La cigüeña es el animal que se porta al bebé.
5. El perro y el gato siempre son encontrados.
6. Claro que sí, es por el odio mutual que se tienen los perros y los gatos.
7. Adular es lo que haces cuando haces cumplidos con alguien todo el tiempo.
8. La mosca detrás de la oreja la tienes cuando alguien sospechas que no dice la verdad.
9. No entiendo "dar un gato por una liebre".
10. El Juli es el torero lo más famoso de España ahora.

SABER PALABRAS

SESIÓN 5.3
Sensaciones

Escenario

> En este gris de agua y cielos nublados, a pesar de la suavidad de aquel invierno; bajo la grisura de nubes matizadas sobre las anchas, blandas, redondeadas ondulaciones que se abrían o se entremezclaban al ser devueltas de una orilla a otra; entre los difuminados tonos de acuarela muy lavada que desdibujaban el contorno de iglesias y palacios, con una humedad que se definía en tonos de alga sobre las escalinatas y los atracaderos, en brumosas manchas puestas a lo largo de las paredes lamidas por pequeñas olas silenciosas; al pie de los cipreses que eran como árboles apenas esbozados; entre grisuras, matices crepusculares, humos de un azul pastel, había estallado el carnaval, el gran carnaval de Epifanía, en amarillo naranja y amarillo mandarina, en amarillo canario y rojo grana, en rojo granate, rojo de cajas chinas, trajes aderezados de añil y azafrán, con tal estrépito de címbalos y matracas, de tambores, panderos y cornetas, que todas las palomas de la ciudad, en un solo vuelo que por segundos ennegreció el firmamento, huyeron hacia orillas lejanas.
>
> Y todo el mundo, entonces, cambió de cara. Antifaces todos iguales petrificaron los rostros de los hombres. Cada cual hablaba, gritaba, cantaba, pregonaba, afrentaba, ofrecía, requebraba, insinuaba, con una voz que no era la suya entre el retablo de los títeres, el escenario de los farsantes o el muestrario del vendedor de hierbas de buen querer.
>
> Alejo Carpentier, *Concierto barroco*
> (texto adaptado por Myriam Álvarez)

En este fragmento de su obra *Concierto barroco*, el escritor cubano Alejo Carpentier, más que dibujar un paisaje, nos introduce en un universo de sensaciones. Para conseguirlo, se sirve de nombres cargados de sensualidad como **orilla** o **acuarela** o de verbos sugerentes como **ennegrecer** o petrificar, pero fundamentalmente emplea numerosos adjetivos como **nublados, blandas, difuminados**, etc., que crean y matizan las impresiones sensoriales que llegan al lector. Sin duda, el texto sería radicalmente diferente si elimináramos la rica adjetivación.

Quizá tras la primera lectura os haya quedado la impresión de que no habéis comprendido mucho, de que hay demasiadas palabras que desconocéis. Para ayudaros, responded a las siguientes preguntas.

- ¿Qué se está contando en este texto?
- ¿Qué sensaciones (colores, olores, etc.) se describen? ¿Mediante qué palabras se transmiten?
- Intenta hacer un dibujo con lo que entiendes. ¿Hay alguna sensación que se escape a tu dibujo?
- ¿Tienes idea de a qué ciudad se puede estar refiriendo el autor? Te pueden dar pistas: **de una orilla a otra, iglesias y palacios, escalinata, atracadero, alga y carnaval.**

Objetivos

En esta sesión te ofreceremos algunos recursos léxicos útiles para que te acerques a los textos literarios, textos cuya mayor dificultad estriba, con frecuencia, en la abundancia de vocabulario descriptivo. Intentaremos, además, mejorar la precisión con la que puedes expresar tus sensaciones e impresiones sobre personas, objetos, lugares o sobre ti mismo.

1. Con los cinco sentidos

a En pequeños grupos y sin diccionario. En 7 minutos, buscad algo (un objeto, una acción, un lugar...) que pueda ser descrito con cada uno de estos adjetivos. Luego, por turnos, cada grupo dará sus respuestas para tres adjetivos, comenzando por los que considere más fáciles. Al final, quedarán los más difíciles. ¿Estáis de acuerdo con las propuestas de los otros grupos?

un cafe demasiado amargo

b ¿Qué adjetivos han quedado al final? Ahora, en el diccionario, mirad cuál es su significado e intentad buscar cosas que se puedan describir con ellos.

c Las siguientes series de palabras también están relacionadas con los cinco sentidos: la vista, el oído, el olfato, el gusto y el tacto. Señala qué palabra no conviene en cada serie y explica por qué.

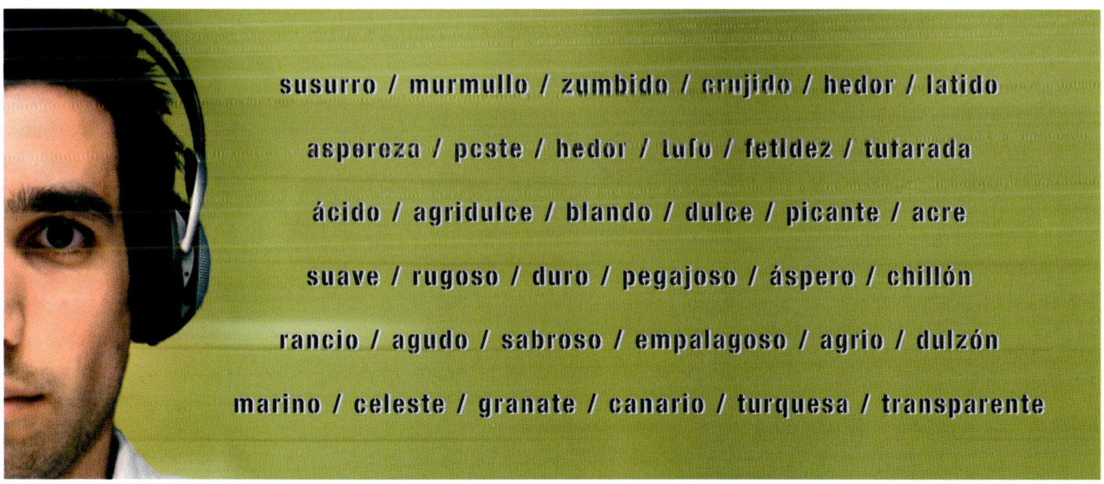

d Lleva a clase algunos objetos sin que nadie los vea (puede ser algo que se coma o que se beba, algo que tenga un tacto especial o que haga ruido, etc.). Los vamos a juntar todos en una bolsa. Después, por turnos, cada uno de vosotros sacará uno con los ojos vendados: podrá tocarlo, olerlo, o probarlo. Debe describir sus sensaciones a los demás y, al final, adivinar qué objeto es.

2. Descripciones literarias

a Cuando en un texto encontramos una palabra que no conocemos, solemos ayudarnos del contexto para hacer hipótesis sobre su significado. Por ejemplo, en el texto del Escenario de la página 152, la palabra firmamento parece significar "cielo" porque las palomas lo ennegrecen con su vuelo. Intenta descubrir el significado de las palabras matracas, antifaces y títeres del texto de *Concierto barroco* y justifica tus hipótesis.

b Lee los siguientes fragmentos de varios autores hispanoamericanos. Resume en una frase lo que describen.

Texto 1

Al tercer día de lluvia habían matado tantos cangrejos dentro de la casa, que Pelayo tuvo que atravesar su patio anegado para tirarlos en el mar, pues el niño recién nacido había pasado la noche con calenturas y se pensaba que era a causa de la pestilencia. El mundo estaba triste desde el martes. El cielo y el mar eran una misma cosa de ceniza, y las arenas de la playa, que en marzo fulguraban como polvo de lumbre, se había convertido en un caldo de lodo y mariscos podridos. La luz era tan mansa al mediodía, que cuando Pelayo regresaba a la casa después de haber tirado los cangrejos, le costó trabajo ver qué era lo que se movía y quejaba en el fondo del patio. Tuvo que acercarse mucho para descubrir que era un hombre viejo, que estaba tumbado boca abajo en el lodazal, y a pesar de sus grandes esfuerzos no podía levantarse, porque se lo impedían sus enormes alas.

Gabriel García Márquez, *Un señor muy viejo con unas alas enormes*

Texto 2

Era Rosario la que ahora se acercaba a la tumba. Toda enlutada, con el pelo lustroso apretado a la cabeza, pálidos los labios, me pareció de una sobrecogedora belleza. Miró a todos con los ojos agrandados por el llanto, y de súbito, como herida en las entrañas, crispó sus manos junto a la boca, lanzó un aullido largo, inhumano de bestia flechada, de parturienta, de endemoniada, y se abrazó al ataúd. Decía ahora con voz ronca, entrecortada de estertores, que iba a lacerar sus vestidos, que iba a arrancarse los ojos, que no quería vivir más, que se arrojaría a la tumba para ser cubierta de tierra. [...] Con la garganta rajada por los sollozos, hablaba de grandes desgracias, del fin del mundo, del Juicio Final, de plagas y expiaciones. Al fin la sacaron de la estancia, como desmayada, con las piernas inertes, la cabellera deshecha...

Alejo Carpentier, *Los pasos perdidos*

Texto 3

De los cerros altos del sur, el de Luvina es el más alto y el más pedregoso. Está plagado de esa piedra gris con la que hacen la cal, pero en Luvina no hacen cal con ella ni le sacan ningún provecho [...] Y la tierra es empinada. Se desgaja por todos lados en barrancas hondas, de un fondo que se pierde de tan lejano. Dicen los de Luvina que de aquellas barrancas suben los sueños; pero yo lo único que vi subir fue el viento, en tremolina, como si allá abajo lo estuvieran encañonando en tubos. Un viento que no deja crecer ni a las dulcamaras: esas plantitas tristes que apenas si pueden vivir un poco untadas a la tierra, agarradas con todas sus manos al despeñadero de los montes [...] [un viento que] rasca como si tuviera uñas: uno lo oye a mañana y tarde, hora tras hora, sin descanso, escarbando por debajo de la puerta, hasta sentirlo bullir dentro de uno como si se pusiera a remover los goznes de nuestros mismos huesos.

Juan Rulfo, *Luvina*

c Elige uno de los textos anteriores y localiza en él aquellas palabras que para ti sean desconocidas. Intenta entender su significado por el contexto y sustitúyelas por otras. Luego, compara tu versión con las de tus compañeros. ¿Coinciden?

d Hay campos léxicos que son muy frecuentes en las descripciones literarias, pero que se usan también mucho en la lengua coloquial: los relacionados con las posiciones del cuerpo (**tumbado**), los estados de ánimo (**endemoniada**) o los sonidos (**aullido**). Ahora vamos a hacer un juego de adivinar en equipos: el profesor dará a un miembro de cada grupo una misma palabra –que al lado lleva una palabra o frase de ayuda– (por ejemplo, **tumbado: con el cuerpo extendido sobre algo en horizontal**). Estos alumnos deberán explicar la palabra a sus compañeros sin usar la expresión de ayuda. Gana el grupo que antes responda correctamente.

agachado: bajo una mesa. ■ **acurrucado:** porque tiene frío. ■ **recostado:** como un enfermo. ■ **erguido:** derecho. ■ **estirado:** extendido al máximo. ■ **encogido:** disminuido. ■ **enredado:** liado en una red. ■ **aturdido:** atontado. ■ **ensimismado:** pensativo. ■ **desasosegado:** inquieto. ■ **desconcertado:** sorprendido. ■ **arrepentido:** pesaroso de lo que hizo o no hizo. ■ **resentido:** ofendido. ■ **irritado:** enfadado, molesto. ■ **gruñido:** de perro enfadado. ■ **bufido:** rechazo de gato. ■ **rugido:** de felino, de oso. ■ **alarido:** grito de miedo. ■ **chillido:** grito agudo. ■ **graznido:** de un cuervo. ■ **silbido:** del aire o de un árbitro.

3. Más literatura

FIGURAS RETÓRICAS

Para crear imágenes y sensaciones más sugerentes, los escritores suelen servirse de varios recursos, llamados figuras retóricas, entre los que encontramos:

Símiles: consisten en establecer una comparación.

… aislado por los años, por la sordera y por **la memoria del pasado** que se interponía **como una oscura muralla de sueño**…

Ernesto Sábato, *Entre héroes y tumbas*

Metáforas: se construyen sustituyendo un término por otro con el que guarda alguna relación, como un símil oculto.

Y **su cuerpo**, ¿dónde me lo dejas?: **ocho alargado de cintura estrecha.**

Miguel Ángel Asturias, *El Señor Presidente*

Sinestesias: son las figuras resultantes de mezclar términos que proceden de diferentes campos sensoriales.

… hay además el gusto del pulóver, ese **gusto azul** de la lana…

Julio Cortázar, *No se culpe a nadie*

Personificaciones: consisten en atribuir características de personas y animales a cosas.

… con la tarde **se cansaron** los dos o tres **colores** del patio.

Jorge Luis Borges, *Fervor de Buenos Aires*

Cosificaciones: son el resultado de atribuir características de los objetos a seres vivos.

Matilde era una muchachita **que se filtraba como el agua** entre todos nosotros.

Juan Rulfo, *El llano en llamas*

a Intenta identificar los recursos que se emplean en los siguientes fragmentos.

1 Era un hombre árido, de huesos sólidos articulados a tuerca y tornillo.

Gabriel García Márquez, *El coronel no tiene quien le escriba*

2 … por fin la voz de Frank con todos los ecos metálicos y pétreos que le daba este diapasón encerrado en el centro de la tierra…

Carlos Fuentes, *Cambio de piel*

3 La abuela, desnuda y grande, parecía una hermosa ballena blanca en la alberca de mármol.

Gabriel García Márquez, *El coronel no tiene quien le escriba*

4 … aquellos dos seres estaban unidos por una vehemente pasión: como si dos águilas se amasen…

Ernesto Sábato, *Entre héroes y tumbas*

5 … va a guiñar los ojos contra el sol impalpable, líquido de la mañana…

Carlos Fuentes, *Cambio de piel*

6 … el segundo fósforo aplastado entre los dedos, cangrejo rabioso quemándose con tal de destruir la luz…

Julio Cortázar, *Cuello de gatito negro*

7 … tenía el corazón asustado y la piel aturdida por un sudor glacial.

Gabriel García Márquez, *La increíble y triste historia de la Cándida Eréndida*

8 Después de un día bochornoso… se enloquecían los árboles.

Jorge Luis Borges, *Funes el memorioso*

9 … la besaron tanto entre Inés y su madre, que le quedó la cara como caminada.

Julio Cortázar, *Bestiario*

b Elige tres o cuatro de los siguientes temas y crea frases que contengan alguna figura retórica.

el miedo que se puede sentir en un túnel oscuro

las manos de un viejo agricultor

el mar en un día de tormenta

una telaraña

el viento en el desierto

la tristeza que se siente al despedir a alguien en el aeropuerto

Radio Ventolera

a El programa de radio que vas a escuchar es un concurso en el que se regalan dos entradas de cine a aquella persona que adivine el objeto que se describe. Escucha con atención. A ver si aciertas de qué se trata. Si lo necesitas, puedes tomar notas.

b En parejas. Siguiendo el modelo de descripción que habéis escuchado, cread un texto en el que describáis un objeto raro. Incluid referencias a los sentidos (vista, tacto, gusto, olfato y oído).

Taller de escritura

a En este fragmento, Miguel Ángel Asturias describe una sensación de náusea. Fíjate en cómo lo hace: ¿qué figuras retóricas utiliza? ¿Qué palabras ayudan más a transmitir la sensación de náusea? ¿Hay referencia a los cinco sentidos?

> *La carne y la tortilla se le pegaban en las entrañas para no dejarse arrancar, mas a cada envión del estómago no le quedaba sino abrir la boca y apoyarse en la pared como el que se asoma a un abismo. Por fin pudo respirar, todo daba vueltas; peinose el cabello húmedo con la mano que por detrás de la oreja resbaló y trajo hacia la barba sucia de babas. Le silbaban los oídos. Le bañaba la cara un sudor gélido, pegajoso, ácido, como agua de pila eléctrica. Ya la luz se iba, aquella luz se estaba yendo desde que venía. Agarrado a los restos de su cuerpo, como si luchara con él mismo, pudo medio sentarse, alargar las piernas, recostar la cabeza en la pared y caer bajo el peso de los párpados como bajo la acción violenta de un narcótico.*

b Recuerda una sensación que quieras describir. Crea un texto intentando que el resultado sea muy expresivo y sugerente.

Todo bajo control

a Haz una lista con las palabras que aluden a colores en el texto del Escenario. ¿Qué matices o subdivisiones conoces para los siguientes colores?

azul celeste
verde
amarillo
rojo
gris
blanco
rosa

b Relaciona cada adjetivo con el sustantivo correspondiente y añade uno o dos más.

rugoso/a	pez, ...
estridente	té, ...
rancio/a	dolor, ...
punzante	pan, ...
fosforescente	voz, ...
humeante	superficie, ...

c Completa la frase con estados de ánimo y posiciones.

1. Cuando te portas mal con un amigo, luego sueles estar... .
2. Estás resentido/a si...
3. Cuando estás agachado, ...
4. Si no cabes en la cama, duermes...
5. Desde pequeño siempre me han dicho que camine...

d ¿Te sientes "superior"?

1. **Una de estas palabras no alude a un paisaje montañoso.**
   a. firmamento b. cerro
   c. barranca d. colina
2. **¿Cuál es la sinestesia?**
   a. una voz profunda/ronca b. una voz cálida/dulce
   c. una voz oscura/luminosa d. una voz suave/fuerte
3. **¿Qué término no relacionas con una ciudad en la que hay canales?**
   a. atracadero b. lodo
   c. alga d. despeñadero
4. **¿Con qué sentido relacionas el adjetivo "resbaladizo"?**
   a. tacto b. gusto
   c. olfato d. oído
5. **¿Qué serie es la única coherente?**
   a. hediondo / fétido / pestilente
   b. fragante / aromático / maloliente
   c. hedor / tufo / perfume
   d. oloroso / pestoso / perfumado
6. **... se refiere a un sonido de gran intensidad.**
   a. Chillido b. Susurro
   c. Murmullo d. Rumor
7. **Un perro no puede...**
   a. gruñir. b. aullar.
   c. rugir. d. ladrar.
8. **Con las manos no puedes...**
   a. bullir b. agarrar
   c. escarbar d. acariciar
9. **Si te das un golpe en la cabeza, te sientes...**
   a. ensimismado b. aturdido
   c. estirado d. estrellado
10. **¿Cómo llamarías a este recurso literario: "Era como un golpe de Dios?"**
   a. metáfora b. símil
   c. sinestesia d. oxímoron

e ?Poblemas¿

1. ¿Qué te parece el oler de este perfume? Huele a madera, ¿no?
2. Me encanta el tango. Es un baile muy sensorial.
3. Francisco es un hombre muy sensitivo, se da cuenta de todo.
4. Se puso en las rodillas y comenzó a sollozar como un loco.
5. Ese fragmento es inspirado en una obra de teatro francesa.
6. Tras su muerte me sentía como si tenía el peso del mar sobre el alma.
7. La obra de la que hablas se trata de la muerte de Napoleón.
8. Estridente se escribe con un "e" antes de la "s".
9. Yo diría que está bastante obvio a qué se refiere.
10. Javier es un hombre muy sensorial y explota bien su atractivo.

SABER PALABRAS

SESIÓN 5.4

Exámenes y trabajos

Escenario

Nuestra formación se desarrolla envuelta en textos. La escuela. El instituto. La universidad. Textos que deben reflejar los conocimientos adquiridos, la capacidad de seleccionar información relevante, la habilidad de argumentar, de demostrar, de sostener opiniones, de verificar hipótesis. El dominio (o no) de la escritura determina en buena medida nuestro éxito o fracaso académicos. Hasta el momento, saber significa saber leer, saber escribir.

Manual práctico de escritura académica (2001)

Con frecuencia, damos por supuesto que si hablamos con corrección una lengua, incluso la nuestra, seremos capaces de expresarnos por escrito con propiedad. Nada más lejos de la realidad. Lengua escrita y lengua oral difieren enormemente: frente a la espontaneidad de lo oral, hemos de aprender las convenciones de lo escrito y adecuarnos al contexto.

1. Aquí tienes dos respuestas que dio un estudiante en un examen escrito. Presentan algunos problemas de redacción. ¿Cuáles?

¿Qué es la Semana Santa? Ocurre en Andalucía durante la primavera. Los penitentes van en procesión vestidos de colores y con la cara tapada. Es muy bonita y toda la gente lo pasa muy bien, sobre todo en Sevilla. Es una fiesta religiosa.

Características del estilo de Gaudí. A Gaudí le interesaba la naturaleza. Por eso utilizaba para sus edificios modelos de cosas naturales, como olas del mar, caracolas, hojas de los árboles. También utilizaba materiales como la piedra y el metal, no ladrillo. También es interesante su visión de las proporciones. Por eso es un arquitecto muy original.

2. ¿Qué nota recibirían estas respuestas en vuestra universidad o instituto?

Objetivos

El objetivo de esta unidad es ayudarte a mejorar la calidad de los textos que escribes, especialmente en el discurso académico. Para escribir bien, es fundamental crear cierta conciencia del uso del lenguaje. Por ello, llamaremos la atención sobre una serie de inadecuaciones frecuentes (relacionadas con la organización de la información, la estructura textual, el registro, etc.), y ofreceremos alternativas de redacción. Como a lo largo de todo el libro, queremos que aprendas a adecuar tus producciones al contexto comunicativo y que dispongas de los recursos lingüísticos apropiados.

1. Exámenes

a Vamos a analizar algunos textos producidos por alumnos de español en exámenes escritos. El primero responde a una cuestión relacionada con el arte y presenta una serie de problemas que el profesor ha consignado. Ahora tú debes identificarlos en la respuesta del estudiante.

Problemas:

a. Repite algunas palabras.

b. Hace comentarios personales.

c. No incluye información pertinente.

d. No usa vocabulario preciso, de registro escrito.

e. Usa frases aisladas, no elabora el texto de forma coherente.

f. No se ajusta al tipo de información que se pide.

1. Elija un cuadro de Remedios Varo y comente cómo se reflejan en él la personalidad, los intereses y las obsesiones de la autora.

Un cuadro que se llama "Revelación o el relojero" es mi cuadro favorito de Remedios Varo. Mezcló aspectos de ciencia, metafísica con cosas comunes como el reloj. Los relojes no pueden funcionar porque las piezas ("gears" como en una bicicleta) están arriba de su mesa. Simboliza su concepto del tiempo y que quiere controlar este aspecto de su vida. La combinación de cosas metafísicas (de su madre) y ciencias (de su padre) y realistas muestran sus sueños y visiones anormales.

b Ahora, comenta las diferencias entre la respuesta del estudiante y la siguiente versión modelo.

En su obra "Revelación o el relojero", Remedios Varo recrea un taller de relojero, con evocaciones medievales. En un espacio claustrofóbico, sitúa a una figura andrógina inmersa en su proceso creativo, rodeada por relojes de pared que aluden a diferentes momentos de la historia, mientras por la ventana abierta entra una esfera de energía. Como en la mayor parte de sus obras, Varo presenta una conjunción de elementos científicos y metafísicos, fruto de su obsesión por aunar dos mundos irreconciliables que desde su infancia encarnaron su padre –ateo científico– y su madre –ferviente católica–.

c En parejas A y B. Cada uno debe analizar un texto. ¿Cuáles son los problemas que presentan las siguientes respuestas? Vuestro compañero tiene la solución.

ESTUDIANTE A

Comente tres hechos biográficos que se reflejan en los cuadros de Frida Kahlo.

Frida tuvo un accidente con un autobús cuando era joven y además tuvo la polio, una enfermedad que no podía andar. El dolor se ve en que pinta esqueletos o en un cuadro que es una cierva que corre herida por flechas. También, Frida no podía tener hijos. Esta obsesión se ve en un cuadro en que ella se da a luz a sí misma. Frida se consideraba muy mexicana y el mundo natural y cultural del México indígena es otra cosa que ella pinta muchas veces. Pinta siempre autorretratos.

Solución para B: Relato en forma de cuento que no se ajusta a una exposición académica. Uso de registro oral (**personas**, **quitar**, etc.). Vocabulario poco apropiado al tema. No se jerarquizan las ideas, como en la frase sobre el Gramma que cierra el párrafo. Texto no elaborado en forma de unidad, sino como suma de ideas añadidas.

ESTUDIANTE B

Explique los antecedentes de la Revolución cubana y los hechos más significativos de esta.

Antes de la Revolución cubana, había un dictador que se llama Fulgencio Batista que era muy opresivo. Un grupo de personas exiliadas, incluido Ché Guevara, Fidel y Raúl Castro, viajaron de México a Cuba para luchar contra este gobierno corrupto. Castro fue exiliado porque intentó quitar a Batista del gobierno en 1953. La Revolución triunfó en 1959.

Al principio, Castro no era comunista, pero a EEUU no le gustaron las reformas de Castro contra los intereses norteamericanos y empezó un embargo. Entonces Castro recibió el apoyo de la Unión Soviética y Cuba se convirtió al comunismo. El Granma es el barco que llevó a los revolucionarios de México a Cuba y es un símbolo de la Revolución.

Solución para A: No responde directamente a la pregunta: se espera una idea introductoria y la enumeración de los tres hechos. Repite palabras (**tuvo, se ve, pinta**). No elabora el texto: yuxtapone frases. Usa **y, o**. Vocabulario de registro oral (**otra cosa, muchas veces**). Información poco precisa, sin títulos de cuadros.

2. Mejorando nota: ¿aprobado o notable?

a Como en todas las lenguas, en español hay una serie de verbos que tienen un sentido muy amplio y que utilizamos como comodines en muchas situaciones. Son verbos como **hacer**, **haber**, **tener** o **poner**, entre otros. ¿Cuál de los siguientes verbos, equivalentes a **hacer**, conviene a cada lista?

cometer realizar construir crear efectuar elaborar confeccionar desempeñar

1. ________ un barco / un edificio / un imperio
2. ________ un error / un crimen / un delito
3. ________ una historia / un personaje / un ambiente
4. ________ un proyecto / un acto criminal
5. ________ un ingreso en el banco / un transplante de corazón / un cambio
6. ________ una cometa / un disfraz / un álbum de fotos
7. ________ un resumen / un guión / un plan
8. ________ un papel / una función / un cargo

b ¿Podéis sacar alguna conclusión sobre su uso?

"Construir" implica crear algo con materiales, después de un proceso.

c Fíjate en cómo se utilizan estos verbos equivalentes a **tener**.

a. El cuerpo humano **consta de** tres partes: cabeza, tronco y extremidades.
b. Estas nuevas pastillas **no contienen** paracetamol.
c. ¿Sabías que su familia **posee** muchas tierras en la vega? Las heredaron de sus abuelos.
d. Alfredo **mantiene** contacto con sus amigos de la universidad.
e. Me han recomendado un hotel estupendo. **Dispone de** sauna y restaurante de lujo.
f. En esta parte del mundo **disfrutan/gozan de** un clima privilegiado: 25 grados durante todo el año.
g. El abuelo tiene la salud un poco delicada. **Sufre/Padece de** diabetes y de reúma.
h. Vivir en las afueras **ocasiona** incomodidades, a veces no puedes volver a casa hasta tarde.
i. Mejor consulta este otro diccionario. **Incluye** listas de sinónimos y ejemplos.
j. La sociedad del bienestar está **experimentando** un retroceso preocupante en sus conquistas.

d Ahora, completad estas oraciones según los ejemplos anteriores.

1. Este zumo es totalmente natural. No ~~tiene~~ .... ni conservantes ni colorantes.
2. El examen ~~tendrá~~ .... dos partes: una pregunta teórica y un problema práctico.
3. Hace ya tiempo que el pueblo ~~tiene~~ .... escuela y hospital.
4. Lo que son las cosas. Durante toda su vida, mi vecina ~~tuvo~~ .... una enfermedad grave.
5. Su marido, sin embargo, ~~tenía~~ .... una salud envidiable.
6. Parece que el sector inmobiliario está ~~teniendo~~ .... un gran momento.
7. La revista dominical ~~tiene~~ .... una sección de viajes y reportajes a todo color.
8. Este nuevo sistema ~~tiene~~ .... muchos problemas. Sería mejor volver al antiguo.
9. Es terrible: las mafias ~~tienen~~ .... la mayor parte de los locales de la zona.
10. No se tratan mucho, pero ~~tienen~~ .... una excelente relación profesional.

e Distingue en las siguientes frases si los verbos utilizados equivalen a **haber** o a **poner**.

1. Dicen que **se celebrarán** elecciones en agosto.
2. Al final del partido **tuvieron lugar** serios incidentes en los alrededores del estadio.
3. **Han colocado** los libros por orden alfabético.
4. ¿Cuándo se le **añade** el caldo a la carne?
5. No se sabe bien, parece que **se produjo** un cortocircuito en la cabina del piloto.
6. Si no quieres volverte loco, tienes que **establecer** unas normas de actuación.
7. En el impreso debe **indicar** su fecha de nacimiento.
8. En el debate **se expusieron** opiniones contradictorias, pero se llegó a un acuerdo.
9. Si bajan el precio de las entradas seguro que **acudirá** mucho público.
10. Vente a casa a ver el partido. Ya me **han instalado** la antena parabólica.

3. De sobresaliente

LA NOMINALIZACIÓN

Un recurso muy frecuente para ajustarse al registro escrito en textos especializados (académicos, científicos, periodísticos, etc.) y sintetizar la información es usar nombres derivados de verbos o de adjetivos. Es lo que se conoce como nominalización.

Sufijos comunes para convertir un verbo en nombre son **-ción**, **-sión** y **-miento**.

*detener > deten**ción***
*incluir > inclu**sión***
*distanciar(se) > distancia**miento***

Para nombres procedentes de adjetivos, son frecuentes **-idad** y **-ez**.

*incómodo > incomod**idad***
*rígido > rigid**ez***

a Fíjate en los siguientes nombres. ¿Con qué verbo los relacionas?

Aparición	Evocaciones
Búsqueda	Reacción
Experimentación	Obsesión
Levantamiento	Apoyo
Tratamiento	Pertenencia
Enfrentamiento	Conocimiento

b Transforma la palabra subrayada de modo que el contenido sea transmitido en la frase siguiente por un nombre.

1. Aquel año, los científicos descubrieron el gen de la felicidad.
2. Con ese __________, mostraron al mundo que sus investigaciones eran útiles.
3. Esa __________ había sido cuestionada por los medios de comunicación, que habían acusado a la comunidad científica de vivir en una torre de marfil.
4. Al demostrarse que tales __________ eran infundadas, las relaciones entre ciencia y poder político mejoraron notablemente.
5. Con esa __________, aumentaron los recursos destinados a la investigación.
6. Y gracias a ese __________ se inició una época dorada de la biología y la genética.

c En grupos. Vamos a jugar un poco. Intentad crear una cadena como la anterior que incluya los siguientes sustantivos en el orden que queráis y que tenga cierta lógica. Ganará el equipo que antes la consiga.

funcionamiento crecimiento abandono
molestia imposibilidad incapacidad
envío prohibición

4. De matrícula de honor

a Fíjate en estos dos textos. ¿Qué los diferencia?

1 El imperio inca fue el más extraordinario de los creados por las civilizaciones de América. Su dominio se extendía desde el norte de Ecuador hasta Chile central [...]. La capital de este territorio, Cuzco, no tenía equivalente entre las ciudades europeas de su tiempo. Cuzco, en lengua quechua, significa "el ombligo del mundo". Se trataba de una sociedad muy avanzada. En esta sociedad destacaba una organización social jerarquizada. En el plano superior estaba el Inca o emperador.

2 El "Boom" es el término con el que se designa, desde la crítica literaria, la narrativa de una serie de escritores latinoamericanos que empezaron a publicar en los años 60 y 70; Gabriel García Márquez, Mario Vargas Llosa o Julio Cortázar, entre otros. Con el término "boom" se hace referencia a la explosión que representó para la literatura hispanoamericana la aparición de un gran número de obras de extraordinaria calidad literaria y cuya característica común era la experimentación con el lenguaje.

EL PÁRRAFO

Otro de los aspectos que hay que cuidar en la redacción de textos académicos es la elaboración del párrafo. Ideas expuestas en frases cortas, separadas por puntos, sin conexión entre ellas, dan una impresión pobre, ya que sugieren un pensamiento excesivamente simple: un párrafo debe desarrollar una idea, no presentar una serie de nociones sin conexión lógica entre ellas.

Además de los conectores, útiles para reforzar la cohesión interna del párrafo, otro recurso que organiza distintas informaciones en torno a una idea –aunque en el nivel de la frase– son los pronombres relativos.

b Reescribe los siguientes fragmentos utilizando pronombres relativos para unir las oraciones.

1. (...) en un territorio. La capital de este territorio, Cuzco, no tenía equivalente entre las ciudades europeas de su tiempo. Cuzco, en lengua quechua, significa "el ombligo del mundo".
   (...) en un territorio cuya capital, Cuzco –palabra que en quechua significa "el ombligo del mundo"–, no tenía equivalente..."
2. Se trataba de una sociedad muy avanzada. En esta sociedad destacaba una organización social jerarquizada.
3. En el plano superior estaba el Inca o emperador. Los incas consideraban al emperador el descendiente directo de Inti, el dios sol, padre de su civilización.
4. Los emperadores pudieron mantener su extenso dominio, debido a la preocupación por el bienestar de sus súbditos, incluso por las tribus recién conquistadas. Por las tribus recién conquistadas se mostraba gran respeto siempre que aceptaran someterse a las leyes incas.
5. Desde el año 1000 d.C., los pobladores de esa región formaban un gran mosaico de tribus y naciones. Entre sus logros se contaban obras maestras de arquitectura e ingeniería.
6. Disponían de conocimientos de ingeniería hidráulica. Esos conocimientos eran muy avanzados. Les permitían, por ejemplo, convertir la neblina en agua para regadíos

Radio Ventolera

Un profesor de la Universidad a Distancia da una lección sobre los conceptos y prácticas del amor en la literatura española. Escucha lo que dice y completa la tabla.

	Poema 1	*Poema 2*	*Poema 3*
Época			
Autor			
Representación del amor			

1
Gerineldo, Gerineldo, paje del rey más querido,
quién te tuviera esta noche en mi jardín florecido.
Válgame Dios Gerineldo, qué cuerpo tienes tan lindo.
Como soy vuestro criado, señora, burláis conmigo.
No me burlo, Gerineldo, que de veras te lo digo.
¿Y cuándo, señora mía, cumpliréis lo prometido?
Entre las doce y la una que el rey estará dormido.
[…]
Tomáralo por la mano y en el lecho lo ha metido:
entre juegos y deleites la noche se les ha ido.

2
¡Oh, más dura que mármol a mis quejas,
y al encendido fuego en que me quemo,
más helada que nieve, Galatea!
Estoy muriendo, y aún la vida temo:
témola con razón, pues tú me dejas,
que no hay sin ti el vivir para qué sea.
Vergüenza he que me vea
ninguno en tal estado
de ti desamparado
y de mí mismo yo me corro agora.
¿De un alma te desdeñas ser señora,
donde siempre moraste no pudiendo
della salir un hora?
Salid sin duelo lágrimas corriendo.

3
Cerrar podrá mis ojos la postrera
sombra que se llevare el blanco día,
y podrá desatar esta alma mía
hora a su afán ansioso lisonjera;
mas no, de esotra parte, en la ribera,
dejará la memoria, en donde ardía:
nadar sabe mi llama el agua fría,
y perder el respeto a ley severa.
Alma a quien todo un dios prisión ha sido,
venas que humor a tanto fuego han dado,
medulas que han gloriosamente ardido,
su cuerpo dejará, no su cuidado;
serán ceniza, mas tendrá sentido;
polvo serán, mas polvo enamorado.

Taller de escritura

Vas a escribir tres textos académicos, de unas doscientas palabras cada uno, sobre sendos temas relacionados con el mundo hispánico:

1. Una obra de un artista (escritor/a, pintor/a, director/a de cine...).
2. Un acontecimiento histórico.
3. Un hecho o celebración social típico o curioso (una fiesta, una tradición...).

Recuerda que es esencial que los textos contengan información relevante sobre el tema de estudio. No olvides organizar y planificar el texto, dar cohesión interna a los párrafos y jerarquizar las ideas. Debes evitar las frases excesivamente cortas y esforzarte por emplear términos propios del registro escrito.

Todo bajo control

a Añade uno o dos ejemplos más a cada serie.

Construir: un barco, un edificio, un imperio...

Cometer: un error, un crimen, un delito...

Crear: una historia, un personaje, un ambiente...

Realizar: un proyecto, un acto criminal, un movimiento...

Efectuar: un ingreso, un transplante, un cambio...

Confeccionar: una cometa, un disfraz, un álbum de fotos...

Elaborar: un resumen, un guión, un plan...

Desempeñar: un papel, una función, un cargo...

b Completa con información pertinente.

1. **Miguel de Cervantes.** Escritor al que...
2. **Pablo Picasso.** Pintor del que...
3. **Voseo.** Término con el que...
4. **Simón Bolívar.** Político americano, cuyo...
5. **Pampa.** Región argentina en la que...

c Mejora estos fragmentos utilizando los pronombres relativos que convengan para unir las dos (o más) oraciones de cada párrafo.

1. La santería es una religión sincrética, principalmente asociada a la isla de Cuba, en la que En ella se mezclan elementos del catolicismo con otros procedentes de las religiones africanas.
2. Históricamente, la santería era una forma de protesta contra la cultura dominante ____. Su práctica era censurada y a veces prohibida. Hoy está extendida a todas las capas sociales.
3. Como en el catolicismo, en la santería hay un guía espiritual, el santero ____ El santero actua de intermediario con el orishá.
4. Los orishás son una mezcla entre los santos y los dioses africanos ____ Su característica principal es que participan de los gustos de los humanos: tienen alimentos y colores favoritos.
5. "Changó" es un nombre de orishá ________ Con ese nombre se conoce a Santa Bárbara ______ El día de su celebración, a ella le regalan manzanas, bananas y gallos rojos en cestas con adornos rojos y blancos.
6. Los creyentes acuden a las boticas ____. Las boticas son tiendas ________. En ellas se venden objetos utilizados en la santería, por ejemplo, el famoso líquido ahuyenta muertos ________. Con este líquido se mantienen separados el mundo de los vivos y el de los muertos.

d ¿Te sientes "superior"?

1. **Uno de estos verbos no encaja bien:**
   Las próximas elecciones generales ... en octubre.
   a. se establecerán para **b.** se celebrarán
   c. tendrán lugar **d.** serán
2. **"Flotar" y "celebrarse" pueden equivaler a...**
   a. hacer. **b.** haber.
   c. poner. **d.** tener
3. **¿Cuál de estos pares no es adecuado?**
   a. pertenencia – pertenecer
   b. descenso – descender
   c. creencia – crecer
   d. descubrimeinto – descubrir
4. **¿Y de estos?**
   a. utilidad – útil **b.** capacidad – capaz
   c. funcionalidad – función **d.** rigidez – rígido
5. **Para escribir hay que saber diferenciar los registros. ¿Cuál de estas palabras no pertenece al registro oral?**
   a. también **b.** claustrofóbico
   c. cosa **d.** personas
6. **Frida Kahlo tuvo una tempestuosa relación con Diego Rivera, ________ se casó en dos ocasiones.**
   a. al que **b.** con el que
   c. que **d.** del que
7. **No puedes "cometer"...**
   a. suicidio. **b.** errores.
   c. un papel. **d.** pecados
8. **Cada una de estas series incluye palabras relacionadas con un tema. Sin embargo, en una de ellas se ha colado un término inapropiado. ¿En cuál?**
   a. extensión / dominio / civilización / esplendor
   b. estilo / autorretrato / tema / biografía
   c. derrocar / régimen / pincelada / entrentamiento
   d. elecciones / referéndum / votos / urnas
9. **En España, el orden de calificación es...**
   a. sobresaliente / notable / aprobado / suspenso.
   b. sobresaliente / suspenso / notable / aprobado.
   c. sobresaliente / notable / suspenso / aprobado.
   d. notable / sobresaliente / aprobado / suspenso.

e ?Poblemas¿

Lo siento llegar tarde. Nos conocemos solo desde un mes y todavía he llegado tarde cada vez que nos quedamos juntos. Es que me he realizado que hoy era el último día para aplicar a las becas de estancia en el extranjero y había una cola tremenda. Pero para disculparme te he comprado un libro precioso, se trata de un hombre que se volvía en cucaracha. Te gustara. Con amor.

Johan

SABER PALABRAS

SESIÓN 5.5
Taller de prensa

Escenario

1. ¿Cómo sueles enterarte de las noticias: por la televisión, por el periódico, por Internet...?
2. ¿Con qué frecuencia lees el periódico?
3. ¿Cuál es el periódico que más se vende o se lee en tu país? ¿Y tu favorito?
4. ¿Qué diarios en español conoces? ¿De qué país son?
5. ¿Sabrías decir algunas diferencias con los de tu país?

EL PAIS

La Voz de Galicia

el Periódico

EL MUNDO

LA VANGUARDIA

EL DIARIO VASCO

Diario de Navarra

Objetivos

En esta sesión vamos a conocer más sobre la prensa española o en español. Analizaremos también el lenguaje periodístico y aprenderemos el vocabulario más común de las diferentes secciones de un periódico. Por último, os proponemos confeccionar un periódico o una revista con nuestras propias noticias.

1. Titulares

a En parejas, relacionad los 3 titulares que tienen un tema afín y justificad vuestra decisión ante el resto de la clase.

1 **Sanciones económicas al régimen fastundiano por el almacenamiento de armas químicas**

2 **La acusación pedirá prisión para los inculpados por fraude en el caso Ricasa**

3 Encontrados los cadáveres de 10 subsaharianos ahogados en el Estrecho

4 LA EXPLOSIÓN DE UN ARTEFACTO CASERO PROVOCA DAÑOS MATERIALES EN UN SUPERMERCADO MADRILEÑO

5 **Rescatados unos balseros en aguas del Caribe**

6 **Desalojados los vecinos de una zona de chabolas por la crecida del río Guadalmar**

7 **Un incendio provocado arrasa 4000 hectáreas de bosque y matorral**

8 ATENTADO CON COCHE BOMBA EN UNA COMISARÍA DE POLICÍA DE BILBAO

9 **El huracán obliga a Protección Civil a evacuar a miles de personas**

10 **La ONU insta a Irán y a la UE a negociar para rebajar la tensión nuclear**

11 El fiscal aprecia homicidio, trato degradante y 50 lesiones en el caso de Orce

12 MUEREN UNA DECENA DE INMIGRANTES AL NAUFRAGAR LA PATERA EN LA QUE VIAJABAN

13 **Un soldado y tres civiles muertos al estallar una bomba al paso de un vehículo militar**

14 **La dimisión del Ministro de Asuntos Exteriores agrava la crisis política**

15 LA PAREJA GAY DE TELDE ALEGA QUE EL JUEZ NO PUEDE BLOQUEAR EL TRÁMITE DE SU BODA

b ¿Habéis aprendido algunas palabras? ¿Cuáles?

c ¿En pequeños grupos, continuad cada serie con dos o tres términos más. Uno de vosotros puede consultar el diccionario. Luego, inventaos otra serie para que la completen los otros grupos.

- secuestro / soborno / chantaje / ...
- embalse / sequía / desertización / ...
- inundación / terremoto / riada / ...
- manifestación / protestas / pancartas / ...
- francotirador / disparo / tiroteo / ...
- lesión / entrenador / partido / ...
- descubrimiento / experimento / cobaya / ...
- fiscal / alegación / tribunal / ...

d Recordad las dos o tres noticias más destacables (o más repetidas) aparecidas en los periódicos de vuestro país este año. Dadles forma de titular español y mostradlas al resto de la clase.

2. Noticias

a ¿Entiendes la siguiente noticia? Aclara tus dudas con algún compañero.

A solo un año de los nuevos comicios presidenciales, todas las espadas están en alto. Tanto el candidato del Partido de la Revolución Democrática (PRD), Manuel López Obrador, como los precandidatos del Partido Revolucionario Institucional (PRI), Arturo Montiel Rojas y Roberto Madrazo, viven un encarnizado enfrentamiento en las filas de sus propios partidos. Se espera, sin embargo, que estas disensiones se resuelvan en breve, ya que en pocas semanas se inicia formalmente la campaña electoral.

El PRD pretende repetir lo ocurrido en 2000: derrotar al sempiterno PRI, en el poder durante 70 años. En aquella ocasión, pese a las acusaciones de fraude lanzadas por los priistas tras el recuento de papeletas, fue el partido liderado por Vicente Fox, el Partido de Acción Nacional (PAN), el que se proclamó vencedor de los comicios.

Por ahora, el ex alcalde de México D. F., Obrador, lidera los sondeos de opinión, y parece que su gestión en la alcaldía de la ciudad puede hacerle obtener la victoria en la capital. Fuentes del partido buscan obtener México D.F. con 2 millones de votos, casi el doble que en las elecciones legislativas convocadas hace un año, cuando se renovó la Cámara de Diputados, en las que el PRD consiguió un número muy representativo de escaños. La pretensión del PRD en las presidenciales es obtener una mayoría absoluta y poder formar gobierno en solitario. Si triunfa, sería la primera vez que la izquierda llega al poder en México. Todo dependerá del índice de participación del electorado, ya que con toda probabilidad un alto grado de abstención daría como vencedor al PRI.

b Profundicemos en el vocabulario de este tema, uno de los más recurrentes en la prensa de todo el mundo. Subraya las palabras que reconoces como específicas de ese ámbito e intenta definirlas en español.

c Encuentra expresiones en el texto que puedas sustituir por las siguientes.

- Encabeza las encuestas de intención de voto
- No verse obligado a gobernar en coalición con otros partidos
- Aspirante
- En el seno de su formación política
- Contienda electoral
- Vencer en las urnas
- Cómputo de votos
- Sufragios
- No quedar en minoría

3. Reportajes

a Trata de entender el contenido de este texto imaginando lo que falta.

¿Presunción de inocencia?

INOCENTES EN LA CÁRCEL

LA VERDAD, **Barcelona**

Los errores judiciales son frecuentes en nuestros tribunales (1). El programa de televisión "Objetivo justicia" llamó recientemente la atención sobre el caso de un hombre que cumplía una **condena** de 10 años de cárcel por haber sometido a su hija de 8 años a **abusos sexuales** (2). El programa televisivo acusaba a la policía y al **fiscal** de haber fabricado las pruebas, presionando a la __________ **víctima** para que prestara un **testimonio** ante el tribunal que permitiera la condena del acusado (3).

Efectivamente, tanto en la **instrucción** como en el **proceso**, se observaron irregularidades y contradicciones (4). Una de las cuales era que en el apartamento en el que, según la acusación, se habían producido los hechos delictivos, vivía desde hacía más de veinte años una anciana impedida que nunca abandonaba su casa (5). A pesar de que este hecho había sido conocido durante la __________, no fue incluido por el **juez instructor** en el __________. Al ser ignorado por el **abogado defensor**, no constó como prueba en el desarrollo del juicio, lo que contribuyó a que el tribunal __________ condenando al **inculpado** a la mencionada pena de prisión (6).

Las revelaciones del programa llevaron a la defensa a __________ la sentencia ante una instancia superior, donde el acusado fue **absuelto** de todos los **cargos** que se le imputaban (7). En su **alegato** final, el letrado de la defensa destacó los sufrimientos de su defendido que, entre el tiempo de **prisión provisional** y el cumplido de condena, había pasado en privación de libertad más de cuatro años (8). Considerando estas circunstancias, el tribunal fijó una **indemnización** de un millón de euros que el Estado deberá abonar a la víctima de este error judicial (9).

Ciudadano neozelandés ha permanecido 6 años en la cárcel

Otro caso que ha aparecido hace unos días en la prensa es el de un ciudadano neozelandés que ha sido puesto en libertad tras permanecer 6 años en la cárcel, condenado por un delito de **violación** y **asesinato** (10). En agosto de 1998, la policía de Barcelona halló en un descampado de las afueras de la ciudad el cadáver de una mujer que presentaba signos de violencia (11). La **autopsia** reveló que la víctima había fallecido por **estrangulación** después de haber sido violada __________ por un individuo de gran corpulencia (12). El informe del __________ indicaba que el autor del crimen había procedido con una violencia inusual, ensañándose con la víctima (13). Pocas horas después fue detenido un ciudadano neozelandés, al que desde un primer momento la policía **imputó** la comisión del delito (14). El hombre había sido detenido en ocasiones anteriores por **delitos contra la propiedad**, por los que había cumplido breves condenas de cárcel (15). Llama sin embargo la atención que, a pesar de que el imputado presentó una __________ para las horas en las que fue cometido el delito, el **jurado popular** no dio crédito a los **testigos** que lo **exculpaban**, quienes tenían como él __________ (16). Como consecuencia de ello, y quizá debido a la inexperiencia del __________ que llevó su defensa, el acusado recibió una sentencia condenatoria (17). Pasados los años un nuevo abogado **recurrió la sentencia** ante el Tribunal Supremo, quien ahora ha reconocido que las pruebas aportadas no destruían la presunción de inocencia del acusado y ha decretado su inmediata puesta en libertad (18).

Condenados por delitos que no habían cometido (19). Casos como estos son por desgracia habituales y requieren una actuación inmediata por parte de las autoridades competentes (20). La presunción de inocencia es un bien jurídico esencial en un estado de derecho, y deben respetarse todas las garantías procesales para que nadie sea condenado si no existen pruebas razonables sobre su culpabilidad (21).

b Asocia las ideas siguientes (1-10) con los términos del cuadro inferior (a-j). Colócalos después en los espacios del texto de la página anterior.

1. Emitir una resolución judicial.
2. No demostrado.
3. Abogado pagado por el Estado al que tiene derecho todo ciudadano.
4. Período en el que se investigan las circunstancias del crimen.
5. Problemas previos con la justicia.
6. Resumen de todos los hechos que se conocen sobre el caso.
7. Argumento de un imputado para justificar que no estaba en el lugar del crimen.
8. Persona encargada de examinar el cadáver.
9. Pedir que se revise la decisión de un tribunal.
10. Sin certeza pero de manera que parece probable.

a. **dictar sentencia**	f. **presunto/a**
b. **coartada**	g. **período de instrucción**
c. **apelar/recurrir**	h. **abogado de oficio**
d. **sumario**	i. **antecedentes penales**
e. **forense**	j. **presumiblemente**

c De las palabras marcadas en negrita en el texto, elige cinco que crees saber y explícaselas a un/a compañero/a para que las adivine.

d Busca en el texto sinónimos de las siguientes palabras.

Fiscal: ....

Abogado defensor: ....

Acusado: ....

Juicio: ....

e Relaciona las siguientes frases con los fragmentos numerados del texto anterior.

( ) La ocultación de pruebas por parte del ministerio fiscal propicia que se declare culpable al acusado.

( ) La revisión del caso deja en libertad al imputado y obliga a que este sea compensado económicamente.

( ) El hecho de que los testigos hubieran tenido problemas con la justicia anteriormente influyó en la decisión de no dar credibilidad a su declaración, según la cual el acusado quedaba libre de sospecha.

( ) La frecuencia de estos casos exige que se tomen medidas urgentes.

( ) Nuevos datos permitieron al abogado defensor recurrir la resolución judicial y obtener la declaración de inocencia para su cliente.

f ¿Conoces algún caso como este o recuerdas algún juicio famoso en tu país?

Radio Ventolera

a Clasifica estos términos por deportes. Algunos pueden aparecer en dos o más.

alero	cancha	gol	medalla	prórroga	saque
aprovisionamiento	carrera	gradas	meta	puerto de 1ª/2ª/3ª	set
árbitro	contrarreloj	guardameta	meta volante	raqueta	sincronizada
área	copa	juego	partido	récord	tablero
atleta	crol	juez de silla	pelotón	recogepelotas	temporada
base	escapada	liga	penalti	red	trampolín
braza	espalda	maillot	pista	relevos	triple
calle	etapa	marca personal	pívot	revés	triple salto
campo	fichaje	marcador	portería	salto de altura	vallas
canasta	fondo	mariposa	portero	salto de longitud	volea

Fútbol	Atletismo	Baloncesto	Tenis	Natación	Ciclismo
–	–	–	–	–	–
–	–	–	–	–	–
–	–	–	–	–	–
–	–	–	–	–	–
–	–	–	–	–	–
–	–	–	–	–	–
–	–	–	–	–	–
–	–	–	–	–	–
–	–	–	–	–	–
–	–	–	–	–	–
–	–	–	–	–	–
–	–	–	–	–	–
–	–	–	–	–	
–	–	–			
–		–			
–					

b Vas a escuchar un fragmento de las noticias en la radio, concretamente las noticias deportivas. En la primera audición, identifica los deportes de los que se habla y en qué orden. En la segunda, presta atención al contenido de las noticias: ¿qué titular podrías poner a cada uno de los fragmentos? ¿Qué palabras de las que aparecen en el cuadro anterior oyes?

c En grupos de tres, comparte con tus compañeros tus aficiones deportivas.

¿Practicas algún deporte? ¿Por qué? ¿Desde cuándo? ¿Es en equipo?

¿Qué deportes te gusta ver? ¿En la televisión o en directo?

¿Hay algún deporte que te gustaría probar? ¿Tal vez uno de los llamados "deportes de aventura" o de riesgo?

¿Hay algún deporte que no entiendas, que odies o que te parezca aburrido?

Taller de escritura

Vamos a confeccionar un periódico o una revista. Dividimos la clase en tantos grupos como secciones queramos incluir. Cada persona del grupo se va a encargar de elaborar una noticia relacionada con su sección, en la que puede incluir, si lo desea, una imagen (foto o dibujo) que la ilustre. Tus compañeros de grupo harán el papel de correctores y entre todos organizaréis la disposición de las dos páginas de que disponéis (dos por sección).
Cuando estén completas todas las secciones, decidiremos el nombre del periódico o revista y prepararemos una portada con los titulares de las noticias más destacables.

Todo bajo control

a ¿Cuál es diferente y por qué?

1. fiscal – legislador – juez – abogado defensor
2. comicios – elecciones – sufragio – campaña electoral
3. esgrima – boxeo – kárate – lucha
4. remo – vela – waterpolo – natación
5. gol – canasta – set – triple

b Encuentra los 12 deportes escondidos en esta sopa de letras.

E	O	M	S	I	N	I	P	L	A
S	I	S	O	P	L	O	O	F	U
G	B	A	L	O	N	M	A	N	O
R	O	L	V	R	S	E	C	O	S
I	X	L	E	I	A	R	D	I	S
M	E	U	L	T	R	A	N	C	A
A	O	C	A	B	I	E	L	A	R
N	I	H	C	A	T	X	U	T	L
C	H	A	M	P	I	O	N	A	D
G	I	M	N	A	S	I	A	N	T

c Palabras relacionadas. Forma triángulos en esta bolsa de palabras uniendo las tres que tienen el mismo significado o que pertenecen al mismo campo.

• fraude • diluvio • sequía
• estallar • asesinato • mortal
• declaración • avenida • prisión
• arrasar • estafa • chaparrón • aridez
• detonar • crimen • letal • testimonio • riada
• cárcel • devastar • timo • aguacero • desecación
• explotar • homicidio • mortífero • atestado
• crecida • presidio • asolar

d ¿Te sientes "superior"?

1. **Uno de ellos no está presente en un juicio.**
   a. fiscal b. legislador
   c. juez d. abogado

2. **El letrado que defiende al acusado en un juicio se llama…**
   a. instructor. b. fiscal.
   c. abogado. d. Juez.

3. **Si es asignado por el juez porque el imputado no tiene recursos económicos, es un abogado…**
   a. de oficio. b. de juicio.
   c. civil. d. asignado.

4. **La persona que representa el interés público en un juicio se llama…**
   a. acusador. b. jurado popular.
   c. fiscal. d. defensor.

5. **En una guerra, los que no son soldados son…**
   a. civiles. b. ciudadanos.
   c. militares. d. milicianos.

6. **Los ataques terroristas se llaman…**
   a. intentos. b. atentados.
   c. atentos. d. desastres.

7. **A los inmigrantes que tratan de llegar a Estados Unidos cruzando el Mar Caribe se les conoce popularmente con el nombre de…**
   a. pateros. b. balseros.
   c. disidentes. d. espaldas mojadas.

8. **Y los que cruzan el Estrecho de Gibraltar, lo hacen a menudo con unas pequeñas embarcaciones llamadas…**
   a. botes. b. balsas.
   c. pateras. d. yates.

9. **Un fraude es lo mismo que…**
   a. una estafa. b. un soborno.
   c. un chantaje. d. un atraco.

10. **Justificas que no estabas en el lugar del crimen con…**
    a. una apelación. b. una coartada.
    c. un recurso. d. un plan.

e ?Poblemas¿

1. El equipo de natación sincrónica consiguió la plata en las olimpiadas.
2. La etapa de ayer de la Vuelta ganó un alemán.
3. Tengo una cortada para que no me acusen del robo en la oficina.
4. Tengo que declarar mañana en un juicio porque fui testimonio de un atraco en una cafetería.
5. Me gusta mirar las noticias en la televisión.
6. Ha occurido una catástrofe en Asia: un tsunami lo ha arrasado todo.
7. Yo no juego deportes de riesgo, me da miedo.
8. Empecé a jugar baloncesto con 12 años porque era una niña muy alta.
9. El lugar donde se juega al tenis es la pista y al fútbol, el área.
10. La sentencia que el juez dijo fue recurrida por el abogado defensor.

6 SABER GRAMÁTICA

SESIÓN 6.0
El subjuntivo es lógico
Comprender la utilidad comunicativa de la diferencia Indicativo/ Subjuntivo.

SESIÓN 6.1
La intención es lo que cuenta
Uso del Subjuntivo en la formulación de deseos y objetivos.

SESIÓN 6.2
De verdad de la buena
Uso del Subjuntivo cuando discutimos sobre la verdad de las cosas.

SESIÓN 6.3
Comenta, que algo queda
Uso del Subjuntivo cuando comentamos o valoramos informaciones.

OBJETIVO

En estas sesiones aprenderás a entender y a usar la gramática como una forma de transmitir significados y actitudes.

SESIÓN 6.4
Todo es relativo
Uso del Subjuntivo para no identificar objetos, lugares, modos, tiempos o cantidades.

SESIÓN 6.5
Lola no es lela
Uso de los pronombres personales: laísmo y leísmo, uso del pronombre con el OD, se + pronombre de OI.

SESIÓN 6.6
Artículos de lujo
Uso de los artículos determinados, indeterminados y ausencia de artículo.

SESIÓN 6.7
Para, por favor
Uso de las preposiciones y locuciones prepositivas en el espacio, en el tiempo y en el mundo de las ideas.

SESIÓN 6.8
Pasados por agua
Uso del Imperfecto e Indefinido en contextos especialmente conflictivos.

SABER GRAMÁTICA

SESIÓN 6.0
El Subjuntivo es lógico

Escenario

1. Imagínate que estás en una fiesta y oyes sólo estos fragmentos de conversación de gente que está hablando de ti y de tu pareja. ¿En qué caso te parece que tienes más razones para enfadarte? ¿Por qué?

1
que le **pone** los cuernos...

2
que le **ponga** los cuernos...

. En español, un Indicativo es siempre una **declaración** de lo que alguien sabe o piensa. Un Subjuntivo es solo la mención de una **idea** para decir algo sobre ella.

2. ¿Qué puede haber dicho la persona que ha pronunciado el fragmento 1? ¿Qué puede haber dicho la persona que ha pronunciado el fragmento 2? Márcalo en el cuadro.

	¿1 ó 2?
Yo he visto…	
Todo el mundo dice…	
Me han contado…	
¿Es que tú no sabías…?	
Es la tercera pareja…	
Yo creo…	
Supongo…	
Es posible…	
No creo…	
Es mentira…	
No hay nadie…	
Es muy triste…	
Me parece lógico…	
Sus amigos le aconsejan…	

3. ¿Se ve alguna regularidad en esta tabla? ¿Se dibuja alguna frontera?

A expresiones como las que están en la tabla y a otras que analizaremos en las siguientes sesiones, les llamaremos matrices.

matriz. (Del lat. matrix, -cis). f. Entidad principal, generadora de otras.

6.0 Introducción a las unidades 6.1, 6.2, 6.3 y 6.4: mapa del modo

			Muestra	¿Posibilidades de jugar?
Matrices intencionales (objetivos)	1		*Quiero que CANTE*	no
Matrices veritativas (argumentos principales)	2a De declaración	Afirmar X	*Sé que CANTA*	no
		Suponer X	*Supongo que CANTARÁ*	a veces
	2b De cuestionamiento	Considerar la posibilidad de X	*Es posible que CANTE*	no
		Rechazar X	*Es falso que CANTE*	a veces
Matrices valorativas (argumentos secundarios)	2c	Valorar X	*Me gusta que CANTE*	a veces
Matrices especificativas	3a Identificativas		*Hay una chica que CANTA*	no
	3b Identificativas		*No hay una chica que CANTE*	no

1. Ley de significado y ley de uso

a ¿Qué se aprende mejor, lo que se memoriza sin entender o lo que se encuentra lógico? Pues bien, el Subjuntivo es perfectamente lógico. Responde a una "ley de significado" que no tiene excepciones. Dado un hecho cualquiera, la ley dice lo siguiente:

I. El Indicativo siempre representa una declaración de ese hecho, es decir, el acto de afirmar o suponer ese hecho. Podemos usarlo solo o subordinado a una matriz (**Está claro, Yo creo...**).

II. El Subjuntivo siempre representa una idea virtual, es decir, algo que no queremos o podemos presentar como una afirmación o una suposición, y siempre está subordinado a una matriz (**Llueve**, solo, no tiene sentido).

Aplicando la ley de significado al uso, tendremos la siguiente "ley de uso" para decidir entre Indicativo y Subjuntivo.

	Matriz	Oración subordinada
Si el SIGNIFICADO DE LA MATRIZ implica que la oración subordinada constituye una declaración: Indicativo.	Es verdad... [luego, voy a declarar →]	...que vienen
Si el SIGNIFICADO DE LA MATRIZ no implica que la oración subordinada constituya una declaración: Subjuntivo.	Quiero... [luego, no voy a declarar →]	...que vengan

Cuando parezca que la ley no se cumple, entenderemos que el hablante está "jugando" con la ley con una intención especial.

SESIÓN 6.1
La intención es lo que cuenta

Escenario

1. Un poco de filosofía barata: ¿cómo se puede relacionar la cita con el dibujo que tenéis más abajo? ¿A cuál de las dos "frases" del policía corresponde mejor cada concepto de la cita (1 ó 2)?

> Los **objetos de información** (1) son datos que ofrecemos a los demás para compartir el mundo tal y como lo **conocemos o imaginamos**. Los **objetos intencionales** (2) son ideas que sólo existen en virtud de nuestra **intención** de que existan.
> Emma Husserl, *Cómo ser subjuntivo sin morir en la intencionalidad*

2. En este cuadro hay nueve matrices con las que siempre introducimos informaciones, y otras nueve con las que siempre introducimos "objetos intencionales". Trabajad en parejas e intentad identificar rápidamente las nueve matrices "intencionales".

Pídele...	Creemos...	Quiero...
Me hace falta...	Reconozco...	Me gustaría...
Él sabe...	Sospecho...	Intentamos...
Pienso...	Te propongo...	Cuentan...
Es necesario...	Me parece...	Me han prohibido...
He visto...	Hay que conseguir...	Supongo...

¿Descubiertas? Pues bien, estas nueve matrices son matrices de contexto 1. Con ellas siempre usamos Subjuntivo (o Infinitivo) porque siempre introducen ideas virtuales.

Objetivos

Nuestro objetivo en esta unidad es aplicar la ley del Subjuntivo a un contexto concreto: cuando el significado de la matriz implica que lo que le sigue no es una información, sino únicamente un destino virtual al que apuntamos. Los llamaremos contexto 1. En este contexto no hay juegos posibles: nunca usaremos Indicativo.

1. La lógica del contexto 1

		Muestra	¿Posibilidades de jugar?
Matrices intencionales (objetivos)	1	*Quiero que CANTE*	no

a Hay una terrible contradicción lógica en los siguientes enunciados. ¿Podéis sentirla?

*Quiero que Pepa **está** tranquila.*
*Te aconsejo que **vas** a un psiquiatra.*

b ¿Cómo podemos explicar que en las frases 1a y 1b utilizamos el Indicativo y que en las frases 2a y 2b es imposible utilizar el Indicativo y siempre usamos el Subjuntivo (o un Infinitivo)?

1 a. *Dicen que Pepa **está** tranquila.*
1 b. *Me parece que ella **va** a un psiquiatra.*
2 a. *Quiero que Pepa **esté** tranquila.*
2 b. *Te aconsejo **ir** a un psiquiatra.*

QUERER + SUBJUNTIVO

Si hablamos de **querer** algo (o **no querer** algo), ese algo no es una declaración, sino tan solo un objetivo al que apuntamos. No es lo que opino: es solo lo que quiero. Si te familiarizas con esta lógica, no necesitarás memorizar nada.

2. Matrices de contexto 1

Todas las matrices del siguiente cuadro son matrices "intencionales" y eso significa que, con ellas, debemos usar siempre un modo virtual (Subjuntivo o Infinitivo). Ahora, en grupos, mirad a Desiderio y pensad en las cinco actitudes o intenciones que suele expresar a menudo. Buscad en la columna de la derecha tres matrices que podría usar para expresar cada una de estas actitudes, como en los ejemplos. Descubriréis así que, en cierto modo, todas estas matrices expresan lo mismo.

1 Querría que...
2 Necesito que...
3 Te animo a que...
4 Lo que yo pretendo es que...
5 ¿Sería posible que...?
6 Hacen eso con el objetivo de que...
7 Es imprescindible que...
8 Yo siempre procuro que...
9 ¡No te permito que...!
10 Yo no te pido que...
11 Voy a lograr que...
12 ...mi intención es que...
13 ¿Le importaría que...?
14 Estoy dispuesto a que...
15 ...siempre y cuando...
16 Voy a hacer que...
17 Le mandé que...
18 ¡Te prohíbo que...!
19 ¡Me opongo a que...!
20 Me esfuerzo mucho por que...
21 Todos debemos contribuir a que...
22 No os obligo a que...
23 La idea está destinada a que...
24 Intento que...
25 Hace mucha falta que...
26 Os ruego que...
27 Al final, me resigné a que...
28 No puedo impedir que...
29 Estoy esperando a que...
30 No tolero que...
31 Ojalá (que)...
32 Bueno, vale, te dejo que...
33 Tengo ganas de que...
34 Te aconsejo que...
35 Recomiéndale que...
36 Te invito a que...
37 Te suplico que...
38 Yo exijo que...
39 Es difícil conseguir que...
40 No me apetece nada que...
41 No te consiento que...
42 Prefiero que...
43 Sería bueno que...
44 Tenemos que evitar que...
45 ...para que...
46 ...la finalidad de que...
47 Yo aspiro a que...
48 A condición de que...
49 No provocaré que...
50 Me gustaría que...
51 Trataré de que...
52 Mi deseo es que...
53 Sin que...
54 Le propongo que...
55 Voy a que...
56 Ya he solicitado que...

Desiderio (no) **desea** que algo pase
52, ____ , ____ , ____

Desiderio Alejos

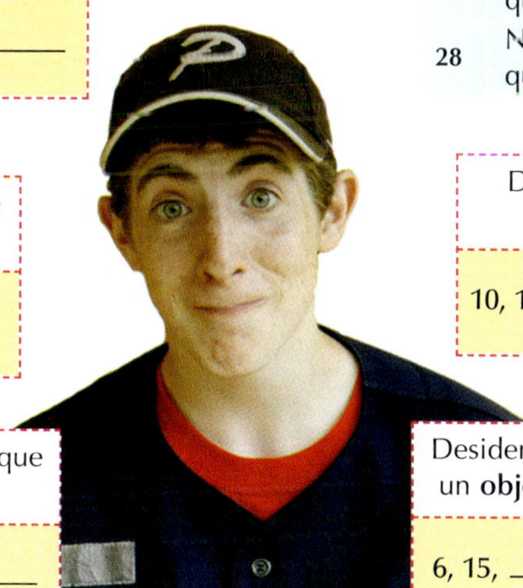

Desiderio (no) **acepta** que algo pase
32, ____ , ____ , ____

Desiderio (no) **pide** que alguien haga algo
10, 17, ____ , ____ , ____

Desiderio (no) **intenta** que algo pase
24, ____ , ____ , ____

Desiderio plantea algo como un **objetivo** (deseable o no)
6, 15, ____ , ____ , ____

3. Aplicamos la ley: objetivos en el pasado

a Con las matrices intencionales usamos el Subjuntivo también cuando hablamos del pasado. ¿Te parece lógico?

b No somos libres. La vida está llena de intentos de influir en nuestra conducta. ¿Quién y en qué sentido te determina ahora? ¿Y en el pasado? ¿Y en el futuro? En parejas, informaos sobre vuestro compañero y contad luego a la clase vuestras averiguaciones más interesantes.

4. Extendemos la ley: matrices de doble sentido

"Cuando yo uso una palabra –insistió Humpty Dumpty con un tono de voz más bien desdeñoso– **quiere decir lo que yo quiero que diga...**, ni más ni menos."

Lewis Carroll,
Alicia a través del espejo

Dice que soy vs Dice que sea

Las leyes de la gramática no se deben aplicar a las formas, sino al significado que el hablante desea transmitir con esas formas. Existen muchas matrices que, como las construidas con el verbo **decir**, pueden utilizarse en un doble sentido. En estos casos, sólo el modo indica si nos referimos a informaciones o a intenciones.

Para transmitir una declaración:
*Pedro me ha dicho que **no soy** tonto.*

Para mencionar una petición (contexto 1: Subjuntivo)
*Pedro me ha dicho que **no sea** tonto.*

a Las siguientes matrices se pueden usar todas en este doble sentido. Por parejas, elegid dos de los siguientes fragmentos e intentad completarlos en cada uno de estos dos sentidos. Luego podréis leer nuestra propuesta a toda la clase, a ver qué opinan vuestros compañeros.

Estaba todo el tiempo gritando que...
Repite otra vez que... y te tiro el plato a la cabeza.
Por favor, recuérdame que mañana ...
¿Te aseguraste bien de que...?
El tribunal ha determinado que...
Mi sueño es que...
Yo me callo siempre que...
Me escribió en una nota que...
Los investigadores sugieren que...
Entonces fue cuando me insinuó que...

Estaba todo el tiempo gritando que se quería ir.
Estaba todo el tiempo gritando que me fuera de allí.

b Este es un verso de una canción de la cantante gallega Luz Casal. ¿Entiendes qué quiere decir la cantante al utilizar el Subjuntivo?

Tú juegas a tenerme.

Yo juego a que te creas que me tienes.

5. Extendemos más la ley: subjuntivos "aislados"

a Mientras que el Indicativo es autónomo, porque siempre representa una declaración, el Subjuntivo es una forma dependiente: no declara nada en sí mismo y está siempre subordinado. Pero también hay subjuntivos aparentemente "aislados". La mayoría de las siguientes manifestaciones son fórmulas más o menos fijas, estereotipadas. En parejas, elegid uno de los enunciados del recuadro y escribid un diálogo contextualizado que incluya ese enunciado en algún momento, como en el ejemplo.

¡**Viva** Honduras!

Que **conste** que yo no he abierto la boca.

¡Que se **vaya** ahora mismo!

¿Que no le gusta? Pues que lo **diga**.

¿A mí qué me dices? Que **hubiera tenido** cuidado.

En fin, todo **sea** por que estés bien.

¡**Sálvese** quien pueda!

¡Mal rayo los **parta**!

¡Que **sean** tres!

¡Que las **trates** con mucho cuidado!

El ministro de Exteriores español visita un acuartelamiento del ejército de El Salvador. Frente a las tropas en formación, grita a los soldados:

Ministro: Y ahora, caballeros... ¡Viva Honduras!
Soldados: ¡Viva Honduras!

General salvadoreño (acercándose al oído del ministro): Señor, este es el cuartel del ejército de El Salvador.
Ministro: Bueno, pues, ejem... Caballeros... ¡Viva El Salvador!
Soldados: ¡Viva El Salvador!

b En conclusión: ¿qué encontráis de común en todos estos subjuntivos? ¿Son lógicos?

MARCAS

El contexto no consiste solo en las palabras de una frase escrita. Cuando hablamos, la situación de comunicación puede dejar claras muchas cosas que no decimos explícitamente si utilizamos las marcas suficientes. El modo del verbo es una marca muy importante en español.

6. Cuando sólo el modo expresa el acto

¿DECLARAR, PREGUNTAR O PEDIR?

Cuando alguien habla, puede ejecutar tres tipos básicos de actos. Los dos primeros están, formalmente, asociados al modo Indicativo. Para el tercero, la forma más directa es el Imperativo. Una vez subordinados, el Indicativo marca declaraciones y preguntas, y el Subjuntivo, peticiones.

Declarar *Eres valiente.* *Digo que **eres** valiente.* **Preguntar** *¿**Eres** valiente?* *Digo que si **eres** valiente.*	**Actos declarativos**
Pedir ***Sé** valiente.* *Digo que **seas** valiente.*	**Actos no declarativos**

Cuando repetimos algo que ya ha sido dicho, o respondemos a una pregunta sobre algo dicho, lo normal es prescindir de la matriz. Pero esta economía tiene un precio: la interpretación del tipo de acto que transmitimos (declarar, preguntar o pedir) depende entonces solo del modo del verbo (y de las eventuales marcas de interrogación).

a Imagina que tu profesor le contó todas estas cosas a un amigo tuyo y que este luego te lo ha contado a ti. ¿Puedes adivinar, como en el ejemplo, qué tipo de acto ejecutó en cada caso? ¿Declaró, preguntó o pidió?

Me contó que tiene [1 *declaró*] un grupo de estudiantes muy bueno, y que está [2 ________] encantado con ellos, aunque decía que uno de los chicos, uno rubio con el pelo largo creo que dijo, es [3 ________] un poco molesto, y que si yo lo conocía [4 ________]. Yo le dije que sí, y él me dijo que le preguntara [5 ________] por qué estaba todo el tiempo en clase mirando revistas. Luego me dijo que por qué no tomábamos [6 ________] una cerveza, que me invitaba [7 ________]. Yo le dije que no tenía dinero, y él me dijo que no me preocupara [8 ________], que pagara [9 ________] yo otro día y asunto zanjado.

b ¿Puedes reconstruir las palabras originales, como en el ejemplo?

- ¿Qué le ha dicho?
- Que qué queso quería...

- Y entonces me dijo que estaba ocupado, que cerrara la puerta, y no me dejó ni siquiera explicarle las ventajas de nuestros productos.

- Cuando mi padre le dijo a mi madre que le dijera si quería que le tocara "La Amapola", ella le dijo que si estaba tonto o qué.

- Y entonces Caperucita le repitió al lobo que le devolvía su dinero inmediatamente, que fuera bueno y saliera, y él le decía que no se iba.

c En parejas. Haz a tu compañero este test. Pregúntale sobre su reacción en ciertas situaciones hipotéticas y anota sus respuestas, porque después haremos algo con ellas. Fíjate en el ejemplo:

¿Qué le dices...

1. a un compañero que está llorando en el descanso de clase?
2. a una persona que fuma demasiado?
3. a alguien que te está pisando el pie en el autobús?
4. a un/a profesor/a a quien no se le entiende nada?
5. a un hombre que te tira un beso en plena calle?
6. a una mujer que te tira un beso en un bar?
7. a un/a compañero/a que está triste porque no tiene suerte en el amor?
8. a alguien que se queja de que está muy flaco?
9. a un/a compañero/a que dice que ya no puede soportar más a vuestro profesor?

- ¿Qué le dices a un compañero que está llorando en el descanso de clase?
- Que por qué llora, y bueno, que si quiere llorar, que llore, que es bueno para desahogarse.

d Repasa ahora cada una de las reacciones de tu compañero. ¿Podrías encontrar un par de adjetivos que describan cómo es su carácter? Después, cuéntaselo a la clase justificándolo con algunas de las respuestas que ha dado.

Creo que es una persona amable, comprensiva y dispuesta a ayudar a los demás, porque, por ejemplo, si alguien se queja de no tener suerte en el amor, ella le dice que por qué se preocupa por eso, y que no se obsesione, que tiene toda la vida por delante y que cualquier día puede llegar el amor de su vida.

Todo bajo control

a ¿Te sientes "superior"? Elige, en cada caso, la mejor opción.

1. **Y entonces la chica me dijo que yo ________ buena persona y que, por favor, ________ simpático con ella, porque ________ muy triste en aquellos momentos.**
   a. parecía – fuera – estuviera
   b. hubiera parecido – fuera – estaba
   c. parecía – fuera – estaba
   d. parecía – era – estaba

2. **Admito que tú ________ más alta que yo, pero no que por eso te ________ que ________ más guapa.**
   a. eres – crees – eres
   b. seas – creas – seas
   c. seas – crees – eres
   d. eres – creas – eres

3. **Mira, Guada: hemos decidido que ya ________ bien de meternos prisa, y que si tan importante es tenerlo todo tan rápido, que lo ________ tú misma.**
   a. está – hagas
   b. esté – harías
   c. esté – hagas
   d. está – harías

4. ● **¿Sabes que el pobre Jose está fatal?**
   ❍ **Pues a mí no me da pena. Que ________ más cuidado y ahora no ________ así.**
   a. hubiera tenido – estuviera
   b. hubiera tenido – estaría
   c. había tenido – estuviera
   d. había tenido – estaría

5. **Es una mosquita muerta la muchacha. El otro día me insinuó que le ________ el novio de Patricia y que lo ________ a mi fiesta de cumpleaños.**
   a. gustaría – invitaba
   b. gustaba – invitara
   c. gustaba – invitaba
   d. gustara – invitara

6. ● **¿Qué te dijo al final Kelly?**
   ❍ **Pues nada. Que ________ muchas mujeres en el mundo, que si es que yo no me ________ cuenta, y que ________ por otro lado.**
   a. hay – había dado – buscara
   b. había – daba – buscaba
   c. hay – daba – buscaba
   d. había – hubiera dado – buscara

7. **¿Que por qué te ________ salir tarde, que te ________ tranquilo, y que ya ________ mayor para hacer lo que quieras? ¿Tú crees que esa es manera de hablarle a tu madre?**
   a. prohíbo – dejo – eres
   b. prohíbo – deje – seas
   c. prohíbo – deje – eres
   d. prohíba – deje – eres

8. ● **¿Me acompañas?**
   ❍ **¿Qué?**
   ● **Que me ________ que ________ que ayudarme con las maletas, que pesan mucho.**
   a. acompañes – tengas
   b. acompañes – tienes
   c. acompañaras – tengas
   d. acompañas – tienes

9. **Si no sabes hacerlo tú solo, pregúntale a Jenny que ________ una mano. Yo le pedí una vez que ________ y fue muy amable.**
   a. si te echa – me ayudara
   b. te echa – si me ayudaba
   c. te eche – si me ayudaba
   d. si te eche – me ayudara

10. **Aquel profesor consiguió que realmente nos ________ el latín, y eso que el latín ________ una asignatura difícil, e incluso aburrida.**
    a. gustaba – era
    b. gustaría – fuera
    c. gustara – es
    d. gustara – sea

b ?Poblemas¿

1. No quise ir a la fiesta para que mi novio no se encontraba a Sara. Creo que se gustan.
2. Espero que te vaya a gustar.
3. Me dijo que tuviera que ir con ella.
4. Estoy animando a Marta a que llama a su novio y le diga lo que siente.
5. Me gustaría mucho si me hagas algo especial de comer.
6. George pretende que está enamorado de Lisa.
7. El médico me ha dicho que sea necesario que deje de fumar.
8. No pudo impedir que comamos el pastel.
9. El cura se levantó temprano con la finalidad de que abriera la iglesia el domingo por la mañana.
10. ¿Jugamos a que tú fueras el médico y yo la enfermera?

SESIÓN 6.2
De verdad de la buena

Escenario

Aquí tenéis 12 fragmentos de conversaciones sacados de contexto. Vais a formar equipos y demostrar que tenéis imaginación. El primer equipo tiene 15 segundos para decidir el número que debe hacer el equipo siguiente. Después, este tiene un minuto para preparar un diálogo verosímil, en el que debe decirse exactamente ese fragmento y dramatizarlo después ante toda la clase. Pero en ese minuto todos los equipos deben pensar también: si el equipo en cuestión no tiene fortuna decidiendo el modo del verbo, el siguiente equipo tiene la oportunidad de ganarse el punto. Y así sucesivamente. ¡Suerte!

1 No, por favor, no es necesario que me prometas que…	2 Bueno, tampoco está totalmente claro que…	3 ¿Qué te pasa? ¿Es que no recuerdas que…?
4 Francamente, no recuerdo cómo…	5 Bueno, no cabe duda de que…	6 Lo que pasa es que tú no sabes que yo…
7 El otro día soñé que…	8 Creemos firmemente en la posibilidad de que…	9 Bien. Vamos a suponer que…
10 Lo cierto es que es bastante creíble que…	11 No quiero que pienses que…	12 … y el pobre se imagina que…

Objetivos

Nuestro objetivo en esta sesión es aplicar la ley y entender el sentido de algunos juegos Indicativo-Subjuntivo en el contexto de las matrices veritativas: aquellas que usamos cuando declaramos lo que pensamos o ponemos en cuestión lo que otros piensan.

1. La lógica del contexto 2 (a, b)

			Muestra	¿Posibilidades de jugar?
Matrices veritativas (argumentos principales)	2a De declaración	Afirmar X	*Sé que CANTA*	no
		Suponer X	*Supongo que CANTARÁ*	a veces
	2b De cuestionamiento	Considerar la posibilidad de X	*Es posible que CANTE*	no
		Rechazar X	*Es falso que CANTE*	a veces

¿Cómo se aplica la ley de uso del Subjuntivo a la lógica de este contexto? ¿Por qué utilizamos Indicativo o Subjuntivo en los siguientes ejemplos?

Yo creo que José **es** *tonto.*
Yo no creo que José **sea** *tonto.*

NO CREER QUE + SUBJUNTIVO

Observa la contradicción lógica entre las dos declaraciones que hace el siguiente enunciado.

Yo ***no creo*** *que José* ***es*** *tonto.*

Observa lo que pasa si invertimos los términos. ¿Te parece contradictorio alguno de estos enunciados?

José es tonto, creo.
José es tonto, no creo.

Cuando decimos que un sujeto cree algo, lo lógico es declarar ese "algo". Cuando decimos que un sujeto no cree algo, no sería lógico declarar ese "algo", ya que es una información que el sujeto cuestiona en alguna medida.

2. Aplicamos la ley, sin juegos

a Para declarar o cuestionar informaciones, podemos utilizar una cantidad casi infinita de matrices formales diferentes. Lo importante no es la expresión que utilizamos, sino la actitud que implica utilizar esa expresión. Armando Guerra, Modesta Piñón, Anunciación Segura, Prudencio Espejo son cuatro personajes muy especiales y representan, cada uno, una de esas actitudes. Reflexiona sobre sus nombres e intenta identificarlos en los siguientes dibujos.

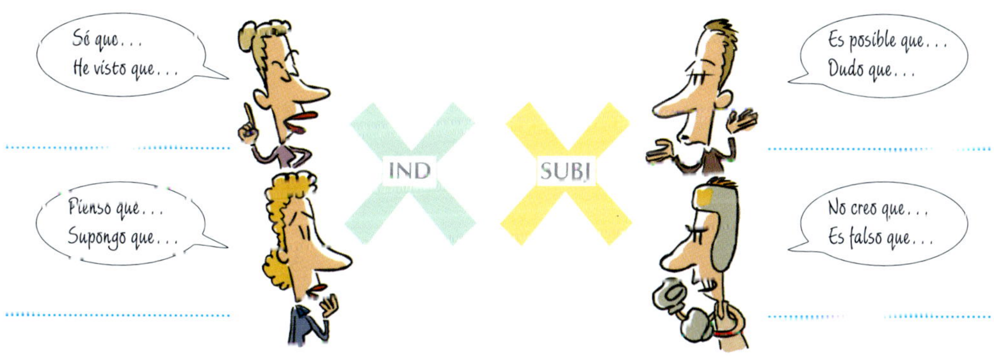

b ¿Indicativo o Subjuntivo? Decidid en cada caso, recordando las actitudes que representan los personajes anteriores.

1. Es evidente que...
2. Creemos en la posibilidad de que...
3. Ya sabíamos que...
4. Me han contado que...
5. Parece que...
6. No es cierto que...
7. El gobierno opina que...
8. Es completamente falso que...
9. El ministro niega que...
10. Ciertamente, puede que...
11. Bueno, la verdad es que...
12. Iberia anunció que...
13. Está bastante claro que...
14. Estoy seguro de que...
15. Es probable que...
16. Es muy dudoso que...
17. Tengo que confesar que...
18. Ella se imagina que...
19. Es fácilmente imaginable que...
20. La verdad es que yo no veo que...
21. Es perfectamente posible que...
22. Es imposible que...
23. ¿No te parece que...?
24. ¿No es verdad que...?

c Un primer alumno debe señalar a otro compañero e indicarle un número. El elegido debe decidir si esa matriz necesita Indicativo o Subjuntivo. Si acierta, el preguntador deberá poner un ejemplo; si no acierta, será la "víctima" la que deba poner el ejemplo. Después viene la venganza: el elegido podrá, a su vez, señalar a otro compañero, y así hasta que todos hayan intervenido.

1 He notado que...
2 No está claro que...
3 Eso no significa que...
4 No tengo la certeza de que...
5 Todos sospechábamos que...
6 No recuerdo que...
7 Es indudable que...
8 Es mentira que...
9 Han descubierto que...
10 Puedes tener la seguridad de que...
11 Lo que pasa es que...
12 Me prometió que...
13 No me prometas que...
14 No nos parece que...
15 Tengo la impresión de que...
16 Es impensable que...
17 No te preocupes porque no haya llegado. Eso va a ser que...
18 Yo no tengo noticia de que...
19 No lo sé, pero me imagino que...
20 Es probable que...
21 Yo ya presentía que...
22 No es que..., es que...
23 Perdona. Es que no había visto que...
24 Me figuro que...

3. Extendemos la ley

a En las siguientes matrices puede haber ambigüedades y aparentes contradicciones entre la forma y el significado. Fíjate en estos ejemplos y explica por qué en unos casos se utiliza el Indicativo y, en otros, el Subjuntivo.

¡Solo Indicativo!	¿Es que no recuerdas que...? Ella nunca piensa dónde...
¡Solo Subjuntivo!	Te informo de que es perfectamente posible que... Me parece muy verosímil que...
¡Los dos!	Dice que... La cosa es que... Ella no piensa que...

b Fijaos en las siguientes matrices. En cada bloque hay una que necesita Indicativo, una que necesita Subjuntivo, y una que usamos con los dos modos, con diferente significado. Vamos a formar tres equipos de investigación para encontrar los tres tipos de matriz. Si entráis en conflicto con otro equipo, ¡defended vuestro punto de vista!

1. Es que tú no sabes que Patricia...
2. Ella me contestó que...
3. Hay muchas probabilidades de que...

4. No voy a ser yo el que le diga que...
5. ¿Todavía no has informado al jefe de que...?
6. Es muy cuestionable que...

7. Todavía no le he contado a Ana que...
8. Es bastante verosímil que...
9. ¿No le has recordado que...?

10. Lo que quiero plantear es que...
11. Yo sí creo en la posibilidad de que...
12. No tengo ni idea de cuándo...

13. Hemos descubierto que...
14. Puede ser que...
15. Lo que yo estoy pensando es que...

16. A mí nadie me ha preguntado si...
17. ¿Os parece que...?
18. Bueno, es bastante creíble que...

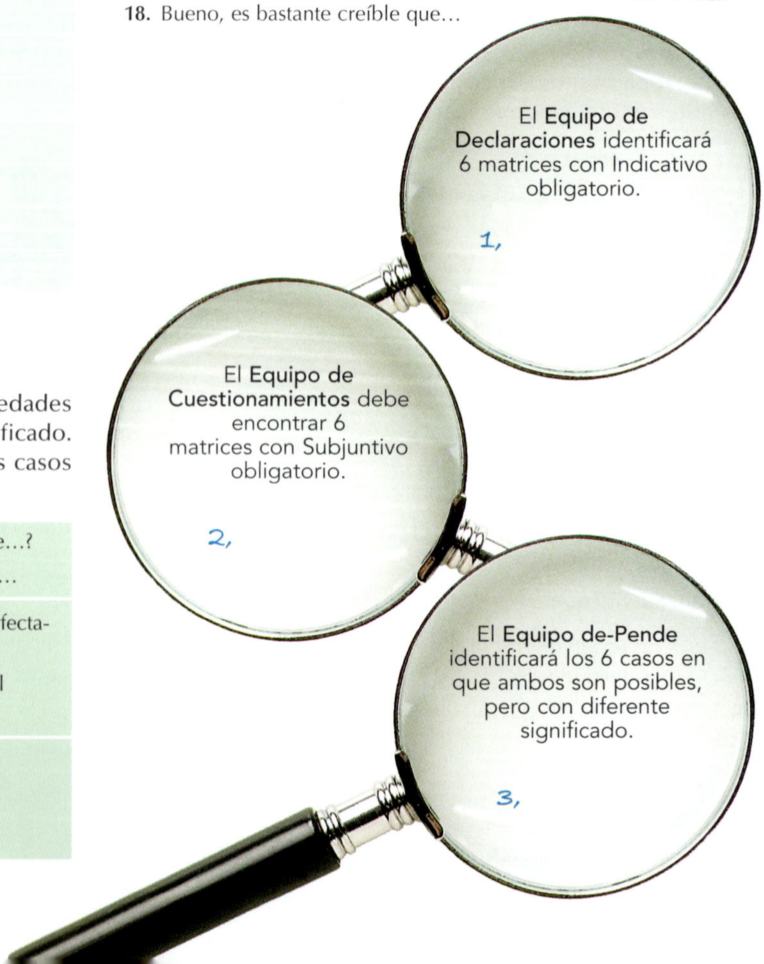

c Y ahora, un poco de teatro, pero con condiciones. Organizaos en grupos porque escribiréis y representaréis una pequeña escena. Elegid dos matrices del primer cuadro y una del segundo; con ellas, crearéis un texto dialogado. Pero atención: debéis decidir el modo adecuado para las matrices del cuadro 1 y utilizar dos veces la matriz del cuadro 2 (una vez en Indicativo y otra, en Subjuntivo).

1	
Indicativo o Subjuntivo	¿No se ha dado usted cuenta de que...? ¿A que es perfectamente posible que…? Lo que pasa es que... Perdona, pero me parece inadmisible que... ¿No es verdad que...? La verdad es que yo veo muy probable que... Yo no tengo ni idea de cómo... Es que estamos esperando a que... ¡No me digas que no has visto que...! Yo no voy a contribuir a que...

2	
Dobles	Lo siento, pero hemos decidido que... Le pregunté si quería venir, y me contestó que... En un papelito, me escribió que… No quiero insistir en que... Yo callado, y ella gritando que...

4. Jugamos con la ley

a La ley de significado no tiene excepciones. Si en algún caso parece que no se cumple, es porque el hablante está jugando con esa ley para decir algo especial. ¿Podemos intuir el porqué de estas variaciones?

<u>*Yo no veo*</u> *que* ***estudies***. (→ el hablante sigue la ley: siempre funciona)
<u>*Yo no veo*</u> *que* ~~***estudias***~~. (→ el hablante no sigue la ley, y no funciona)

<u>*Yo no veía*</u> *que* ***estudiaras***. (→ el hablante sigue la ley: siempre funciona)
<u>*Yo no veía*</u> *que* ***estudiabas***. (→ el hablante no sigue la ley, ¡y funciona!)

b ¿Siguen la ley de uso los siguientes enunciados?

1. No es verdad que haya llegado tarde.
2. A mí nadie me dijo que estuvieras casada.
3. ¿A que no parece que tenga 80 años?
4. Mira, parece que está muerto, ¿no?
5. La policía sospecha que el ladrón ha sido un menor.
6. Supón que te toca la lotería. ¡Serías rico!

c Y ahora, ¿encuentras algo extraño en la decisión que los hablantes nativos de la columna de la derecha han tomado acerca del modo? Relaciona cada una de las ilustraciones con la reflexión correspondiente y entenderás mejor por qué y con qué efecto especial son posibles estos juegos.

1. Hay cosas que no aparentan lo que son en realidad. Y a veces queremos dejar claro que son así, a pesar de las apariencias.
2. Con el tiempo aprendemos cosas que antes no sabíamos, y a lo mejor queremos dejar claro que ahora sí lo sabemos.
3. A veces nos parece un poco fuerte declarar una mera sospecha, y evitamos declararla.
4. Hay cosas que aparentan algo que no son. ¿Puede ser importante dejar claro que no son así, a pesar de las apariencias?
5. Cuando rechazamos lo que otro ha dicho, a veces no queremos rechazar solo la idea, sino justamente su declaración como tal declaración.
6. Si pedimos a alguien que imagine algo hipotético, ¿podemos no declarar ese algo y dejarlo simplemente flotando en el mundo de las ideas?

Pero cuidado: no siempre se puede jugar. Especialmente, no se puede jugar...

– Con matrices de afirmación: **sé que..., te prometo que..., tengo la certeza de que...**

Claro que la casa está vacía. Es que se han mudado (~~hayan mudado~~).*

– Con matrices **de posibilidad: es posible que..., es probable que..., puede ser que...**

Las probabilidades de que te den (~~darían~~) ese trabajo son muchas.*

– Con matrices **intencionales: quiero que..., me obligaron a que..., ... con la finalidad de que...**

No voy a permitir que me insultes (~~insultas~~).*

d Alguien se ha puesto a jugar como un loco. Identifica los 4 juegos imposibles que hay aquí.

1. No, yo no digo que **eres** tonto.
2. Imagínate que al final te **den** ese trabajo...
3. Te juro que no **vuelva** a pasar más.
4. Gracias, pero no necesitamos que nos **ayudas**.
5. Oye, da la impresión de que el cielo se nos **fuera** a caer encima, ¿no?
6. Puede ser que mañana **pasaré** por allí.
7. Se calcula que en la manifestación **hayan** participado 15 000 personas.
8. No podía creerse que le **había tocado** la lotería.
9. Lo que yo pretendía es que no me **descubrieron**.
10. A mí no me dijeron que **iban** a casarse.

e Cuando sí es posible jugar, hacerlo implica una intención comunicativa especial. Distribuid en grupos los enunciados anteriores en que sí es posible jugar y tratad de explicaros y explicar después a los demás las diferentes implicaciones de cada opción, como en el ejemplo.

Yo no digo que **seas** tonto. Sigue la ley: está poniendo en cuestión una idea.
Yo no digo que **eres** tonto. Juega: está poniendo en cuestión lo que ha declarado otro (igual que en el dibujo A), o bien está sugiriendo que él piensa que es tonto pero no lo dice.

5. Jugamos, en general

Vamos a contar mentiras. Por equipos, decidid en secreto tres informaciones sobre el pasado de cualquiera de los miembros del equipo, verdaderas o falsas –en la proporción que queráis–, pero que sean todas verosímiles. Una vez formuladas estas informaciones, el primer equipo las propone al segundo equipo, el segundo al tercero, y así hasta cerrar el círculo. En dos minutos, cada equipo tiene que tomar su decisión sobre la veracidad de estas informaciones, decidiendo también con qué grado de declaratividad está dispuesto a indicar si las creen o no: ¡los puntos que obtendréis dependerán de eso!

Si usas...	y aciertas, ganáis...	pero si no, os restan...
Es verdad que...	+ 3 puntos	- 3 puntos
Suponemos que...	+ 2 puntos	- 2 puntos
Es posible que...	+ 1 puntos	¡te libras!
No creemos que...	+ 2 puntos	- 2 puntos
Es mentira que...	+ 3 puntos	- 3 puntos

Todo bajo control

a ¿Te sientes "superior"? Elige, en cada caso, la mejor opción.

1. ● **¿Tú crees que a Charo le ....?**
   ○ **Para mí, está muy claro que no .... saber nada de ti. Es más: sospecho que te ....**
   a. gusto – quiera – odie
   b. gustaré – quiera – odie
   c. guste – quiera – odia
   d. gustaré – quiere – odia

2. ● **Ahora fumo mucho menos que antes.**
   ○ **Pues yo no veo que .... menos, y eso que me prometiste que lo ....**
   a. fumes – dejaras
   b. estés fumando – dejabas
   c. estás fumando – hubieras dejado
   d. fumas – hayas dejado

3. ● **Oye, he notado que últimamente no .... hablar mucho conmigo. ¿Pasa algo?**
   ○ **No es que no _______ hablar contigo, es que .... poco animado últimamente.**
   a. quieres – quiero – esté
   b. quieres – quiera – estoy
   c. quieras – quiera – estoy
   d. quieras – querría – estoy

4. ● **¿Tiene novia Alfredo?**
   ○ **No sé, pero no creo que .... Además, conociéndolo, es difícil creer que algún día .... encontrar una.**
   a. tiene – vaya a conseguir
   b. tendrá – conseguirá
   c. tenga – conseguiría
   d. tenga – consiga

5. ● **¿Cuándo .... el trabajo de Historia?**
   ○ **Pues no tengo ni idea de cuándo lo ...., pero seguro que no .... mucho.**
   a. terminas – terminaré – tardaré
   b. termines – termine – tarde
   c. vayas a terminar – terminare – tarde
   d. vas a terminar – termine – tardaré

6. ● **¿Por qué le diste un beso anoche a Ernestina?**
   ○ **Yo no recuerdo que le .... ningún beso a nadie. ¿Es verdad que yo .... eso?**
   a. di – hiciera
   b. diera – hice
   c. diera – hiciera
   d. di – hice

7. ● **¿No te das cuenta de que así no .... a ninguna parte? ¿Por qué no confías en mí?**
   ○ **Sí, tienes razón. Y además, puedes estar seguro de que no olvido que tú me .... cuando más lo necesitaba.**
   a. vayas a llegar – hayas ayudado
   b. llegues – has ayudado
   c. vas a llegar – hayas ayudado
   d. llegarás – has ayudado

8. ● **¿Pretendes decirme que lo nuestro va mal porque yo no pongo de mi parte?**
   ○ **No es porque no .... de tu parte, que sí ...., sino porque los sentimientos ....**
   a. has puesto – has puesto – cambien
   b. pones – pongas – cambian
   c. pongas – pones – cambien
   d. hayas puesto – has puesto – cambian

9. ● **¿Sabes? No me parece que Claudia me .... como me merezco.**
   ○ **¿Y qué más quieres que haga la pobre? ¡Hijo mío! ¡Parece que .... el rey del mundo!**
   a. esté tratando – fueras
   b. está tratando – eres
   c. trate – serías
   d. trata – eres

10. ● **¡Huy! ¡Perdón! No me había dado cuenta de que .... cambiándose de ropa, Sra. Pendelton.**
   ○ **Yo tampoco sabía que usted .... llegar a ser tan indiscreto, Sr. Ruiz. En fin, ya que .... aquí, pase.**
   a. está – haya podido – está
   b. estaba – podría – está
   c. esté – podía – esté
   d. esté – pudiera – esté

b ?Poblemas¿

1. El otro día soñé que muriera mi perro.
2. Creemos firmemente en la posibilidad de que hay vida en Marte.
3. Ángel pretende que yo soy su novia. ¿Es que está loco o qué?
4. Pienso que se sienta un poco deprimido quizás.
5. Ella no sabe que tú estés enamorado.
6. No pienses que tengas dos piernas. Piensa que tienes alas.
7. Yo no sé cómo haya llegado esto hasta aquí.
8. ¿Es que no recuerdas que ayer yo te prestara 5 euros?
9. A mí me parece totalmente posible que ha sido ella.
10. ¿Te parece que a mi novio le vayan a gustar mis pantalones nuevos?

SABER GRAMÁTICA

SESIÓN 6.3

Comenta, que algo queda

Escenario

1. Un estudiante ha escrito esto en su diario recordando su viaje a una ciudad española. ¿Estáis de acuerdo con todo lo que ha escrito? Discutidlo entre todos. ¿Qué os parece verdad? ¿Qué creéis que es falso? ¿Qué no podríais asegurar del todo, pero os parece posible? Vais a discutirlo hasta conseguir una lista de todo aquello que, más o menos, podáis aceptar todos.

España es un país extraño. Las calles son estrechísimas, los coches van como locos y no se respetan las normas de tráfico ni de aparcamiento. Además, la gente se comporta también de una manera extraña: tiran los papeles al suelo, no dicen "gracias" a los camareros, le ponen aceite a todo y hablan mucho y muy alto. Los españoles beben mucho, aunque siempre con tapas, y siempre están en la calle: nunca te invitan a su casa. Porque, además, son muy maleducados con los extranjeros. Las chicas son muy presumidas, siempre van vestidas como para una fiesta, pero da igual: normalmente son feísimas. Los chicos son unos machistas tremendos, y piensan que todas las extranjeras quieren ligar con ellos. Tienen también un sentido del tiempo muy peculiar: son muy tranquilos y siempre llegan tarde a cualquier cita (un día tuve que estar esperando a una chica tres horas y cuarenta y seis minutos...). Para colmo, cierran todas las tiendas a mediodía (¿por qué necesitan tres horas para comer?), se pasan el día bailando sevillanas y se acuestan tardísimo. Y lo peor de todo: son unos incultos, nadie habla inglés.

Además, está la historia. Los españoles han hecho muchas cosas terribles. Por ejemplo, llevaron a América su lengua y, por su culpa, ahora millones de personas tienen que hablar español. Son un pueblo violento, lleno de guerras y dictaduras, como la de Franco, que llegó hasta 1990...

Objetivos

Nuestro objetivo en esta unidad es aprender a diferenciar las matrices veritativas de las matrices valorativas. Entenderemos que el Subjuntivo aquí es lógico, y también aprenderemos cómo en este contexto se puede jugar con la opción Indicativo-Subjuntivo para transmitir significados especiales.

1. La lógica del contexto 2c

		Muestra	¿Posibilidades de jugar?
Matrices valorativas (argumentos secundarios)	2c Valorar X	*Me gusta <u>que cante.</u>* (X)	A veces

a ¿Cómo funciona una conversación en torno a una afirmación dudosa o polémica? Recuerda vuestra discusión sobre España y los españoles.

Fases A, B y C (I)

Cuando en una conversación se discute una afirmación dudosa o polémica, hay, normalmente, dos fases:

Fase A:
cada hablante hace su aportación informativa y dice lo que sabe, lo que cree, o lo que imagina sobre este tema. Si alguien está de acuerdo puede confirmar esas informaciones.

Fase B:
pero si alguien dice algo con lo que otro no está de acuerdo, lo que este hará será cuestionar esa información, especulando sobre su posibilidad o rechazándola directamente.

Pero además, en estos contextos en los que se manipulan informaciones, puede haber una tercera fase:

Fase C:
cuando todos los conversadores han llegado más o menos a un acuerdo, y esos hechos están ya "sobre la mesa", entonces podemos comentar esos hechos, valorar esos hechos, decir qué opinamos sobre esos hechos.

b ¿Qué seis matrices de las siguientes crees que pueden surgir de manera más natural en cada fase de la discusión? Sepáralas en dos listas, como en el ejemplo.

1. Yo pienso que... ✓
2. Me parece que
3. Me parece muy normal que
4. Es muy chocante que...
5. Yo sé que...
6. Me gusta que... ✓
7. Es evidente que...
8. No me importa que...
9. He leído que...
10. Está muy mal que...
11. Me han dicho que...
12. Es lógico que...

Fases A-B (matrices veritativas)	Fase C (matrices valorativas)
Yo pienso que...	Me gusta que...
____________	____________
____________	____________
____________	____________
____________	____________
____________	____________

c En cada uno de los siguientes enunciados hay dos verbos y, por tanto, dos oraciones. Si separamos las dos ideas implicadas, ¿cuál de las oraciones resultantes representa mejor lo que el hablante quiere realmente declarar en cada caso?

1. <u>Es verdad</u> que Eva llegó tarde.
   a. Es verdad. **b.** Eva llegó tarde.
2. <u>Es mentira</u> que Eva llegara tarde.
   a. Es mentira. **b.** Eva llegó tarde.
3. Es lógico que Eva llegara tarde.
   a. Es lógico. **b.** Eva llegó tarde.

Fases A, B y C (II)

En las fases A y B, el hecho X (la frase subordinada) es el argumento principal de los enunciados, porque es precisamente el objeto central de declaración o de cuestionamiento. En la fase C, el hecho X (la frase subordinada) ya no es el argumento principal, porque ya está aceptado como algo verdadero o posible. Aunque podríamos declarar X, en esta fase no queremos declarar el hecho X: lo único que queremos declarar es nuestra opinión sobre X.

*Yo **opino** que <u>Juan **no actuó** correctamente.</u>*
Hecho X
*(≈ Juan **no actuó** correctamente.)*

***Estoy harto** de que <u>Juan **actúe** así.</u>*
Hecho X
*(≈ **Estoy harto**.)*

d ¿Qué encuentras de raro en esta conversación entre dos amigas que están tomando un café juntas?

2. Aplicamos la ley

a Vamos a retomar la discusión sobre España y los españoles. Recordad todas los aspectos en los que estuvimos de acuerdo y, ahora, dad vuestra opinión sobre esas realidades. Aquí tenéis algunas sugerencias.

Me parece mal
Es muy raro
Es lógico
Me encanta

SUBJ

Es bueno
No me gusta
Es una suerte
Me parece bien

b Aquí tenéis, mezcladas, matrices de los contextos 2a, 2b y 2c. En parejas, ¿podéis intentar diferenciarlas, como en el ejemplo? Completar las matrices os puede ayudar a distinguir a qué contexto corresponden.

1	Es evidente que... *Indicativo (2a)*
2	Es posible que... *Subjuntivo (2b)*
3	Es estupendo que... *Subjuntivo (2c)*
4	De que .... no estoy seguro.
5	Yo no veo tan obvio como tú dices que ....
6	Encuentro comprensible que ....
7	Me acuerdo de que ....
8	¿Qué más da que ....?
9	El juez consideró justo que ....
10	El juez consideró que ....
11	La oposición criticó que ....
12	No entiendo que ....
13	Es difícil confesar que ....
14	Lo verdaderamente importante es que ....
15	Que .... viola las reglas de la más elemental cortesía.
16	¡Qué maravilla que ....!
17	No tiene sentido que ....
18	Que .... Eso es lo que yo opino.
19	Me anima mucho el hecho de que ....
20	Esto es así por el hecho de que ....
21	El hecho de que .... no tiene nada que ver con todo
22	Me parece que ....
23	Me parece un insulto que ....
24	No me parece que ....
25	Lo que yo veo es que ....
26	Veo problemático que ....
27	¿En serio te da exactamente igual que ....?
28	Que .... significó mucho para mí.

c Y ahora, en tiempo real: dirígete a tu compañero completando uno de estos enunciados con algo que tenga sentido. Después de responderte, él se dirigirá con otro enunciado a otro compañero, y así hasta acabar.

Oye, ¿a ti te gusta que...?
Te agradezco mucho que ayer/el otro día...
¿No te parece sospechoso que...?
¿No es verdad que...?
No estoy seguro de que...
¿No has notado últimamente que...?
¿Sabes? No me importaría que...
¿Tú verías muy absurdo que yo...?
Es muy, muy, muy, muy posible que...
Mira, la verdad, dudo bastante que...
¡Vaya, vaya! Es evidente que...

3. Extendemos la ley

a Como ya habéis comprobado, no podemos dejarnos llevar por la forma: tenemos que ser conscientes del significado que implica cada forma. Tendréis más cuidado con esto si descubrís por qué verbos como **sentir**, **comprender** o **entender** pueden cambiar de significado dependiendo del modo verbal que utilicemos. ¿Podéis explicaros la diferencia en estos ejemplos?

1.a Siento que me **tomas** por un imbécil.
1.b Siento que me **tomes** por un imbécil.

2.a Cuando te vi tan seria y tan callada, comprendí que **estabas** enfadada.
2.b Cuando supe lo que te había pasado con Elena, comprendí perfectamente que **estuvieras** enfadada.

3.a Si nunca me llamas, tengo que entender que ya no **quieres** saber nada de mí, ¿o no?
3.b Entiendo que ya no **quieras** saber nada de mí, después de todo lo que te he hecho.

b ¿Qué cosas de estas puedes tú sentir, comprender o entender?

1. Que nuestro profesor tenga demasiadas horas de clase y que gane poco.
2. Que se enfade cuando no prestamos atención.
3. Que los gobiernos no se preocupan todo lo que deberían por la conservación del medio ambiente.
4. Que si alguien me mira mucho, es que le gusto.
5. Que la primera chica de la izquierda está enamorada y que no le correspondan.
6. Que haya dos personas en la clase que están enamoradas de mí.

4. Jugamos con la ley

a Las posibilidades de jugar con la ley en este contexto se reducen, básicamente, a estos dos casos:

Lo que me gusta/extraña... **Lo** bueno/malo/extraño... **La cosa** importante/rara... **El** problema... ...	**es que...**
¡Qué bien que... **¡Qué maravilla que...** **¡Qué suerte que...** ...	

FASES A, B Y C (III)

Profesor: *¿Qué pensáis de los españoles?*
Johan: *Para mí son demasiado tranquilos, siempre llegan tarde y además ni siquiera piden disculpas.*
Anna: *La verdad es que a mí no me importa que la gente llegue tarde, porque yo siempre llego tarde.*
Cris: *Pues a mí lo que más me gusta de España es que la gente te* ***trata*** *muy bien, que* ***son*** *abiertos y alegres.*

1. Johan informa de lo que para él son hechos comprobados.
2. Anna comenta lo que piensa sobre uno de esos hechos, ya declarado y asumido en la conversación.
3. Pero Cris, siguiendo con el esquema de valoración, dice que le gusta algo que no se ha declarado antes y que posiblemente no esté asumido por sus interlocutores, de modo que siente la necesidad de declararlo también (usando el Indicativo) para dejar claro que habla de su propia experiencia. Si utilizara el Subjuntivo, daría por asumida una información que quizá los otros interlocutores no conozcan o no compartan.

b ¿Hay alguien en clase que haya vivido con españoles? ¿Hay alguien que conozca España más que los demás? Puede contar cosas interesantes.

¿Qué es lo que más te atrae de España o de los españoles?

¿Qué es lo que menos te gusta?

¿Cuál es la cosa que te choca más?

c Y ahora, una segunda pequeña posibilidad de jugar. ¿Cómo interpretas las siguientes escenas? ¿Encuentras alguna sutil diferencia de significado?

5. Matrices "trifásicas": aunque..., (no) porque...

MATRICES TRIFÁSICAS (I)

Con algunas matrices que no tienen un significado modal en sí mismas (**aunque..., a pesar de..., pese a..., porque...**) seleccionamos Indicativo o Subjuntivo dependiendo de nuestra actitud modal ante la información que introducimos en cada caso, es decir, de la fase en que estamos considerando el argumento.

Cuando la información que introducimos es...

➲ un argumento principal que el hablante **declara**.	(2a)	**Ind.**
➲ un argumento principal que el hablante **cuestiona**.	(2b)	**Subj.**
➲ un argumento secundario (aceptado) que el hablante sólo **menciona** para decir algo en relación con él.	(2c)	**Subj.**

a ¿Qué pasa de raro en esta conversación?

b Aquí tenéis dos series con tres ejemplos de cada caso. ¿Podéis identificarlos: 2a, 2b ó 2c?

● *¿Damos una vuelta?* ❍ *Mira, yo no salgo, porque ahí fuera* ***hace*** *un frío que pela.*	
● *¿Por qué estás llorando? ¿Es que Amanda te ha dejado?* ❍ *¡Qué va! Lloro, no porque me* ***haya dejado****, sino porque no quiere dejarme.*	
● *No le pidas eso. Él no te quiere...* ❍ *Ya lo sé, pero aunque no* ***esté*** *enamorado de mí, todavía me tiene cariño.*	
● *Oye, mira, porque tú* ***seas*** *más guapa y más alta que yo, no vas a ser mejor persona, ¿vale?*	
● *¿Crees que estará enfadada?* ❍ *Pues no lo sé, pero aunque esté enfadada, pienso hablar con ella.*	
● *¿Se tranquilizó al final?* ❍ *Más o menos, aunque se* ***quedó*** *un poco triste, la pobre.*	

6. Aplicamos la ley (aunque...)

a Aquí tenéis algunos diálogos y enunciados donde se utilizan las formas **aunque** (o alguna de sus variantes) y **porque**. ¿Sabréis usar el modo (Indicativo – Subjuntivo) más adecuado en cada caso? Adivinad los verbos y completad con la forma que os parezca más probable.

1.
● ¿Tomamos una cerveza?
❍ Bueno, aunque no llev__ dinero, ahora que me acuerdo...

2.
● ¿Conseguiste el dinero?
❍ Nada. Y eso, a pesar de que insist__.

3.
● No soporto que me seas infiel, porque te quier__ mucho.
❍ Vale, pero porque tú me quier__s no voy yo a renunciar a los placeres de la vida.

4.
● ¡Dios mío! ¡Mi mujer nos ha visto!
❍ No creo. Pero no te preocupes: aunque nos h__ visto, no se imaginará nada.

5.
Las autoridades comunitarias han denegado la petición. Aún así, y pese a que el gobierno, según fuentes del Ministerio, insist__ en la reunión de ayer, son pocas las posibilidades de éxito.

6.
Ya sé que es muy caro, pero no lo puedo evitar: tengo que comprarlo, aunque teng__ que pasar todo el mes sin comer.

7.
El pobre hizo todo lo posible por que sus hijos tuvier__ un futuro mejor.

8.
A mí me parece un negocio muy seguro. De todas formas, incluso a pesar de que al final result__ peligroso, yo creo que merece la pena intentarlo.

b Entre las frases anteriores, se ha colado una de contexto 1 (intencional). ¿Os habéis dado cuenta? ¿Cuál es?

MATRICES TRIFÁSICAS (II)

Cuando estas matrices introducen argumentos secundarios, utilizar el Indicativo es un juego que transmite marcadamente la idea de que aceptamos la realidad de un argumento.

Todo bajo control

a ¿Te sientes "superior"?

1. • ¿Sabes que al final Maite no ....?
   ❍ Es lógico que no ...., porque no tendría sentido que ...., estando aquí Peter.
   a. viene – venga – viniera
   b. va a venir – viene – viniera
   c. venga – venga – viniera
   d. vaya a venir – venga – vendría

2. • Me parece verdaderamente maravilloso que .... hacer ese viaje.
   ❍ Bueno, sabes que te agradecemos mucho que .... cambiar el turno de vacaciones.
   a. habéis decidido – hayas querido
   b. habéis decidido – has querido
   c. hayáis decidido – has querido
   d. hayáis decidido – hayas querido

3. No te reprocho que no me .... No me cabe ninguna duda de que no .... una persona perfecta. Pero tampoco hace falta ponerse así: con que me lo ...., basta.
   a. quieres – fuese – digas
   b. hayas querido – soy – digas
   c. quieras – sea – dices
   d. has querido – he sido – dirías

4. Yo me di perfectamente cuenta de que les daba miedo que la gente .... qué estaba pasando. Quizá por eso se preocuparon tanto por que no se .... nada.
   a. supo – notara
   b. sabía – notase
   c. supiera – notara
   d. sepa – notaba

5. • Pues qué bien que .... a tiempo, ¿no?
   ❍ Sí, fue una suerte que .... a tiempo, pero lo terrible fue que .... llevar la cerveza. ¿Qué te parece?
   a. llegarais – llegamos – olvidemos
   b. llegaseis – llegaríamos – olvidamos
   c. llegarais – llegemos – olvidásemos
   d. llegasteis – llegaramos – olvidamos

6. • ¿Han puesto ya en los cines la tercera parte de *Term y Neitor*?
   ❍ Pues no. Pero aunque la ...., y por mucho que sé que te ...., yo no voy a verla.
   a. hubieran puesto – gusta
   b. han puesto – gusta
   c. hayan puesto – guste
   d. pusieran – guste

7. La negociación con los sindicatos está paralizada. Pese a que el gobierno .... en la imposibilidad legal de satisfacer sus demandas, las centrales sindicales anuncian que realizarán movilizaciones aunque .... con la legalidad establecida.
   a. insiste – chocan
   b. ha insistido – choquen
   c. insista – chocan
   d. insistirá – chocan

8. • Yo, aunque .... a tener mi futuro asegurado gracias a mi magnífico plan de pensiones, sigo ahorrando lo que puedo.
   ❍ Pues por mucho que ...., si no llegas a viejo, no te servirá de nada.
   a. voy – ahorrarías
   b. voy – ahorres
   c. vaya – ahorrarás
   d. vaya – vas a ahorrar

9. • Es que ellos no sabían que tú querías ir.
   • ¡Aunque no lo ....! Mira, yo, el año pasado, los invité a todos a pesar de que .... perfectamente que no .... Es educación.
   a. hubieran sabido – supiera – querían
   b. sabían – sabía – querían
   c. sabían – supiera – quisieran
   d. supieran – sabía – querían

10. • Ellos sabían perfectamente lo que hacían y lo hicieron a propósito.
   ❍ ¡Anda ya! Y además, aunque .... lo que hacían y lo .... a propósito, tenían toda la razón.
   a. sabían – hicieran
   b. supieran – hacían
   c. habían sabido – habían hecho
   d. hubieran sabido – hubieran hecho

b ?Poblemas¿

1. Que tienes problemas con el profesor me parece muy raro.
2. Es verdaderamente extraño que no está aquí, porque yo lo dejé aquí.
3. Es una casualidad que estamos en la misma clase, ¿no?
4. Yo no considero justo que meterán a esa mujer en la cárcel.
5. Yo no creo que sea una buena amiga, pero bueno, aunque es una buena amiga, lo que hizo no está bien.
6. Lo que no me gusta de España es la desorganización, aunque la gente sea muy simpática, ¿sabes?
7. Está claro que no quería recibirnos, porque, aunque nos viera claramente llegar, cerró la puerta.
8. Pues sí, son malas noticias, aunque tengas que prepararte: todavía no sabes lo peor.
9. Yo no sé cuánto puedes tú estudiar, pero da igual. Por mucho que estudiarás, nunca aprobarás Física.
10. Aunque no lo necesito, te agradezco muchísimo que me quieres ayudar.

SESIÓN 6.4
Todo es relativo

Escenario

1. En las oraciones de relativo, la matriz del verbo subordinado es una entidad (un objeto, una persona, etc.) que estamos especificando mediante un hecho asociado a esa entidad:

   __la chica__ belga – __la chica__ que vino ayer – __la__ que vino ayer
   __un lugar__ bonito – __el lugar__ en el que estás – __donde__ estás
   __un modo__ simple – __el modo__ en que lo hagas – __como__ lo hagas
   __la cantidad__ precisa – __la cantidad__ que necesitas – __cuanto__ necesitas.
   __el momento__ exacto – __el momento__ en que llegó – __cuando__ llegó

2. Sed amables y ayudad al robot Tor-P2 a expresarse mejor, "traduciendo" sus palabras a un español más natural. Como veis, además de otras cosas, habrá que tomar decisiones sobre el tiempo y el modo del verbo que está subrayado: ¿Indicativo o Subjuntivo; o ambos, pero con diferente significado?

a. Yo querer casar con robota que ser bella, inteligente y responsable.

b. Yo estar enamorado de PK-Dora. Ella ir. Yo estar dispuesto a seguir donde ella ir.

c. Cuanto más querer yo a ella, más querer ella a mí.

d. Yo respetar mucho a PK-Dora, y hacer todo como ella decir.

e. PK-Dora y yo estar juntos cuando ella querer.

f. Alguien darte mañana mensaje secreto sobre PK-Dora en laboratorio Alfa. Tú no hablar con quien estar allí. Solo tomar mensaje que dar a ti.

Objetivos

En esta unidad vamos a trabajar con las llamadas oraciones adjetivas o de relativo. Como su nombre indica, son oraciones que tienen la misma función de un adjetivo y mediante ellas especificamos entidades, objetos, personas, momentos, lugares, modos o cantidades. Este es el que llamaremos contexto 3.

1. La lógica del contexto 3

		Muestra	¿Posibilidades de jugar?
Matrices especificativas	3a Identificativas	*Hay una chica que CANTA*	no
	3b No identificativas	*No hay una chica que CANTE*	no

IDENTIFICAR VS. NO IDENTIFICAR

En el contexto de especificación de entidades, declarar o no declarar el verbo subordinado implica declarar o no declarar la entidad misma, y la decisión de usar Indicativo o Subjuntivo dependerá de si podemos y queremos declarar esa entidad.

Subjuntivo:

El hablante **no identifica** la entidad: no importa cuál sea en particular.

Indicativo:

El hablante **identifica** la entidad: se refiere a una entidad particular.

2. Aplicamos la ley

a ¿Indicativo, Subjuntivo o ambos? Organizaos en cuatro grupos y tachad las opciones que no sean posibles. Después, un representante de cada grupo va a salir a la pizarra y, como buen profesor, va a explicar las soluciones a sus enunciados (o pedir explicaciones: ¡es el profesor!) al resto de la clase.

grupo 1

1. ¿Tienen uno de esos productos que limpia – limpie la cal?
2. Lo que él quiere – quiera encontrar es una mujer con mucho dinero.
3. Si no te gusta cómo yo lo hago, hazlo según te ha indicado – haya indicado el técnico que vino.
4. ¿Te han presentado ya a aquel coleccionista que tenía – tuviera tantos discos?
5. ¿Existen animales que tienen – tengan cien patas?
6. La idea que has tenido – hayas tenido no me interesa.

grupo 2

1. Tienes que hacerlo conforme te dicen – digan.
2. Yo no conocía a esa chica de la que hablaban – hablaran.
3. Es listísima. No hay nada que no sabe – sepa la tía.
4. Me voy a casar con alguien que me quiere – quiera muchísimo.
5. Donde vas – vayas, haz lo que ves – veas.
6. Abre la caja que encontrarás – encuentres allí.

grupo 3

1. ¡Preparado! En el momento en que tú me dices – digas, yo le doy al botón, ¿de acuerdo?
2. Hay amores que matan. Espero que no me quieras tanto que me matas – mates.
3. No puedo imaginarme una cosa que más le importa – importe que el dinero.
4. No lo conozco, pero me han hablado muy bien de un coche de esta marca que es – sea Diesel, pero que tiene – tenga mucha potencia.
5. Le dije que lo hiciera como él quería – quisiera, pero se enfadó.
6. Bueno, dime lo que quieres – quieras.

grupo 4

1. Yo es que de vinos no entiendo. Miramos unos cuantos, y nos llevamos el que es – sea más barato, ¿no?
2. Yo me limitaría a ir a donde nos han dicho – hayan dicho ellos.
3. Lo importante es el concepto que quieres – quieras transmitir con eso.
4. En ningún sitio a donde vas – vayas estás mejor que aquí, eso lo sabes.
5. Yo voy a hacerlo como ella lo hace – haga, ¿vale?
6. Bueno, ya veré. De acuerdo con lo que me responden – respondan mañana, tomaré una decisión.

3. Extendemos más la ley: el tiempo

a Las matrices para identificar un momento son muy numerosas. ¿Os suenan así, sin vocales? ¿Quién será la primera pareja en recomponerlas?

C_and_...	A m_d_d_ que...
S_ _mpr_ que...	S_gún...
Cad_ v_z que...	M_ _ntr_s...
D_sd_ que...	Un_ v_z que...
H_st_ que...	En cu_nt_...
Antes de que... *	As_ que...
D_spu_s d_ que...	N_ b_ _n...
Al m_sm_ t_ _mp_ que...	Ap_n_s...
T_n pr_nt_ c_m_...	C_nf_rm_...

**Antes de que* es la única que necesita siempre Subjuntivo porque nos coloca en los momentos anteriores a otro momento que, desde esa perspectiva de anterioridad, no es o era todavía identificable.

MATRICES TEMPORALES

Cuando especificamos momentos (CUANDO...) a través de oraciones que se refieren al pasado o al presente, hay una lógica presión por declarar ese momento, ya que hablamos de un momento real que forma parte de lo experimentado.

*No sé cuándo llegó. Lo que sé es que cuando **llegó** (~~**llegara**~~) la llamó inmediatamente.*

De igual modo, cuando nos referimos al futuro, hay una lógica presión para no identificar un momento virtual que no conocemos y del que no tenemos experiencia. Por eso, incluso si sabemos perfectamente cuándo va a pasar algo, usamos el Subjuntivo porque prevalece la idea de que "no importa cuándo":

- *¿Sabes que el sábado voy a Yanokea?*
- *Qué bien. Pues cuando **vayas** (~~**vas**~~), tráeme una estantería pequeña para el salón.*

Esto es igual para el futuro del pasado:

- *Se lo dije el sábado. Y se echó a llorar.*
- *Ya me temía yo que cuando se lo **dijeras** (~~**decías / dijiste**~~) se lo tomaría mal.*

Pero cuidado: hablando del futuro, hay casos en que "sí importa cuándo", y entonces el Indicativo es obligado. Por ejemplo:

Cuando estoy identificando el momento exacto con el verbo **ser**:

- *Pues yo quiero ir a Yanokea el sábado, que es cuando **va / va a ir / irá** (~~**vayas**~~) Guada.*

- *Pues yo quería ir a Yanokea el sábado, que es cuando **iba / iba a ir / fue** (~~**fuera**~~) Guada.*

Cuando lo que digo sobre el momento es una característica explicativa de "ese momento particular" y no vale para "cualquier momento":

- *No te preocupes por el frío. Cuando tú **vas / vas a ir / irás** (~~**vayas**~~) hace un tiempo maravilloso allí.*

- *No me llevé ropa de abrigo porque cuando ella **iba / iba a ir / fue** (~~**fuera**~~) hacía siempre un tiempo maravilloso allí.*

b En el cuadro azul tenéis los momentos y los verbos en Infinitivo. Formulad vosotros los enunciados completos de abajo con esa información, teniendo en cuenta que solo hay tres con los que el Subjuntivo es imposible.

1. Cuando PK-DORA volver
2. En cuanto ella salir del trabajo
3. Cuando tú venir
4. Cuando los invitados llegar
5. Hasta que alguien pasar por allí
6. Hasta que el avión estar reparado
7. Cuando llegar
8. Cada vez que notar algo raro
9. Cuando tú casarte
10. Tan pronto como sonar la alarma
11. Según tú ir tomando práctica
12. Cuando su hijo nacer

1. ____________________, buscaremos una habitación libre...
2. Cuando llegó mi novia, ya estaba yo preparado para irnos. Es que le había dicho que me avisara ________________.
3. Da la casualidad de que, precisamente ________________, tenemos una habitación libre.
4. Si sigues así, ____________________ los invitados no quedará comida.
5. Fue horrible: estuvimos dos horas colgados del árbol ______________, ya casi de noche, y nos rescató
6. Estábamos nerviosos porque teníamos que esperar ______________________.
7. ¿Llegan a las cuatro? Pues vale, ______________________ les damos la sorpresa.
8. Recuerda que te aconsejé que ejecutaras el antivirus ____________________.
9. ¿El jueves te casas? Es curioso. Yo tengo pensado volver justamente ______________________.
10. El plan era perfecto: ____________________, el encargado diría que se trataba de un simulacro.
11. Tú no te preocupes: ____________________ todo te resultará más fácil.
12. No, hombre, yo creo que el mes que viene no es. ____________________ es en Navidad.

Otras matrices especificativas referidas a entidades futuras

Si lo que especificamos no es un momento, sino cualquier otra entidad (objeto, persona, modo, lugar, cantidad), utilizaremos igualmente el Indicativo o el Subjuntivo de acuerdo con nuestra capacidad y necesidad de identificar esa entidad futura.

– *Habla con ella. Y escucha bien todo cuanto te **diga** / **dirá**.*
Pero: *Lo que te (~~**diga**~~) **dirá** es que te vayas.*

– *Entregue esto en la ventanilla 4. El que le **atienda** / **atenderá** le dará instrucciones*
Pero: *El que le (~~**atienda**~~) **atenderá** se llama Ernesto.*

– *Seguro que le va bien donde **esté** / **está**.*
Pero: *Le está yendo muy bien donde (~~**esté**~~) **está**.*

c Identifica, en cada pareja de enunciados, cuál de ellos no permite Subjuntivo, como en el ejemplo:

1 a. Donde vivirá – ~~viva~~ Lola no es el mejor sitio para encontrar amigos. La gente allí es muy fría.

1 b. Donde va – vaya Lola no es lo que me preocupa.

2 a. El edificio donde yo viviré – viva tiene que tener pocos vecinos.

2 b. La casa a donde se van – vayan a mudar es muy tranquila.

3 a. Lo que vas – vayas a ponerte no me parece lo más adecuado para el tiempo que hace.

3 b. La chaqueta que se pondrá – ponga le sentará bien.

4 a. La manera en que se lo va – vaya a decir me parece la más adecuada.

4 b. El modo en que se lo dirá – diga puede ser la clave para conseguirlo.

5 a. Creo yo que, como lo vas – vayas a hacer, no vas a conseguir nada.

5 b. Como lo haces – hagas, quedará bien.

6 a. El primero que te llamará – llame será Nemesio.

6 b. No creo que Héctor te llame. El que sí te llamará – llame es Nemesio.

4. Matrices interrogativas

Matrices interrogativas

Cuando las matrices especificativas son interrogativas, debemos tener en cuenta lo siguiente:

- Cuando están dominadas por matrices veritativas (contexto 2a-h), debemos considerarlas bajo la lógica de 2a, es decir, con Indicativo.

*Está claro cómo lo **hace** / No está claro cómo lo **hace** (~~**haga**~~).*
[lo que ponemos en cuestión no es el hecho de que lo haga o no, sino **el modo** (*cómo*) en que, efectivamente, lo hace]

- Cuando están dominadas por matrices valorativas (contexto 2c), funcionan bajo la misma lógica del contexto 3.

*Me da exactamente igual cómo lo **hizo** / **hiciera**.*
["me da igual" puede implicar una previa identificación de qué cosa hizo o no]

*Me parece increíble cómo lo **hizo** (~~**hiciera**~~).*
["me parece increíble" implica necesariamente una previa identificación de qué cosa hizo]

Fijándonos solo en las matrices, ¿qué modo o modos serán posibles en cada uno de estos tres grupos? Una vez que estemos todos de acuerdo, dividíos en tres grupos y tratad de completar los enunciados con sentido:

A

1. La verdad: **no me acuerdo** de cómo ____________ allí.
2. ¿Quieres **decirme** hasta cuándo ___________ a estar dándome la lata con eso?
3. ¿A que **no te imaginas** quién ___________?
4. Bueno, **es bastante evidente** por qué ___________. ¿O no?
5. Todavía **no me han dicho** cuándo ______.

B

1. **Es un misterio** todavía para mí cómo ___________ sin que nadie se diera cuenta.
2. **Es de agradecer** el modo tan elegante en que ______ con nosotros en aquella situación.
3. **Lo que me preocupa es** por dónde ___________ los ladrones.
4. **Parece increíble** cuántas personas ___________ en este estadio.
5. **Me gustó mucho** cómo ___________ el jardín. Le ha quedado precioso.

C

1. Perdona, pero dónde ___________ de vacaciones **es algo que no tiene nada que ver con todo esto.**
2. Decírselo no es lo importante. **Lo importante es** cómo se lo ___________.
3. **Me es indiferente** con quién ___________.
4. **¿Qué más da** cuál de ellos ___________?
5. **Lo que menos importa** es cuánto ___________ por su silencio.

5. Sea lo que sea

Correspondencias temporales y modales

Hay una bonita fórmula en español con la que quitamos importancia a la identificación concreta de una entidad:

Subjuntivo	matriz de contexto 3	Subjuntivo
Sea		**sea**, no lo toques.

Esta fórmula vale para cualquier tipo de entidad.

*Venga **quien** venga, ...*
*Compres **la casa que** compres, ...*
*Salgas **cuando** salgas, ...*
*Vaya **al sitio que** vaya, ...*
*Lo hagas **como** lo hagas, ...*

Vamos a aprovechar esta fórmula para demostrarnos a nosotros mismos una cosa más: que sabemos establecer correspondencias de tiempo y modo entre el Indicativo y el Subjuntivo. Responde a estas preguntas sobre Emilio de Sastre quitándole importancia a los hechos que se cuentan en cada caso, como en el ejemplo.

1. **Dice** que tiene éxito con las chicas. ¿Tú te lo crees?
   Diga lo que **diga**, no me lo creo...
2. Se **puso** el traje más caro que encontró en el Corting Less para ir a la fiesta de Eva. ¿Iría guapo?
   Se pusiera lo que **se pusiera**, no creo que fuera muy guapo...
3. Dice que, si pudiera, se **operaba** la nariz. ¿Estaría más atractivo?
4. Siempre **ha tratado** muy bien a las mujeres. ¿Habrá enamorado a muchas?
5. **Subiría** al cielo a buscar una estrella si su amada Eva se lo pidiera. ¿Conseguiría así su amor?
6. Y si le **hubiera regalado** un diamante, ¿crees que Eva le habría dicho que sí?
7. Dice que **irá** donde haya que ir para conseguir un trabajo de relaciones públicas en la empresa en la que trabaja Eva. ¿Se lo darán?
8. Si hubiera tenido más dinero, **le habría regalado un diamante**. ¿Habría mejorado esto algo?
9. Nos ha pedido que le **digamos** cosas bonitas de él a Eva, para ver si ella se interesa. ¿Funcionará?

6. No quiero que sepas lo que me dijo que hiciera

ORACIONES SUB-SUB-SUBORDINADAS

En el uso de la lengua, una oración subordinada suele encajarse en otra, y ésta en otra, y así sucesivamente, siendo así que cada matriz domina a su propia subordinada:

No me creo que tú **sepas** lo que ella **quiere** que yo **haga**.

Además, en el discurso, una matriz puede dominar a distancia:

*Yo **no puedo creerme**, porque es que ya últimamente no hay quien se crea nada, y lo peor es que no te lo puedas creer ni de la gente en la que tienes confianza, que ella se **haya ido** de vacaciones.*

a Organizaos en parejas, elegid uno de estos dos textos y tratad de explicaros el porqué, en cada caso, del uso del Indicativo o del Subjuntivo. Luego lo comentaréis todos, a ver si estamos de acuerdo.

A

Tú **dirás** lo que **quieras**, pero que me **digas** que **vas** a llegar a las diez y luego **llegues** a las doce no me **parece** la cosa más normal del mundo, precisamente. Y que cuando **llegas**, te **acuestes** y me **dejes** hablando sola, mucho menos. No sé si tú **estás** dispuesto a aceptar que todo lo que **pasa** en nuestra relación **siga** pasando, pero créeme que yo no.

B

Yo no **quiero** que tú **pienses** que **soy** una mala persona, que me **alegro** de que la gente **tenga** problemas o que **disfruto** viendo cómo los demás **están** peor que yo. Y no es que me **duela** que me lo **digas**, es que me **preocupa** que si me lo **dices** **sea** porque en realidad lo **piensas**, porque yo no **sé** qué **piensas** y porque **sé** que tú siempre **niegas** lo que **piensas** por miedo a que la gente **sepa** que lo que en realidad **buscas** es que **crean** que **eres** una persona diferente de la que **eres**.

b Ahora, a tomar decisiones: ¿cuál será el modo adecuado para cada verbo en los siguientes textos? Igual que antes, elegid uno de ellos y luego todos en común analizaréis si funciona.

A

– Entonces, ¿qué es lo que quieres de mí?
– Bueno, pues supongo que no **es – sea** nada que tú no **puedes – puedas** hacer, así que espero que no me **dices – digas** que no **puedes – puedas**. Es que **intentas – intentes** hablar con Julia, a ver si tú **puedes – puedas** explicarle lo que **pasó – pasara** el otro día, porque a mí no me **deja – deje** que se lo **explico – explique**. Verás, está enfadadísima conmigo, y solo por el hecho de que el viernes, cuando **estaba – estuviera** yo en un bar con una amiga suya, me **vio – viera** por la ventana darle un beso.
– ¿Besando a otra chica? Hombre, es que **es – sea** lógico que, después de que le **has hecho – hayas hecho** eso, no le **apetece – apetezca** que **hablas – hables** con ella. Y no vayas a pensar que esto se **arreglará – arregle** pronto, aunque yo **hable – hablaré** con ella, no te preocupes.

B

– El hecho de que los gobiernos nos **utilizan – utilicen** es algo que **sabemos** perfectamente, y que nos **engañan – engañen** con sus promesas, y que en realidad los que **mandan – manden** son los poderes fácticos. Y, de alguna manera, ya lo hemos aceptado. Pero el hecho de que **utilizan – utilicen** nuestros impuestos para pagar guerras que no **queremos – queramos**, que **quiten – quitan** el dinero de la sanidad para comprar tanques, que **desprecian – desprecien** lo que la gente les **está – esté** diciendo claramente en la calle, eso creo que me **permitiréis – permitierais** que **digo – diga** que me **parece – parezca** ya inaceptable.

– ¿Que el gobierno **desprecia – desprecie** la opinión de la gente? ¿Quién **ha dicho – haya dicho** eso? Yo no creo que realmente **es – sea** así. Porque una cosa es que un grupo de gente se **manifiesta – manifieste** en la calle y otra muy distinta que esa gente **representa – represente** a un país entero. Vamos, digo yo... Y si un grupito se **manifiesta – manifieste** por sus cosas, tampoco **es – sea** normal que el gobierno necesariamente **tiene – tenga** que hacerles caso...

Todo bajo control

a ¿Te sientes "superior"?

1. **No existe esa persona ideal que tú ________. En el momento en que ________, dímelo, por favor.**
   a. te imagines – la descubras
   b. te imaginas – la descubrirás
   c. te imagines – la descubrirás
   d. te imaginas – la descubras

2. **Me parece que exageras con ese plan tuyo. Nunca ganarías tanto dinero que ________ dejar de trabajar. Lo que sí ________ quizá es asociarse con Jorge.**
   a. te permitiera – funcionara
   b. te permitiera – funcionaría
   c. te permitiría – funcionaría
   d. te permitiría – funcionara

3. **Por mi experiencia, conforme los meses ________, los sentimientos van perdiendo fuerza. Por eso, tú tranquila: a medida que el tiempo ________, todo se arreglará.**
   a. pasen – pasa
   b. van pasando – pasará
   c. pasarán – vaya pasando
   d. van pasando – pase

4. **Antes de que ________ lo que ________ lógico que ________, deberías haber tomado precauciones, Javier. ¿O te llamo ya "papá"?**
   a. pasó – fuera – pasó
   b. pasara – era – pasara
   c. pasara – fuera – pasara
   d. pasó – era – pasó

5. **• ¿Cuándo vas a Andorra?**
   ○ El fin de semana que viene.
   • Bueno, pues cuando ________, me compras lo que te ________ el otro día, ¿vale?
   a. vayas – dije
   b. vayas – dijera
   c. vas a ir – dijera
   d. irás – dije

6. **• ¿Es el año que viene cuando ________ las bodas de plata Luisa y tú?**
   ○ Cuando ________. ¿A ti qué te importa?
   • Vaya, estás hoy simpatiquísimo.
   a. celebráis – es
   b. celebráis – sea
   c. celebréis – es
   d. celebréis – sea

7. **• No recuerdo cuándo se lo ________, si fue antes o después de que llegara Pablo.**
   ○ ¿Qué más da cuándo se lo ________? Lo que no me gustó fue la forma en que se lo ________.
   a. dijera – dijiste – dijeras
   b. dijera – dijeras – dijiste
   c. dije – dijeras – dijiste
   d. dije – dijiste – dijeras

8. **• Me voy a poner esta chaqueta, a ver si le parezco más atractivo a Beatriz.**
   ○ Hijo mío, te ________ lo que te ________, en cuanto te ________ va a salir corriendo, como siempre.
   a. pongas – pones – vea
   b. pongas – pongas – vea
   c. pones – pongas – vaya a ver
   d. pongas – pongas – ve

9. **Lo mejor es que hagas todo lo posible para que Elena no ________ de que ________ hablando con Julia.**
   a. se entere – has estado
   b. se entere – hayas estado
   c. se entera – hayas estado
   d. se enteraría – has estado

10. **Yo soy valiente. No te vayas a pensar que, ante la posibilidad de que ________ que no, yo ________ a echarme atrás.**
    a. diga – vaya
    b. dirá – voy
    c. diría – vaya
    d. dijera – voy

b ?Poblemas¿

1. Lo escribiré yo, a no ser que haya otra persona que lo haría.
2. Yo lo había preparado todo antes de que llegaron, y cuando llegaron fue una sorpresa para ellos.
3. Las Navidades las pasaré sola, porque cuando mi novio venga a visitarme es en enero.
4. ¿Hasta cuándo vayas a estar en Malaga?
5. La forma en que se lo vayas a decir me parece un poco fuerte.
6. Ella dice que yo soy antipática, pero dice lo que diga, a mí me es completamente indiferente.
7. Es que lo que yo quiero, independientemente de que te guste o no te guste, porque a mí eso me da ya igual, después de tanto tiempo, es que me dejas tranquila.
8. No te preocupes por el pan. Luego, cuando vamos al supermercado, lo podemos comprar allí.
9. Es necesario que vuelvas pronto antes de que vuelvan los padres para que no se enteren de que hayas salido.
10. Dijeron que fuera mejor que no hables con él.

SESIÓN 6.5
Lola no es lela

Escenario

Aquí tienes un pequeño texto en el que encontrarás muchos de los usos de los pronombres que vamos a estudiar. Este fragmento nos servirá para entrar en contacto con el tema. Marca los pronombres y señala a qué hacen referencia. Después, tendrás oportunidad de estudiarlos más detenidamente.

El lelo de Lolo

Desde su más tierna infancia Manuel Andújar Jiménez estuvo predestinado a llamarse no Manuel, o Manolo, como mucha gente, sino Lolo. La luna llena lo alumbró el día del parto. La ventana la dejó pasar e iluminar el preciso instante en que vio la luz. Nació con buena estrella, y él lo sabía. Cuando sus padres lo observaron por primera vez después de la cesárea no reaccionaron muy entusiasmados porque detectaron en él un gesto un tanto extraño. A la enfermera se le cayó de los brazos justo después del alumbramiento, y a sus familiares se les cayó el alma a los pies. Desde aquel preciso instante, a Lolo se le quedó una eterna sonrisa de ensimismado. Sus padres lo protegieron todo lo que pudieron, pero se las vieron y desearon para que Lolo bajara de la luna donde se había instalado. Indudablemente lo querían como a un hijo, aunque deseaban que fuera normal, como el resto de los niños de su edad. Pero realmente nadie sabía lo que rondaba por la cabeza de Lolo. Nadie podía imaginarse que él mantenía esa prudente distancia no por arrogancia o por dárselas de listo, sino porque albergaba en su interior un don muy especial, reservado a muy pocos. Era un preciado privilegio que se le había otorgado y que no podía desperdiciar. Y para conservarlo, lo mantenía con sumo respeto sin revelarlo. Y esto fue así hasta el día que, por primera vez, probó el alcohol. Fue en una fiesta de adolescentes. Lolo encontró una botella de Rioja en la bodega de su padre y se la bebió casi entera sin calibrar las consecuencias. De repente, y guiado por un instinto verbal inesperado, comenzó a retar a sus amigos. Piensa en un animal, el que sea. Venga, les insistía, con una seguridad nada habitual en él. ¿Ya? El cocodrilo. ¿Y cómo lo sabes? Porque lo sé, puedo saber todo lo que piensas. Igual hacía con una ciudad, un libro, una forma geométrica. Lolo podía leer la mente de los demás. Y eso lo atormentaba y lo hacía feliz a la vez. Lo mantenía en la vida con una perpetua sonrisa de fatuo, simple y pasmado.

(Anónimo)

Objetivos

En esta sesión vamos a familiarizarnos con algunos usos complejos o problemáticos de los pronombres: laísmo, leísmo, uso de **me**, **te**, **se**... con verbos de objeto directo y **se** de involuntariedad. Queremos que prestes atención a la importancia de la función sintáctica de las partes de la oración y a la pertinencia del orden de la información. El propósito es que adquiráis conciencia de cuándo y por qué usamos estas palabras para que, de ese modo, seáis más precisos y correctos en el uso de la lengua.

1. La en lugar de le: laísmo

EL LAÍSMO

El laísmo es una anomalía exclusiva del centro y del norte de España. Consiste en usar el pronombre **la** en lugar de **le** cuando el objeto indirecto es femenino, que es lo normativo.

* *A Concha **la** encanta estar de acá para allá.*
* *A Marta **la** regalaron unos pendientes preciosos.*

a Vamos a reflexionar sobre este caso buscando contextos donde sean posibles y correctos tanto los pronombres **la** y **lo**, de objeto directo, como el pronombre **le**, de objeto indirecto, como en el siguiente ejemplo.

PEGAR

1. *La pegó.* → Uso incorrecto como objeto indirecto en contextos como **pegar a una persona**.

   * *A Carmen la pegaron una bofetada.*

2. *Lo/la pegó.* → Uso correcto como objeto directo en contextos como **pegar una taza** o **pegar un sello**.

   *La taza se había roto y Javier **la** pegó.*

   *El sello Jenaro **lo** pegó con la lengua.*

3. *Le pegó.* → Uso correcto como objeto indirecto en contextos como **pegar a un perro**.

   *Alfredo **le** pegó al perro porque se había orinado en la alfombra*

ABRIR

1. *La abrió.* → Uso incorrecto como objeto indirecto en contextos como ____________

   Ejemplo: ____________

2. *Lo/la abrió.* → Uso correcto como objeto directo en contextos como ____________

   o ____________

   Ejemplo: ____________

3. *Le abrió.* → Uso correcto como objeto indirecto en contextos como ____________

   Ejemplo: ____________

b Continuad vosotros igual con otros verbos: **regalar**, **dejar**, **dar**, **comprar**, etc.

2. Le en lugar de lo/la: leísmo

EL LEÍSMO

¿Cómo se dice?

*¿**Lo/la/le** veo?* *¿**Lo/la/le** conozco?* *¿**Lo/la/le** tengo?*

La solución es fácil: todos estos verbos necesitan un objeto directo, pero, a veces, este objeto directo (**lo**/**la**) se interpreta como un objeto indirecto (**le**). El problema reside en que has podido escuchar las dos formas. Es lo que se llama leísmo. Es una anomalía extendida en todo el español peninsular: sobre todo en el norte y en el centro. Consiste en usar el pronombre **le** en lugar de **lo** o **la**. Se acepta únicamente cuando el objeto directo es masculino de persona.

a Vamos a trabajar sobre este caso entendiendo primero cómo funciona con un verbo como **escuchar**.

ESCUCHAR

1. *Escuchar algo* (un sonido) → Objeto directo (**lo**)
   - *¿Lo escuchaste?*
   - *¿Qué?*
   - *El sonido ese.*
2. *Escuchar a alguien* (a Jorge, a Pepa)→ Objeto directo (**lo**, que se transforma dialectalmente por leísmo en **le**, y **la**)
   - *¿Escuchaste a Jorge ayer?*
   - *No, no pude escuchar**lo**/**le**, llegué tarde.*
   - *¿Y a Pepa?*
   - *¡Qué va! Tampoco **la** escuché.*

b Teniendo esto en cuenta, vamos a buscar contextos para verbos como **ver**, **esperar**, **conocer**, **matar**, **ignorar**, **investigar**, **arreglar**, **castigar**, **tener**, **dejar**, **controlar**, **obligar**, **insultar**, etc., que funcionen de esta manera, como en el ejemplo.

QUERER

1.1 *Querer algo* (un bocadillo) → Objeto directo (**lo**)
*No, el bocadillo de atún no **lo** quiero.*

1.2 *Querer algo* (una fotocopia) → Objeto directo (**la**)
*¿La fotocopia **la** quieres en color?*

2.1 *Querer a alguien* (a Paco) → Objeto directo (**lo**)
*Sí, sí, **lo** quiero, **lo** amo, Paco es el amor de mi vida.*

2.2 *Querer a alguien* (a Lupe) → Objeto directo (**la**)
*Lupe está enamorada de ti... ¿Tú **la** quieres?*

3. *Querer a alguien* (a Felipe) → Objeto directo masculino de persona (dialectalmente **le**)
*¿Que si a Felipe **le** quieren sus suegros? Sí, sobre todo su suegra, **le** adora.*

3. Me lo como todo

a ¿Fumar o fumarse? ¿Beber o beberse? Si observas con atención las siguientes frases, tú mismo puedes comprender cuál es la explicación lógica para usar o no los pronombres con ciertos verbos.

1. Carlos Jesús fuma muchísimo.
2. Carlos Jesús se fuma un paquete al día.
3. Lola no bebe alcohol. Es abstemia.
4. Pues ayer Lola se bebió un vaso de vino.
5. Es muy bueno tomar fruta.
6. Sí, yo sé que tú te tomas una pieza de fruta todas las mañanas.
7. Yo no como carne.
8. Pues yo ayer me comí una pierna de cordero.
9. Los españoles no leen nada.
10. Pues yo me leo un libro al mes.
11. José baila fatal.
12. Pues en la fiesta José se bailó un tango alucinante.
13. ¿Jenaro canta?
14. Claro, Jenaro se cantó "La Traviata" durante una comida en Santander.

b ¿A qué conclusión has llegado? Confirma tus hipótesis leyendo esta explicación.

COMER VS COMERSE

El pronombre siempre aparece relacionado con el sujeto y se refiere a él.

(Yo) ***me*** *comí anoche una pierna de cordero.*
(Tú) ***te*** *tomas una pieza de fruta.*
(José) ***se*** *bailó un tango.*

Cuando el objeto directo no es específico, es imposible usar el pronombre.

Carlos Jesús ~~***se***~~ *fuma muchísimo.*
Yo no ~~***me***~~ *como carne.*

En las construcciones impersonales, sí es posible usar el pronombre **se** aunque el objeto directo no sea específico.

En España ***se*** *fuma mucho.*
En este restaurante ***se*** *sirve buena carne.*

Cuando el objeto directo es específico, si que es posible usar el pronombre.

Roberto ***se*** *cantó "La Traviata".*
Julia ***se*** *bebió un vaso de vino.*

Recuerda que es necesario que sea un objeto directo concreto, especificando la entidad. Mencionar algo general, como **alcohol**, **fruta**, **agua**, **tabaco**, **mucho**, **nada**, **poco**, etc., no es especificar. Es necesario decir **un litro de alcohol**, **una pieza de fruta**, **una botella de agua**, **un paquete de tabaco**, **todo**, etc.

Así pues, en estos casos, usamos el pronombre para marcar la fuerte relación que el sujeto tiene con ese objeto directo. El pronombre hace referencia al sujeto, que es el agente, y nos indica también que es él, precisamente él, el que realiza la acción sobre el objeto especificado.

c Teniendo todo esto en cuenta, completad, en parejas, los siguientes enunciados razonando en qué contexto tienen sentido. Inventad otros casos donde puedas usar estos mismos verbos con y sin pronombre.

TOMAR

1. Lidia no ____________ alcohol.
2. Javier ____________ mucha fibra.
3. Nosotros ____________ un diente de ajo en ayunas todas las mañanas.
4. ¿Rosana ____________ las pastillas anoche?
5. Carlos Jesús **se tomó** ____________.
6. Manoli antes **tomaba** ____________.
7. ____________.

BEBER

1. Los menores de 21 años en muchos lugares no pueden ____________ alcohol.
2. Niño, ¿____________ todo el colacao?
3. Nosotros solo ____________ sidra en Navidad.
4. Ayer ____________ un litro de agua después del partido.
5. Los irlandeses **beben** ____________.
6. En la boda la gente **se bebió** ____________.
7. ____________.

LEER, ESCUCHAR, BAILAR, CANTAR

1. Basilio ____________ muy mal, solo tiene 4 años.
2. Mi hermano ____________ el periódico de cabo a rabo cada día.
3. Ángel ayer se cantó ____________.
4. Anoche yo ____________ todas las sonatas de Schubert.
5. Los bailarines de ese musical ____________ fatal.
6. Alicia ____________ el preludio del ballet ella sola.
7. ____________.

d Puedes hacer lo mismo con verbos como **almorzar**, **desayunar**, **comer**, **cenar**, **tragar**, **fumar**...

4. Ni es lo mismo ni es igual

a ¿Cuál es la diferencia entre estos dos enunciados?

Modelo 1
Sujeto + Verbo + Objeto Directo
Nosotros arreglamos la antena.

Modelo 2
O. Indirecto + se + O. Indirecto + Verbo + Sujeto
(A nosotros) se nos arregló la antena.

Se me vació vs vacié

En el modelo 1, la persona (**nosotros**) es responsable de la acción y sujeto gramatical. El objeto (**la antena**) es un objeto directo. En el modelo 2, la persona no es responsable de la acción, sino objeto indirecto. Lo que antes era el objeto directo, ahora es el sujeto gramatical de la frase, una especie de sujeto-objeto. En este caso, aparece el pronombre **se**, que marca la involuntariedad de la acción. Por esta razón, aunque las dos frases sean gramaticalmente posibles, no es lo mismo decir:

1. *(A nosotros) **se nos vació** la piscina. (=se salió el tapón del fondo y se vació)*
2. *Nosotros **vaciamos** la piscina. (=estaba muy sucia y quitamos el tapón del fondo)*

b Busca contextos posibles para los siguientes inicios de frase, de manera que tengan sentido.

1. **a.** A Pepe se le secó la planta…
   b. Pepe secó la planta…
2. **a.** A Concha se le quemó la casa…
   b. Concha quemó la casa…
3. **a.** Cerré la puerta…
   b. Se me cerró la puerta…

c Pero no todos los verbos funcionan igual: no todos son "reversibles". Mira estos ejemplos. La construcción tachada no funciona. Busca otra alternativa posible como en el ejemplo.

1. Se me cayó la leche.
   ~~Yo caí la leche~~.
   Yo derramé la leche.
2. Se nos murió el canario.
   ~~Nosotros morimos el canario~~.
   ______
3. Se me ocurre una cosa.
   ~~Yo ocurro una cosa~~.
   ______
4. Se me duerme la pierna.
   ~~Yo duermo la pierna~~.
   ______
5. Se te ven los calzoncillos.
   ~~Tú ves los calzoncillos~~.
   ______

d Vamos a trabajar con estos casos, para transformar el modelo 1 en modelo 2. Piensa en un contexto para cada uno de los ejemplos.

Modelo 1
Sujeto + Verbo + Objeto Directo

1. Rompí la impresora. La rompí de un manotazo porque no soportaba el ruido que hacía. Yo fui responsable. Fue por mi culpa.
2. Metiste al perro en la casa.
3. Alibabá abrió la puerta de la cueva.
4. Nosotros arreglamos la antena.
5. Vosotros estropeasteis la radio.
6. Los cazadores borraron las huellas.

e Transforma las frases anteriores del modelo 1 al modelo 2 y busca un contexto para que tengan sentido.

Modelo 2
O. Indirecto + se + O. Indirecto + Verbo + Sujeto

1. Se me rompió la impresora. No fue por mi culpa. Se quedó atascada una trasparencia y se quedó pegada dentro.
2. ______.
   Contexto: ______
3. ______.
   Contexto: ______
4. ______.
   Contexto: ______
5. ______.
   Contexto: ______
6. ______.
   Contexto: ______

5. Caperucita, Caperucita, ¿dónde vas?

a Vamos a contar cuentos, en parejas. Escribe primero cuatro frases secretas usando la información y la estructura del modelo 2.a, como en el ejemplo. Tu compañero debe adivinarlas. Para ello, le darás una pista, que será siempre el sujeto. Él te hará preguntas siguiendo el modelo 2.b.

A Caperucita se le cayó el pastel. Pista: el pastel.

- *La pista es "pastel".*
- *¿El pastel se le olvidó a un marciano?*
- *No.*
- *¿El pastel se le perdió al lobo?*
- *No, tampoco.*
- El pastel se le cayó a la abuela?
- No se le cayó a la abuela, se le cayó a otra persona.
- ¿El pastel se le cayó a Caperucita?
- Sí, el pastel se le cayó a Caperucita.

Tus frases secretas. Usa el modelo 2.a para construirlas.

1. .... pista: ....
2. .... pista: ....
3. .... pista: ....
4. .... pista: ....

Las frases de tu compañero. Usa el modelo 2.b para descubrirlas.

1. ....
2. ....
3. ....
4. ....

Modelo 2.a

Objeto Indirecto	se	Objeto Indirecto	Verbo	Sujeto
A mí		me	olvidar	la cesta
A ti			perder	el pastel
A él/ella			borrar	la dirección
A Caperucita Roja		te	arreglar	los zapatos
Al lobo feroz			estropear	el reloj
A la abuelita			caer	una idea
A la madre de Caperucita		le	ocurrir	un tobillo
A un compañero/a	se		aparecer	un ovni
A una amiga de la abuelita			torcer	el vestido
A un amigo de la madre		nos	romper	el móvil
A un marciano			derramar	la moto
A nosotros/nosotras			abrir	las llaves
A vosotros/vosotras		os	parar	el camino
A ellos/ellas			vaciar	un árbol
A los cazadores			doblar	la bicicleta
		les	volar	el zumo
				la escopeta

Modelo 2.b

(Sujeto)	se	Objeto Indirecto	Verbo	Objeto Indirecto
¿El pastel	se	le	cayó	a Caperucita?

b Ahora que tenéis las ocho frases, podéis ponerlas en común y contar un único cuento. Para introducir nueva información os sugerimos dos verbos muy productivos: **quedar** y **poner**, muy comunes en la estructura anterior, y que además se construyen con un adjetivo, que concuerda con el sujeto y que se coloca antes o después de este.

*Al lobo **se le quedó** (dormida) la pierna (dormida).*

*A los cazadores **se les quedó** (atascada) la escopeta (atascada).*

*Al lobo **se le puso** (morado) el ojo (morado).*

*A Caperucita **se le quedaron** (helados) los pies (helados).*

*A la abuelita **se le quedó** (fría) la sopa (fría).*

*A los cazadores **se les puso** (difícil) la situación (difícil).*

Todo bajo control

a ¿Te sientes "superior"? Marca la opción correcta.

1. **¿Es verdad que Ana ________ otra vez?**
   a. se fuma b. fuma
   c. fumose d. fumando

2. **¿Con qué frase identificamos a alguien que es de Madrid y laísta?**
   a. La maté porque era mía.
   b. La dije que se fuera.
   c. La feria de San Isidro.
   d. ¡La de chotis que me bailé!

3. **¿Cuál es la forma más normativa de estas cuatro?**
   a. Se saludé. b. Le saludé.
   c. Lo saludé. d. Le sudé.

4. ● **¿Dónde estás?**
   ❍ **Ya ________**
   a. voy. b. me voy.
   c. vengo. d. me vengo.

5. **Has tenido un accidente esquiando. ¿Qué es más adecuado decir?**
   a. (Yo) torcí mi tobillo.
   b. (Yo) torcí el tobillo.
   c. (A mí) se me torció el tobillo.
   d. (A mí) me torcieron el tobillo.

6. **Una de estas frases no es correcta.**
   a. Musulmanes construyeron La Alhambra.
   b. La Alhambra la construyeron los musulmanes.
   c. Los musulmanes construyeron La Alhambra.
   d. La Alhambra fue construida por los musulmanes.

7. **¿Qué es lo más adecuado decir si explicas que el otro día no pudiste entrar a casa porque estaba cerrada y no fue tu responsabilidad, no fue culpa tuya?**
   a. Dejé las llaves dentro.
   b. (A mí) se me cerró la puerta.
   c. (Yo) cerré la puerta.
   d. (A mí) se me cayó la cera de las orejas en el café.

8. **Cuando decimos que a Caperucita "se le apareció la Virgen", queremos decir que...**
   a. se convirtió repentinamente al cristianismo.
   b. se cayó.
   c. se le apareció un ovni.
   d. tuvo un golpe de suerte inesperado.

9. **Si algo "se las trae", queremos decir que...**
   a. es delicioso.
   b. huele a perros muertos.
   c. es complicado, o no me gusta.
   d. te lo pasas bomba.

10. **¿Dónde está el sacacorchos?**
   a. Lo dejé en el cajón.
   b. Lo quedé en el cajón.
   c. Le dejé en el cajón.
   d. Le quedé en el cajón.

b ?Poblemas¿

1. ● ¿José y Lola comieron todo el plato de garbanzos?
   ❍ Sí, sí, comieron todo.
2. ¿Qué dónde está María Helena? Creo que fue hace diez minutos.
3. ● ¿Pedro, dónde pusiste los pimientos?
   ❍ Los pimientos guardé en el frigorífico.
4. Aurelio cayó el vaso de leche.
5. Francisco pasó muy bien en Formentera.
6. El chorizo le dejé en el frigorífico.
7. A Gracia la molesta mucho tener que levantarse tan temprano.
8. Me quedó dormida una pierna.
9. ● ¿Viste el vídeo que te presté?
   ❍ No, todavía no le he visto.
10. Cuando le vi, se me cayó el alma a los pies.

c ¿A qué se refería Cortázar en este maravilloso texto del capítulo 7 de la novela *Rayuela*? Intenta buscar un referente al pronombre la y disfruta de esta joya del español.

Toco tu ________, con un dedo toco el borde de tu ________, voy dibujándola como si saliera de mi mano, como si por primera vez tu ________ se entreabriera, y me basta cerrar los ojos para deshacerlo todo y recomenzar, hago nacer cada vez la ________ que deseo, la ________ que mi mano elige y te dibuja en la cara, una ________ elegida entre todas, con soberana libertad elegida por mí para dibujarla con mi mano por tu cara, y que por un azar que no busco comprender coincide exactamente con tu ________ que sonríe por debajo de la que mi mano te dibuja.

Me miras, de cerca me miras, cada vez más de cerca y entonces jugamos al cíclope, nos miramos cada vez más de cerca y nuestros ojos se agrandan, se acercan entre sí, se superponen y los cíclopes se miran, respirando confundidos, las bocas se encuentran y luchan tibiamente, mordiéndose con los labios, apoyando apenas la lengua en los dientes, jugando en sus recintos donde un aire pesado va y viene con un perfume viejo y un silencio. Entonces mis manos buscan hundirse en tu pelo, acariciar lentamente la profundidad de tu pelo mientras nos besamos como si tuviéramos la boca llena de flores o de peces, de movimientos vivos, de fragancia oscura. Y si nos mordemos el dolor es dulce, y si nos ahogamos en un breve y terrible absorber simultáneo del aliento, esa instantánea muerte es bella. Y hay una sola saliva y un solo sabor a fruta madura, y yo te siento temblar contra mí como una luna en el agua.

SESIÓN 6.6
Artículos de lujo

Escenario

Usar mal el artículo puede causar malentendidos o incomprensión. En cada serie hay una frase imposible. Encuéntrala.

1 **a.** El ansia de poder es consustancial al ser humano.
b. Que me quiten el cuerpo, pero no el alma.
c. El aula 3 es más grande que esta.
d. El África más optimista lo considera posible.
e. Deja el agua correr, si no la has de beber.
f. A mí me gusta el alta, que lleva el vestido rojo.

2 **a.** El murciélago es un mamífero.
b. El murciélago es el mamífero.
c. Murciélago es un mamífero.
d. Un murciélago es mamífero.
e. Un murciélago es el mamífero.
f. El murciélago es mamífero.

3 **a.** Mosca que pilla, mosca que mata.
b. Las mujeres son las listas.
c. Hombres son menos inteligentes que mujeres.
d. Me gustan las personas que son listas.
e. Trabajadores de Lamasosa colapsan el centro.
f. Un sol es una estrella luminosa.

4 **a.** Tráete el aceite de oliva y verduras del frigorífico.
b. Aceite de oliva es sinónimo de salud.
c. El aceite de la oliva es bueno para el corazón.
d. Aceite de oliva no quiero.
e. El aceite de oliva es bueno para salud.
f. Un aceite de oliva fantástico es el de Baeza.

Objetivos

El propósito de esta sesión es repasar el uso del artículo determinado e indeterminado o, en su caso, la ausencia de artículo.

1. El significado del artículo

ACTUALIZAR SUSTANTIVOS (I)

Ya sabes que en español tenemos tres opciones básicas para actualizar un sustantivo.

Artículo determinado: **el, la, los, las, lo**

Artículo indeterminado: **un, una, unos, unas**

Artículo "cero": **ø**

a Un ejercicio de concentración para demostrar que ya has asimilado el significado del artículo. Cierra los ojos y piensa. ¿Qué entiendes si el niño del dibujo dice...?

1. Mira, la pelota...

2. Mira, una pelota...

3. Mira, pelota...

¿En qué caso creerás que el niño tiene una relación muy especial con la pelota? Seguro que ya habrás entendido de manera intuitiva cuál es el significado básico de cada opción.

ACTUALIZAR SUSTANTIVOS (II)

El significado de los tres tipos de actualización del sustantivo es:

1. **La** pelota: identificación positiva de **pelota** (= tú y yo sabemos de qué pelota hablo).
2. **Una** pelota: identificación aproximativa de **pelota** (= hablo de una pelota entre todas las pelotas posibles).
3. **ø** Pelota: identificación virtual de **pelota** (= solo nombro el objeto o su categoría).

b Esta es la base, pero las posibilidades de transmitir diferentes significados son inmensas. Trabajad en parejas. ¿Podéis relacionar los enunciados de la izquierda con las situaciones de la derecha? Algunos enunciados pueden tener interpretaciones ambiguas, pero solo una posibilidad de relacionar las tres en cada caso.

1. El pescado está bien.
2. Un pescado está bien.
3. Pescado está bien.

a. Alguien le ha preguntado qué clase de comida quiere.
b. Un pescadero tranquiliza a su cliente.
c. Indica que no quiere más.

4. Tengo el casco.
5. Tengo un casco.
6. Tengo casco.

a. Intenta conseguir que un amigo lo lleve en su moto.
b. Se disculpa por no poder llevar a un amigo en su moto.
c. Habla de algo que prometió regalarle a su novia.

7. La corbata me gusta.
8. Una corbata me gusta.
9. Corbata me gusta.

a. Piensan en qué regalo hacerle a un amigo.
b. Están decidiendo qué palabra poner en un texto.
c. Están en un escaparate.

10. Es la vida.
11. Es una vida.
12. Es vida.

a. Argumenta contra el aborto.
b. Habla de la importancia del agua para el ser humano.
c. El amor llega y se va.

2. Patada de mula no mata caballo

LA DETERMINACIÓN DEL SUJETO GRAMATICAL

Ya sabes que el español se resiste a entender que un sujeto gramatical no esté, de alguna manera, determinado. Incluso si hablamos genéricamente, un sujeto que "hace" algo tiene que estar, de alguna manera, "controlado". Las siguientes cuatro frases son imposibles en español.

**Gente* en España come mucho.* (La gente, Alguna gente, Mucha gente...)

**Gallinas* no son tontas.* (Las gallinas, Algunas gallinas, Muchas gallinas, Mis gallinas...)

**Arañas* tienen ocho patas.* (Las arañas, Todas las arañas...)

*Me gustan *días con sol.* (los días)

a Sin embargo, a veces pasa que el sujeto se menciona sin determinación alguna. ¿Cuándo pasa? ¿Cuándo no pasa? ¿Y por qué? Fíjate en las pistas que te damos e intenta sacar una conclusión con tu compañero.

1. **Niño** cae de un sexto piso y sale con heridas leves.

2. Pues **el niño** se salvó por las cuerdas de los tendederos, que si no, se mata.

4.

¿Cómo se mueve el molino?

Es el agua que cae sobre la rueda la que lo mueve.

5. Tanto **las mujeres** como **los hombres** podían entrar allí.

6. Allí entraron **mujeres y hombres**.

7. De pronto, salieron **policías** por todas partes.

8. Entonces salió **un policía** del coche y nos pidió la documentación.

9. Amigos le aconsejaron un cómodo exilio en París o Londres, pero ella prefirió establecerse en Jaén, donde reside.

(Eduardo Mendoza, *El misterio del tocador de señoras*)

10. Unos amigos de mi madre le aconsejaron que se fuera a París o a Londres, pero ella prefirió irse a vivir a Jaén, y todavía sigue allí.

b Aunque te parezca extraño, esto pasa. ¿Qué crees que significa?

3. La decisión de Manolo

a Haz tuya esta historia. Complétala decidiendo entre **el**, **la**, **los**, **las**, **lo**; **un**, **una**, **uno**; **ø**.

Manolo agotó sus días de vacaciones en la playa. Trabajaba como contable en una empresa de impermeabilizantes, cuyo jefe, Emilio, era un ogro. Él siempre había sido [1] __________ hombre eficiente en la empresa, un administrativo cuya obsesión inconfesable era conseguir el puesto de [2] __________ contable, pero cuando finalmente lo obtuvo todavía no se sentía satisfecho. En realidad, trabajaba más y ganaba casi lo mismo. Pasó todas las vacaciones de verano dándole vueltas a la cabeza, pensando qué podría hacer para dar otro rumbo a su vida.

El primer día después de las vacaciones se le hizo especialmente duro. Eran las cinco y media y salió para tomar [3] __________ café. Entró en [4] __________ bar que había cerca. Allí estaba Inocencio, [5] __________ antiguo contable de la empresa, y Mª Angustias, que también había hecho las funciones de contable. Los dos le dirigieron una mirada de odio. Volvió la vista con suficiencia y se puso a ver la tele, pero cambió de idea, porque a él no le interesaban nada los problemas de [6] __________ Barcelona. Entonces se concentró y empezó a fijar su plan.

La empresa era grande, y cada día entraba una considerable cantidad de dinero en la caja, suficiente –pensaba– para cambiar de vida en otra parte. Además, todo el mundo decía que el jefe guardaba celosamente algunos valiosos secretos dentro del almacén donde estaba la caja. El problema era conseguir la llave, y los guardias de seguridad que vigilaban el almacén por la noche. En realidad, ya tenía decidido el plan: robar todo el dinero de [7] __________ día, y bien entrada la noche escapar por la frontera a Francia. "Está a [8] __________ diez kilómetros, así que cogeré [9] __________ coche y en unos minutos estaré fuera de España", pensó, pero las manos le temblaban. En realidad, era muy cobarde. Siempre recordaba cómo su madre le decía que tenía que hacerse [10] __________ valiente.

Así que aquella misma tarde, cuando nadie lo veía, cogió las llaves y entró en el misterioso almacén donde estaba la caja fuerte con las luces apagadas, para no ser descubierto. Como no se veía nada, tropezó con una caja llena de libros y se cayó de bruces. Un libro sobresalía de entre todos. "¿Qué será esto? Voy a sacar [11] __________ que sobresale". Cuando lo abrió, encendió una pequeña linterna y se dio cuenta de que era un libro escrito en una lengua absolutamente desconocida para él: "Sacril, Macromix, Bimplás", pudo leer. Le pareció reconocer en esos signos secretos conjuros esotéricos, pero lo dejó y siguió adelante. Entonces, en la oscuridad, vio brillar una lámpara. "¿Qué será esto? ¡ [12] __________ lámpara! ¡ [13] __________ lámpara maravillosa!", exclamó. La tomó entre sus manos y la alzó para verla mejor, pero la lámpara estaba grasienta y cayó al suelo, rompiéndose en varios pedazos. Contrariado, cogió [14] __________ pedazos, los echó en la bolsa que llevaba y se dirigió a la caja. Sin perder tiempo la abrió y volcó todo el dinero en la bolsa.

Cerca de las once, Manolo pensó que era buena hora para ir a [15] __________ bar. Cuando entró, distinguió inmediatamente a Mari Carmen, [16] __________ secretaria del jefe, sentada sola entre un montón de gente bulliciosa. Se acercó y le dijo: "Te invito a una copa". Ella solo respondió: "¿Tienes [17] __________ dinero? Porque yo solo voy a sitios caros".

Maiquel Endeque Tebí, *Te estoy amando locamente*

b ¿Terminado? Las siguientes preguntas te van a ayudar a saber si todo ha ido bien o si ha habido algún problema. Trata de contestarlas con lo que tú piensas después de entender toda la historia, y comprueba de qué modo esa información se ve reflejada en la forma que has elegido en cada caso. Puedes responder en un sentido concreto, o indicar que no se sabe.

1. ¿Tenía Emilio muchos empleados eficientes?
2. ¿Quería Manolo ser contable por el propio puesto o por pura envidia?
3. ¿Crees que tomaba café todos los días a la misma hora?
4. ¿Cuántos bares piensas que hay cerca del trabajo de Manolo?
5. ¿A quién había sustituido en el puesto de contable?
6. ¿Qué tipo de programa ponían en la tele cuando entró en el bar?
7. ¿Robó el dinero durante el día o durante la noche? ¿Cuánto dinero crees que robó?
8. ¿Sabía Manolo la distancia exacta hasta la frontera?
9. ¿Tendría coche propio?
10. ¿Confiaba mucho su madre en que algún día dejaría de ser cobarde?
11. En el momento de ver la caja, ¿sabía Manolo que contenía libros?
12. ¿Sabía Manolo que Emilio guardaba una lámpara?
13. ¿Tenía la lámpara propiedades mágicas?
14. ¿Crees que Manolo pudo recomponer la lámpara en Francia?
15. ¿Había quedado Manolo con alguien a las once?
16. ¿Cuántas secretarias tendría Emilio?
17. ¿Crees que Manolo tuvo cómplices en su robo?

4. En resumen

a En parejas, intentad completar el siguiente cuadro con las casillas que faltan, añadiendo lo necesario pero manteniendo, como en la primera línea, lo que está en negrita. Solo hay dos casillas que no se pueden completar. Si alguna parece difícil, dejadla en blanco y después lo completamos entre todos.

una luna de papel

Identificación positiva **el, la, los, las, lo**	Identificación aproximativa **un, una, unos, unas (uno)**	Identificación virtual **Ø**
El **señor** Ramírez	Un **señor** con barba llamado Ramírez	¡**Señor** Ramírez!
La **luna** es un planeta inhóspito	(Las lunas de Júpiter.)	Luna, ¡ilumíname el camino!
La luz está prendida.	Esa es una **luz** muy fuerte	Necesitamos luz.
A los treinta me doctoré.	Él tiene unas treinta vacas	Tiene **treinta** años
Son las **cuatro** de la tarde	Tengo unos cuatro libros	Nace en cuatro meses.
Lo mejor de todo es que	Yo tengo uno **mejor**	Mejor que te vayas.
Los hermanos de mi padre.	Tengo una hermana.	Estos pantalones son de **mi hermano**
El **quince por ciento** dice sí	Suben un quince por siento	impuesto de quince por ciento
Coge los **caramelos**	¿Quieres un caramelo?	caramelos y chicle ...
La casa de mis padres	Me voy a una **casa** que Gertrudis tiene en la playa	vamos a casa.
Del **lunes** al **jueves** tenemos tiempo	Fue un lunes o un jueves.	voy a la facu de l. a j.
La clase media	Mañana tenemos una **clase**	compañero de clase
La montaña es alta	Es una montaña alta.	Flores de **montaña** para su hogar
Lo fácil y lo difícil	un fácil triunfo	Es **fácil** no hacer nada
Dejar la piel en el intento	Para una **piel** seca, es el mejor	cáncer de piel
El **novio** de Bea es feísimo	Pero Maira tiene un novio lindo.	Tener novias complica la vida.
En la tierra hay	En una **tierra** hostil y fría	política de tierra quemada
La historia de amor	Contar una **historia** de miedo	Estudio historia.
Los otros son mas altos.	(un otro día en Bs As) educación para un otro mundo	Dame **otro**

x significa aprox.

b Ahora podéis volver sobre lo aprendido en la unidad y ver si lo que no se comprendía al principio se comprende mejor. ¿Somos capaces de crear una serie como las del escenario de la página 198? Organizaos en grupos y preparad cada grupo una serie. Los otros deberán encontrar el enunciado imposible. ¡Que sea difícil!

1.
2.
3.
4.
5.
6.

Todo bajo control

a Elige, en cada caso, la mejor opción.

1. • ¿Estás ya mejor de las picaduras?
   ○ Sí. Está claro que aquella crema contra ___ insectos no funcionó muy bien. Pero no es nada. ___ médico me ha dicho que me dan ___ alta mañana.
   a. unos, el, – b. los, el, – c. –, el, un d. –, el, el

2. Ella es ___ mujer tremendamente trabajadora y eficiente. ___ de esas personas que cuando tienen ___ trabajo que hacer, no paran hasta terminarlo de ___ mejor forma posible.
   a. una, una, un, la b. –, una, –, una c. una, una, el, la d. –, una, un, una

3. • ¿Te apetece ___ baile con ___ hombre guapo, preciosa?
   ○ Pues mira: en primer lugar, tengo ___ novio, y solo bailo con él, y en segundo lugar, no me gustan nada ___ personas tan presuntuosas como tú.
   a. un, un, –, las b. un, un, el, las c. el, un, –, las d. un, un, –, –

4. • ¿Has traído el plato de ___ aceitunas?
   ○ Es que no lo he encontrado.
   • Y entonces, ¿dónde vamos a servirlas?
   ○ Da igual, mujer. Se ponen ___ aceitunas en ___ plato que sea y ya está.
   a. –, las, el b. las, –, el c. unas, las, el d. –, las, un

5. • ¿Y qué turno tienes ahora en el trabajo?
   ○ Pues estoy de ___ mañana.
   • ¿Y por ___ tarde qué haces?
   ○ Pues nada, hago ___ vago, viendo la tele.
   a. –, la, un b. la, la, – c. –, la, el d. la, la, el

6. • ¿Qué tal tu nuevo amor?
   ○ Bien. Es un poco mayor, tiene ___ 70 años, y tiene que ir en ___ silla de ruedas.
   • ¿Y cómo es que todavía no te ha dicho su edad?
   ○ La edad no es ___ importante. ___ importante es el amor.
   a. unos, –, –, lo b. –, una, lo, – c. –, la, el, lo d. los, la, –, lo

7. • Aquí dice que "___ gobierno y ___ sindicatos se declaran la guerra por los recortes en la negociación colectiva".
   ○ A mí me parece lógico que ___ sindicatos declaren la guerra, porque ___ gobierno como este no se merece otra cosa.
   a. –, –, los, – b. el, los, –, – c. el, los, los, el d. –, –, los, un

8. • ¿Por qué no dejas a Pablo para mí, si no te gusta? Ya sabes: "___ agua que no has de beber, déjala correr".
   ○ Es que da la casualidad de que ___ agua de ___ que hablamos sí puede que me interese.
   a. la, la, – b. el, el, la c. –, el, la d. –, la, –

9. • Hace solo unos meses que no veía a tu hijo, pero se ha hecho ___ mayor de un día para otro. Está ya hecho ___ hombre.
   ○ Y que lo digas. El otro día lo llamó una chica, le pregunté quién era, y se hizo ___ tonto, contándome mentiras.
   a. –, un, el b. –, un, – c. –, el, el d. el, un, –

10. • ___ que me dijiste no me gustó nada.
    ○ Bueno, pues podías haberte comprado ___ otro.
    • Es que era demasiado caro.
    ○ Bueno, ya sabes que todo ___ que tienen allí es caro.
    a. Lo, lo, – b. El, el, lo c. Lo, –, el d. El, un, lo

b ?Poblemas¿

1. En casi todas las ciudades hay muchos problemas con tráfico.
2. Eso tiene una gran influencia en salud, y es importante tener cuidado.
3. Aproximadamente 69 % de la población no está interesada en las corridas de toros.
4. Dejen que el mundo vea a España como país con manera de pensar justa y humana.
5. Para mí, es exactamente el contrario de lo que estás diciendo.
6. Justicia es una cosa abstracta. Lo importante es materializar la justicia.
7. Tim tiene el tiempo para aprender una lengua, así que no sé por qué no aprende el español.
8. Pedro Almodóvar es el director de cine el más famoso en España. No tengo dudas.
9. Fuimos a las Alpujarras, que son los pueblos muy bonitos de Andalucía.
10. Estuvimos toda la tarde calle arriba, calle abajo. Odio compras.

SABER GRAMÁTICA

SESIÓN 6.7
Para, por favor

Escenario

El *Tiranic* se ha hundido, pero hay muchos salvavidas en el agua: son todos estos "trocitos" de español. Tienen sentido en un contexto adecuado. Por estricto orden, cada uno de vosotros tiene que elegir uno y poner un ejemplo, contextualizado, para demostrar que lo entiende. Si lo hace bien, tiene derecho a quedarse con el salvavidas. Si no, está hundido hasta la siguiente actividad. ¿Cuántos sobreviviréis?

con pedir perdón
para lo feo que es
desde luego
pedirle a un boli
hasta Jorge
hacia las dos
por si vienen
a por unas cuantas
para por la tarde
locas por salir
ante nada
para un mes
de haber sido tú,
de entre ellos
estando por fregar
sobre las cuatro
por que vayas
mediante engaños
según se sale
por tonto
por barba
pagar 12 € para
por mí, vete
a dos euros

Objetivos

En esta unidad vamos a poner a prueba nuestra conciencia del poder significativo de las preposiciones en español. Veremos cómo usarlas para hablar del espacio, del tiempo y de las ideas, y también cómo combinarlas.

1. En el espacio de los objetos

a Decidid a cuál de las tres preposiciones que están en negrita podría corresponderse mejor cada una de los dibujos, y por qué.

a ante bajo con contra de
desde durante en entre
excepto/salvo hacia hasta incluso
mediante **para** **por** pro según
sin sobre tras

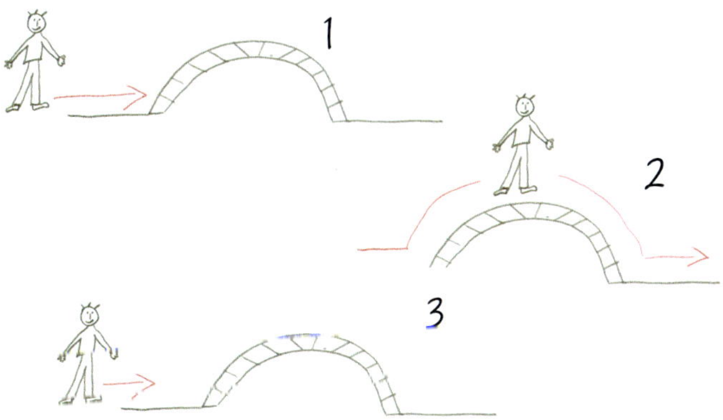

b Ahora, vamos a jugar al "Preposictionnary": el profesor os repartirá el resto de preposiciones. Uno a uno saldréis a la pizarra para dibujar vuestra manera de representar la preposición que os ha tocado. Los demás deben adivinar cuál es.

c ¿Sois capaces de poner un bolígrafo (o varios) en todas estas posiciones? ¡Cuidado: hay tres que son imposibles!

al lado de… a través de… a menos que… junto a… encima de… alrededor de… más allá de… para arriba en el fondo de… al fondo de… con vistas a… en mitad de… alejado de… arriba acerca de… delante de… a lo largo de… antes de…

2. En el espacio del tiempo

El tiempo no es más que una clase de espacio. ¿Cómo usamos las preposiciones para hablar del tiempo? En parejas, tomad una de las siguientes expresiones de tiempo, tratad de combinarla con tres preposiciones (o locuciones) diferentes, y formulad con ellas tres preguntas al profesor. Haced preguntas reales, porque el profesor os contestará.

¿Dónde vas a estar mañana a las dos y media?
¿Podemos hablar después sobre las dos y media?
¿Estarás libre para las dos y media?

a. las Navidades	**f.** el 7 de abril
b. el año pasado	**g.** ayer
c. este momento	**h.** antes
d. después	**i.** las 2 y media
e. marzo	**j.** un jueves

3. En el espacio de las ideas

a Las preposiciones y locuciones preposicionales actúan también en el espacio de las ideas. Vamos a dividirnos en grupos pequeños e intentar combinar cada uno de los siguientes elementos con una preposición o locución diferente, sin repetir ninguna. Después, cada grupo puede decir su elección al resto, y entre todos valoraremos si funciona o no.

…tu amor
…lo que más te gusta
…decir eso
…su idilio
…te diga
…mí
…tú
…tus padres
…su negativa
…que lo sepan
…que lo saben
…lo grande que es
…su miedo y el mío
…una sutil trampa
…que va y que viene
…las normas

b Y ahora, más tranquilos: solo hay una preposición posible en cada caso, aunque alguna se puede repetir.

1. ¿_______ que no sabes a quién he visto juntos?
2. _______ todo pronóstico, el Alcoyano venció al Barcelona.
3. ¡La mesa está puesta! ¡ _______ comer todos!
4. _______ no haber llegado a tiempo, habría perdido la oportunidad de mi vida.
5. _______ que llegues _______ que te establezcas pueden pasar semanas.
6. No te preocupes. _______ que me prestes 20 ó 25, tendré suficiente.
7. Yo ya he terminado el trabajo. Ahora, ¡_______ saber cuándo me pagan!
8. Me dijo de todo, _______ que si era una mala amiga _______ que si a ver si me creía yo que porque yo tuviera novio y ella no, yo iba a ser mejor que ella. Menuda víbora.
9. _______ me trate él, así lo trataré.
10. Nos dejó una impresión imborrable por su lucha y sus desvelos en _______ de la alfabetización.

4. Sospechosos habituales

Dos estudiantes de esta clase han cometido un terrible crimen: han criticado al profesor en uno de los descansos. El profesor pregunta a cinco sospechosos. Poned primero nombres a los sospechosos e intentad después ayudar al profesor en sus investigaciones. Es fácil: los dos culpables han tenido un problema con las preposiciones.

1er sospechoso: ....

No puedo creerme que sospeche de mí. Vaya, que estoy **por** no contar nada de lo que vi. Pero, en fin, **por** ser simpática diré que ayer precisamente, yo iba **para** el servicio cuando vi a tres compañeros hablando como en secreto y mirando de vez en cuando **por** la ventana **para** el asiento del profesor. No sé, igual han sido ellos, pero yo no, eso seguro.

2º sospechoso: ....

Bueno, ya va **para** dos semanas que veo a esa chica rubia que se sienta siempre cerca del profesor, intercambiando mensajitos en papelitos con otra gente. **Para** mí que cotillean sobre alguien, pero ella dice que son preguntas sobre gramática que escriben en papelitos **por** no molestar en clase. **Para** mí, que hagan lo que quieran, pero que no me cuenten cuentos. ¿Es que me han tomado **por** imbécil?

3er sospechoso: ....

Bien, que quede claro, antes de nada, que mi relación con el resto de mis compañeros no puede ser calificada, precisamente, de buena. Me explico: **por** esta clase ya han sido difundidas muchas informaciones malintencionadas tanto con respecto a mi persona como a mi atuendo, **por** prácticamente la totalidad de sus miembros, y siempre **para** desacreditarme públicamente. Dicen que soy una persona arrogante, distante, fría, egocéntrica… Y la verdad es que yo, solo **por**que no se me sigan tratando como a un extraterrestre, incluso a veces hablo con alguno de mis compañeros en el descanso. Y volviendo a la pregunta, lo siento, ¿cuál era la cuestión?

4º sospechoso: ....

Pues la chica que siempre viene con falda y muy arreglada me dijo el otro día algo raro: que la cosa estaba muy aburrida en clase, pero que **para** Navidad seguro que habría pasado algo interesante, que había algunos escándalos **por** descubrir, y bueno, yo no supe cómo interpretar aquello. Entonces le dije que qué quería decir con eso, y me dijo que no me decía más, porque ya me había contado demasiado **para** lo poco que yo le contaba.

5º sospechoso: ....

Yo es que nunca me entero de nada. Vivo en mi mundo. Y justo aquel día yo estaba en un concierto de Brus Printing… Muy caro, **por** cierto: tuvimos que pagar 90 € **por** persona **por** una entrada en las primeras filas **para** verlo bien. Pero llegué tarde, porque cuando el autobús estaba **para** salir, me acordé de que había dejado las entradas en casa, y tuve que volver, **por** despistado. Pero bueno, me quedé encantado, sobre todo porque Brus prometió dar otro concierto aquí en agosto, aunque está **por** ver si será verdad. De todas formas, ese hombre, **por** la mala vida que lleva, tiene mucha energía.

5. Vaya con la pelotita

En grupo. Un estudiante coge una pelota de papel. Elige el número de uno de los ejercicios que aparecen a continuación y tira la pelota a otro estudiante. El compañero deberá completar en tiempo real los dos enunciados (uno con **por** y otro con **para**) con lo primero que se le venga a la cabeza y después podrá tirar la pelota a otro estudiante.

1. Si me enfado contigo, es **por /para** ________________.
2. ________________ **por/para** mis amigos.
3. El tabaco es malo **por/para** ________________.
4. La fiesta de mañana es **por/para** ________________.
5. El mayordomo fue asesinado **por/para** ____________.
6. ________________ **por/para** casarme con él.
7. Hemos comprado la casa **por/para** ________________.
8. ________________ **por**que/**para** que estás tranquila.
9. Voy a cambiar la bicicleta **por/para** ________________.
10. ____________________ **por/para** no tener dinero.
11. Hay que pagar 1200 **por/para** ________________.
12. A veces se sufre mucho **por/para** ______________.
13. Te pido esto **por/para** ____________________.
14. ________________ **por/para** la casa de mis padres.
15. Nos casaremos **por/para** ____________________.

Si me enfado contigo, es por tu manía de sacarme fotos.
Si me enfado contigo, es para que dejes de sacarme fotos.

6. Subasta de as

La siguiente lista de enunciados contiene algunos perfectamente construidos y otros imposibles. Tenéis 100 € para comprar el máximo número posible de ellos y conseguir 2 puntos por cada uno. Pero cuidado: comprar un enunciado imposible os restará 1 punto.

1 Echa **a** su pollo mucho de menos.

2 Echo de menos **a** un amigo de verdad, **a** una persona que sea honesta conmigo.

3 Vamos a echarle a la sopa – un poco de pimienta, – un poco de aceite, y **a** dos exploradores. ¿Te parece bien?

4 ¡Escucha **al** cielo que te habla!

5 ¡Escucha Ø tu corazón! Tú la quieres.

6 ¡Escucha Ø el viento, qué fuerte sopla!

7 Acarició un momento **al** volante y, de pronto, arrancó violentamente.

8 Si te cae tan mal, corta Ø Juan de la foto.

9 Tiene miedo. Ha pedido Ø un guardaespaldas.

10 Levantó **a** la niña y se fueron.

11 Ella levantó **a** la niña Ø la mano para ver si se había hecho daño.

12 Tengo **a** dos hermanos y **a** una hermana.

13 Cuando estoy mal, siempre tengo **a** mi hermana.

14 Intentó llamar Ø el médico, pero ningún teléfono funcionó.

15 La fiesta estaba un poco desequilibrada. Yo conté Ø catorce chicos y Ø solo una chica.

16 Pues fue horrible, porque vi Ø una vaca y Ø muchas cabras y ovejas en la carretera, no pude frenar y maté **a** una cabrita pequeña, pobrecita.

17 Encontraron primero **a** dos heridos en la planta baja, pero también encontraron Ø heridos en el primer piso.

18 Las autoridades tuvieron que enterrar Ø los cadáveres en una fosa común.

19 Cuando se dio cuenta de lo que había pasado realmente, abrazó Ø la víctima y se puso a llorar.

7. Combinaciones

a De todas estas parejas y tríos solo uno no funciona, porque no tiene ninguna lógica posible. ¿Cuál?

A por	En pro de	Desde sin
De entre	Entre de	Por contra
Desde con	Hasta para por	Para con
Desde por	Hasta con	Para por
En contra de	Hasta hacia	Por para
En hasta	Por entre	Tras de

b ¿Te ha sido difícil entender cómo son posibles algunas combinaciones fuera de contexto? Pues ahí van un montón de contextos. Si intentas colocar en ellos las combinaciones anteriores, te darás cuenta de que sí son posibles y necesarias, y de qué significan. Vais a repartir estos contextos por grupos y proponer después vuestros resultados al resto de la clase, a ver si les suenan bien. Atención: algunos contextos tienen varios espacios para que coloquéis la misma combinación varias veces.

1. No debes ponerte ________ ella, o lo pagarás muy caro.
2. Si lo que desea es tener un acceso rápido y permanente al menú "Favoritos", la opción más favorable es desplegarlos en la barra del explorador. La mayor ventaja será tenerlos siempre a la vista pero, ________, reducirán el espacio disponible para la ver la página que visite.
3. ¡________ ellos, que son pocos y cobardes!
4. Era el único gran partido en situación de concluir alianzas electorales simultáneamente ________ los comunistas ________ la misma derecha.
5. Pasamos ________ unos matorrales. La emisión fue seguida ________ el 80 y el 90 por ciento de los espectadores. La vida se nos escapa como arena ________ las manos.
6. Era capaz de salir a la calle ________ ropa, ________ un disfraz de pollo.
7. No se preocupe, Lupiáñez, por ese informe. No lo necesito ________ la tarde.
8. Las formas de retribución del trabajo podían estipularse de distintos modos: ________ faena realizada hasta por temporada y con un jornal fijo / Se cree que estaban allí ________ la mañana. / Explicó ________ qué estaba allí, hasta quién le había acompañado.

9. A sus 32 años de edad, Mario Alfaro tiene ________ sí una brillante carrera en el Ministerio de Economía, donde entró como jefe del departamento de inversiones en febrero de 1999.
10. Buscamos una persona joven, ________ dieciocho y veinticuatro años, con don de gentes y capacidad de comunicación. / Si tuvieras que salvar una, dentro de todo este conjunto maravilloso de imágenes de Sevilla, ¿por cuál te decidirías para salvarla sola, de la destrucción, ________ las otras?
11. El interrogante que se plantea consiste ________ qué punto colaboró con el gobierno. / En lo que hay que fijarse es ________ qué punto han cambiado las cosas desde entonces. / La inflación se incrementó ________ 3 puntos porcentuales.
12. La falta de solidaridad de los trabajadores ________ los propios trabajadores... / Las palabras tan amables que el autor tuvo ________ nosotros los mexicanos... / Esta generosidad ________ los últimos que llegan... / El abstencionismo es una omisión grave de deberes morales ________ la sociedad.
13. No puedo decir lo suficiente al pueblo de este país sobre cuánto admiro y aprecio al primer ministro al tomar esta clase de riesgo ________ la paz.
14. El café lo reservo ________ las tardes.
15. Este Romero Erdosain, personaje ________ Dostoyevski y barojiano, ... / Debemos colocarnos en una posición intermedia ________ pie y sentados. / Lo dijo con un tono ________ rabia y burla.
16. Estuvimos con ellos ________ las siete.

Todo bajo control

a ¿Te sientes "superior"?

1. • **¿Dónde puedo encontrar una farmacia, por favor?**
   ○ **Pues mire, salga ______ esa puerta, y ______ se sale, gire ______ la derecha. Al final de esa calle hay una, creo.**
   a. para, según, a **b.** por, según, a
   c. por, tras, hacia **d.** en, tras, para

2. **Tiene una casa preciosa ______ mar. Si te asomas por la ventana del dormitorio, ______ de unos tendidos eléctricos se ve el horizonte, y desde el comedor, entre dos edificios que están ______, se ve el mar.**
   a. por, por encima, al lado
   b. enfrente del, arriba, junto
   c. frente al, hacia, en mitad
   d. junto al, por encima, enfrente

3. • **Llegaron ______ la una, inspector, y estuvieron en mi casa ______ la una y media, más o menos. ______ las dos se habían ido, eso seguro.**
   ○ **¿Y no puede recordar más exactamente la hora de su llegada?**
   a. a, hasta, en **b.** hasta, por, hacia
   c. desde, hasta, a **d.** hacia, hasta, para

4. **Querida Tiburcia: ______ media vida he soportado tus manías, y ahora, ______ veinte años de matrimonio, he decidido hacer la maleta y dejarte ______ siempre. Adiós.**
   Albacete, ______ 2 de enero de 2009
   a. durante, tras, para, a
   b. hasta, después de, por, --
   c. -- , después de, por, en
   d. durante, tras, hasta, en

5. • **¿Cuántas cervezas compro, al final?**
   ○ **Pues a ver... Cinco cervezas ______ cinco invitados hacen ______ veinticinco cervezas.**
   • **Pues ______ mí, veinticinco ______ cinco me parece mucho, ¿no?**
   a. para, un total de, por, para
   b. por, en total, a, para
   c. para, un total, a, para
   d. por, total, para, para

6. • **¡Mira lo que me he comprado solo ______ 350 t!**
   ○ **Hay que estar loca ______ pagar 350 t por esa birria de falda.**
   • **Es que hay que gastarse el dinero ______ comprar calidad, hija.**
   a. para, por, por **b.** con, para, para
   c. por, para, por **d.** por, con, por

7. • **Las actividades de senderismo están programadas ______ la mañana, y las visitas turísticas son ______ la tarde.**
   a. para, para **b.** para, por
   c. --, -- **d.** por, --

8. • **Está enfadadísimo conmigo. No me habla.**
   ○ **Bueno, pero tú puedes hacer ______ mejorar las cosas, hacer algo ______ que se alegre, y se ría, no sé.**
   • **¡Hacer ______ payaso, quieres decir?**
   a. por, para, por **b.** por, para, el
   c. para, el, de **d.** para, por, por

9. **En la versión española de *The importance of being earnest*, "earnest" se tradujo ______ "Ernesto", ______ la imposibilidad ______ trasladar el juego de palabras original ______ nuestra lengua.**
   a. por, ante, de, a **b.** para, por, de, a
   c. por, por, a, en **d.** como, ante, a, a

10. **El partido Barcelona-Real Madrid, que acabó con goleada del Madrid, fue seguido ______ un 75 y un 80 por ciento de los telespectadores, aumentando el índice de audiencia mensual de TVE ______ 3 puntos porcentuales, ______ admiten las cadenas de la competencia.**
    a. por sobre, en hasta, hasta según
    b. desde entre, en hasta, incluso según
    c. por hasta, para hasta, según
    d. por entre, en hasta, incluso según

b ?Poblemas¿

1. En mi ciudad hay 378 coches para cada mil habitantes.
2. Los españoles no tienen absolutamente ningún interés para las corridas de toros.
3. ¿Por qué tendríamos que permitir a una minoría que cada vez es más pequeña de obligar a todos a un espectáculo tan indigno?
4. Desde el punto de vista técnico, hay muchas pruebas que el interés en los toros se ha reducido.
5. Es importante de tener una opinión firme en esto. ¿Tú estás en contra o en favor?
6. No comparto la opinión que los españoles son antipáticos.
7. Lo que me refiero ahora es que ha habido noticias de toros que han saltado la barrera.
8. Hace más frío que te lo imaginas, y con este frío me parece muy difícil arrancar el coche.
9. En Estados Unidos hay mucha necesidad para profesores de español.
10. Al principio tenía problemas entender el español. Ahora soy traductora, pero la verdad es que una buena traducción es muy difícil de hacer.

SABER GRAMÁTICA

SESIÓN 6.8
Pasados por agua

Escenario

2. Fijaos en las dos frases que ha podido decir Ana:
   a. ¿Sabes que ayer cuando **volvía** a mi casa me encontré a Javier, mi ex?
   b. ¿Sabes que ayer cuando **volví** a mi casa me encontré a Javier, mi ex?

¿En cuál de las dos situaciones estará Ana más sorprendida? ¿Por qué?

Efectivamente, seguro que para Ana no es lo mismo encontrarse a su ex novio en la calle, camino de casa, que encontrárselo dentro de ella. La diferencia de significado es una diferencia de perspectiva y la transmite el contraste entre el Pretérito Imperfecto (**volvía**) y el Pretérito Indefinido (**volví**).

El imperfecto representa un hecho pasado en curso (**ella-volviendo**, por el camino). Nos situamos dentro del hecho.

El Indefinido representa un hecho pasado desde el punto de vista de su terminación (**ella-vuelto**, ya en casa). Nos situamos fuera del hecho.

2. Relacionad los siguientes enunciados (a-d) con la perspectiva I ó II.
   a. Cuando **bajaba las escaleras** me di cuenta de que me había dejado el regalo en casa.
   b. Después **bajó las escaleras** muy enfadado, abrió la puerta y se fue.
   c. El niño **bajó las escaleras** solo, yo no lo ayudé.
   d. **Estaba bajando** las escaleras cuando le dio el ataque.

I. Imaginas al sujeto bajando las escaleras.
II. Imaginas al sujeto una vez ya bajadas las escaleras.

Objetivos

Seguro que ya conocéis las reglas de uso del imperfecto y del indefinido, pero en determinadas circunstancias es difícil apreciar la diferente perspectiva que uno y otro ofrecen sobre una acción. En las actividades de esta sesión, vamos a centrarnos en aquellos contextos que implican mayor dificultad, con la intención de que, de este modo, comprendáis mejor el significado que ambas formas conllevan.

1. Pensando en el pasado

a Reconstruye los siguientes diálogos. Elige, de las dos respuestas que se proponen, la que encaja con lo que se pregunta.

1. – ¿Dónde **fuiste** el viernes por la noche? 2. – ¿Dónde **ibas** el viernes por la noche?	**a.** – Pues venía de una cena con los alumnos, que me habían invitado. **b.** – A ningún sitio. Me quedé en casa leyendo.
3. – ¿Qué tal en la playa? ¿**Hacía** buen tiempo? 4. – ¿Qué tal en la playa? ¿**Hizo** buen tiempo?	**a.** – Un rato sí, pero luego se nubló y empezó a chispear. **b.** – Bastante bueno, nos bañamos y todo.
5. – ¿**Podías** comprar las entradas? 6. – ¿**Pudiste** comprar las entradas?	**a.** – Sí, si presentabas el carnet de socio. **b.** – Sí, y quedaban bastantes todavía.
7. – Ayer **tenías** que irte pronto ¿no? 8. – Ayer **tuviste** que irte pronto ¿no?	**a.** – Sí, me estaban esperando. Pero al final me entretuve y salí de los últimos. **b.** – Sí, lo siento. Me llamaron de urgencia y no me quedó más remedio.

b Siguiendo el modelo anterior, deduce con un compañero cómo fueron las preguntas correspondientes a estas respuestas.

1.	– No, ni idea. Nadie me había dicho ni una palabra.
2.	– Sí, me di cuenta cuando me enseñó la carta.
3.	– Por esa época, un niño y una niña, pero después se volvió a quedar embarazada.
4.	– No, una niña. Nació prematura, pero igualita que ella, oye.

2. Sin andarse por las ramas

Hemos seleccionado cuatro contextos conflictivos de uso de IMP e IND, pero recordemos antes la regla general.

El Imperfecto muestra el hecho en curso, como oyentes vemos la acción desde DENTRO: **Ana-volviendo** a casa.

El Indefinido muestra el hecho en su término, en su realización, como oyentes vemos la acción desde FUERA: **Ana-vuelto** a casa.

Esta regla presenta matices especiales con verbos concretos, sobre todo con **ser**, **estar**, **tener**, **querer**, (pero siempre podremos hacer la sustitución: "imagínate x '**siendo**' guapo"/ "imagínate x '**sido**' guapo").

ERROR 1: ERA BUENO VS. FUE BUENO

Con la estructura **ser** + **adjetivo** atribuimos cualidades o características. Cuando nos referimos a cualidades que no implican un proceso, recuperamos una imagen estática del pasado, y el Imperfecto, al situarnos dentro de ella, la describe.

*El primer perro que tuve **era** precioso.*

Cuando nos referimos a cualidades que implican un proceso terminado, recuperamos toda la secuencia al situarnos fuera de ella, y la contamos mediante el Indefinido.

*La boda de mi hermano **fue** preciosa.*

Cuando hacemos referencia a la duración total de una cualidad, o le marcamos un límite final, recurrimos a la perspectiva desde fuera.

> ***Fue** guapo hasta que se casó.*
> ***Fue** guapo toda su vida.*

a Decide: ¿cómo era? o ¿cómo fue? Luego, responde en consecuencia y busca otros ejemplos.

1. el concierto. ¿Cómo fue concierto? Muy bueno. Los músicos estaban inspirados.
2. la entrevista.
3. el traje que te compraste ayer.
4. tu profesor de yoga.
5. el viaje.

SER + ADJETIVO: LA OBRA ERA BUENA VS. LA OBRA FUE BUENA

En frases con el verbo **ser** + adjetivo, podemos entender la perspectiva que ofrecen las dos formas, siguiendo la regla general.

	Queremos decir que	
*La obra **era** buena.*	(Vista <u>en cualquiera de sus momentos</u> la obra tenía calidad)	
["...SIENDO buena"]	**cualidad de la obra**	**ASPECTO ESTÁTICO**
*La obra **fue** buena.*	(Vista <u>desde el final</u> la representación -actores, etc.- fue de calidad)	
["...SIDO buena"]	**cualidad de la representación de la obra**	**PROCESO**

SER + NOMBRE (I): ERA UN DÍA INCREÍBLE VS. FUE UN DÍA INCREÍBLE

En frases con el verbo **ser** + nombre, el valor dependerá del contenido de la frase.

	Queremos decir que
Era *un día increíble.* ["...SIENDO un día increíble"]	(En cualquier momento dentro de ese día, había, por ejemplo, una luz especial -> **se describe el día**)
Fue *un día increíble.* ["...SIDO un día increíble"]	(De los mejores de mi vida. Todo el día, visto desde fuera, desde las doce de la noche -> **se evalúa el día**)

b Entre estas frases hay dos en que la perspectiva no es adecuada. Corrígelas.

1. Fue el cumpleaños de mi padre, así que fui a comprarle un regalo.
2. Era un día horrible. Me quedé sin trabajo y se me murió el canario.
3. Fue mi mejor interpretación. Todos creyeron que me había dado un ataque.

SER + NOMBRE (II): ERA UN GRAN PINTOR VS. FUE UN GRAN PINTOR

	Queremos decir que
Picasso ***era*** *un gran pintor.* "...SIENDO un gran pintor"	(En cualquier momento de su vida, tenía un gran talento) **cualidad de Picasso**
Picasso ***fue*** *un gran pintor.* "... SIDO un gran pintor"	(Visto desde el final de su carrera, pintó obras extraordinarias) **logros de Picasso**

Quizá te ayude la expresión "***Fue*** *quien* ***fue*** *porque* ***era*** *como* ***era***", es decir, llegó a ser el artista que fue (el mejor del siglo XX) porque tenía los talentos que tenía (era creativo, apasionado, etc.)

QUIÉN ERA VS. QUIÉN FUE

Un contexto complicado: cuándo preguntar **¿quién era?** o **¿quién fue?**

¿Quién ***era*** *x?*	Cuando no tenemos referencia previa del personaje y queremos información sobre su identidad:
● *¿Quién* ***era*** *Conan Doyle?*	○ ***Era*** *el autor de Sherlock Holmes.*
¿Quién ***fue*** *x?*	Cuando reconocemos el nombre del personaje, sabemos vagamente su identidad, pero queremos saber mas de por qué es conocido, de sus logros.
● *¿Quién* ***fue*** *Wiston Churchill?*	○ ***Fue*** *el primer ministro inglés durante la II Guerra Mundial.*

c ¿Era, fue o los dos?

Julio Cortázar **era/fue** uno de los mejores escritores en lengua castellana del siglo XX. Tras escribir *Rayuela* **era/fue** considerado por la crítica como uno de los autores más importantes de la llamada generación del boom. **Era/fue** argentino de origen pero no **era/fue** visto como tal por sus compatriotas, para quienes **era/fue** demasiado cosmopolita para ser argentino. **Era/fue** un hombre con gran compromiso político, por lo que **era/fue** un defensor entusiasta de la revolución cubana y de la causa socialista en el mundo entero.

d Escribe tú un párrafo similar sobre un personaje histórico.

ERROR 2: ESTABA BIEN VS. ESTUVO BIEN

	Queremos decir que
*La obra **estaba** bien.* ["...ESTANDO bien"]	(En cualquier momento de la obra, era interesante.)
*La obra **estuvo** bien.* ["...ESTADO bien"]	(De principio a fin, me gustó.)
***Estaba** nerviosa.* ["...ESTANDO nerviosa"]	(En ese momento de la situación o en cualquiera de ellos se notaban sus nervios)
***Estuvo** nerviosa.* ["...ESTADO nerviosa"]	(Mi impresión de toda la situación es que no dejó de estar nerviosa en ningún momento).

e Corrige las siguientes frases y responde a cada pregunta.

(A la salida del cine) *¿Te gustaba la película?

(Al terminar un examen) *¿Te parecía difícil?

(Al final de un viaje) *¿Te lo pasabas bien?

f Inventa tú otros contextos que obliguen a usar el Pretérito Indefinido o su equivalente en Perfecto (Me ha gustado).

ERROR 3: ESTAR ENAMORADO VS. ENAMORARSE

Cuando nos referimos a sentimientos o sensaciones, es importante distinguir entre estados (con el verbo **estar** + adjetivo) y expresiones de cambios de estado (con verbo o con los verbos **quedarse** + adjetivo, **ponerse** + adjetivo u otros).

	Queremos decir que
*Tras la noticia, Ana **estaba** muy sorprendida.* ["...ESTANDO muy sorprendida"]	(En ese momento de la situación o en cualquiera de ellos se notaba su sorpresa.)
*Tras la noticia, Ana **se sorprendió** mucho.* / ***se quedó** muy **sorprendida**.*	(En ese momento pasó a estar sorprendida.)

Atención: **Tras la noticia, Ana estuvo muy sorprendida** no es un equivalente de la frase anterior. Con esta frase expresamos un sentimiento durante un periodo de tiempo visto desde el final.
Otros verbos frecuentes que funcionan de la misma manera: **estar enamorado/ enamorarse, estar enfermo/ ponerse enfermo, estar borracho/ emborracharse**.

g Continúa las frases de manera que se vea la diferencia.

1. Estaba triste... 2. Se puso triste... 3. Estuvo triste....

ERROR 4: EXPRESIÓN DE UN PERIODO DE TIEMPO DETERMINADO

Si hablamos específicamente de un tiempo terminado, tendremos que representar el hecho desde fuera, con Indefinido: colocamos al oyente al final de ese periodo.

***Estuvimos** hablando un rato. (= **Hablamos** un rato.)*
~~*Hablabamos un rato.*~~
***Estuvo** llorando durante toda la obra. (= **Lloró** durante toda la obra.)*
~~*Estaba llorando durante toda la obra.*~~

	Queremos decir que
***Ví** la película.* ["...VISTO la película"]	(informamos del hecho, como tal.)
***Estuve** viendo la película.*	(hacemos referencia a todo lo que significa ver ["...ESTADO VIENDO"] una película; estar en el sofá, comer palomitas, etc.)

Todo bajo control

a ¿Te sientes "superior"?

1. **Si alguien va a dar a luz es que ...**
   - **a.** se puso embarazada.
   - **b.** se quedó embarazada.
   - **c.** estuvo embarazada.
   - **d.** se embarazó.

2. **Si alguien no pudo dormir porque estuvo viendo una película de miedo. Nos imaginamos...**
   - **a.** que dio vueltas en la cama, asustado, pero al final se durmió.
   - **b.** que dio vueltas en la cama, asustado, durante toda la noche.
   - **c.** que no se durmió porque pasó toda la noche viendo una película de miedo.
   - **d.** que estuvo viendo una película de miedo y se quedó dormido.

3. **¿Qué no podrías contestar si alguien te preguntara ¿Qué tal el fin de semana?**
   - **a.** Bien. Estaba en la sierra esquiando.
   - **b.** Bien, aunque estuve enfermo.
   - **c.** Bien. Me fui de excursión con unos amigos.
   - **d.** Bien, hacía tiempo que no dormía tanto.

4. **Una de las siguientes respuestas dice algo completamente distinto. ¿Cuál?**
   - ● **¿Qué te dijo Pedro del examen?**
   - ○ **Que ... el lunes.**
   - **a.** iba a ser
   - **b.** era
   - **c.** fue
   - **d.** sería

5. **La respuesta adecuada a la pregunta ¿Qué tal el concierto? es...**
   - **a.** Me parecía bastante flojo.
   - **b.** Me gustaba mucho.
   - **c.** Lo pasamos bien.
   - **d.** Era impresionante.

6. **Si te preguntan ¿cómo fue?, no quieren saber...**
   - **a.** el medio de transporte.
   - **b.** el resultado del examen
   - **c.** la cita a ciegas.
   - **d.** el aspecto físico de tu pareja en la cita a ciegas.

7. **(Primeras líneas de una biografía): Julio Cortázar ___ uno de los mejores escritores en lengua castellana del siglo XX. Tras escribir *Rayuela* ___ considerado por la crítica uno de los autores más importantes del "Boom".**
   - **a.** era/era
   - **b.** fue/fue
   - **c.** era/fue
   - **d.** fue/era

8. **Si alguien dice de su coche "estuvo muy bien", habla...**
   - **a.** de la calidad de su antiguo coche
   - **b.** del aspecto de su antiguo coche
   - **c.** de que nunca tuvo problemas técnicos
   - **d.** de su comportamiento en una situación difícil

9. **¿Qué hiciste ayer por la noche?**
   - **a.** Estaba estudiando para el examen
   - **b.** Estuve estudiando para el examen
   - **c.** Estudiaba para el examen
   - **d.** Estudié para el examen

10. **"Sin andarse por las ramas" significa...**
    - **a.** lo contrario de "ir al tronco"
    - **b.** hablar sin tocar temas polémicos
    - **c.** tratar un tema directamente
    - **d.** evitar situaciones peligrosas

b ?Poblemas¿

Este es un relato de un estudiante de español. Corrige los errores.

Ese día Manuela había ido al teatro para ver "Un tranvía llamado deseo". Estaba llorando durante la obra porque se acordó de que solo unos meses antes ha llevado a Esteban a verla como regalo de cumpleaños. Y ese día era el accidente. Después encontró la protagonista, Huma. Ella estaba enfadada porque Nina estaba desaparecida y tuvo problemas con el caballo (la heroína). Manuela la acompañaba a buscar a Nina, que estaba comprando caballo. Mientras esperaron en el coche le contaba que empecó a fumar por culpa de Bette Davis, por imitarla en "All about Eve". A los dieciocho años ya fumaba como un carretero, por eso se puso Huma de nombre artístico. Al final, Huma le ofreció trabajo a Manuela como su asistente.

c Y para terminar, un juego. Adivina quien dijo estas palabras. Luego, en parejas, escribid un texto siguiendo el modelo, para que la clase adivine. Incluid pensamientos (por ejemplo: *ya sabía yo...*), sensaciones (por ejemplo: *me sorprendió que...*) o conversaciones (por ejemplo: *me pidió que...*).

Ya sabía yo que no tenía que creer en lo que me prometía. Si lo decía todo el mundo, que no estaba muy bien de la cabeza. Pero a mí me gustaba. Bueno, al principio no, cuando llegó estaba demasiado delgado y era absurdo que llevara ese sombrero tan raro en la cabeza. Antes de que se fijara en mí, pues tampoco yo me fijé en él. Pero empezó a contarme cosas bonitas, me pidió que le diera un mechón de mi pelo y me dijo que yo sería su señora. Me decía que yo tenía un nombre dulce, sonoro y significativo. La verdad es que me sorprendió que quisiera hablar conmigo un señor tan educado, que había leído tanto. Trabajo aquí en el hostal y no estoy acostumbrada a que me hablen así. Pero un día, muy temprano, preparó su caballo y desapareció con su amigo el gordo y no lo he vuelto a ver casi. Me contaron los del pueblo algo de que se había peleado y que había tenido un accidente con un molino. No sé qué pensar.